Holger Rust

Die Revolution des Spießertums

Holger Rust

Die Revolution des Spießertums

Wenn Dummheit epidemisch wird

Quadriga

Die Deutsche Bibliothek – CIP-Einheitsaufnahme

Rust, Holger:
Die Revolution des Spießertums : wenn Dummheit epidemisch wird /
Holger Rust. – Berlin : Quadriga-Verl., 1999
ISBN 3-88679-329-X

Satz: Utesch GmbH, Hamburg
Druck und Bindung:
Graphischer Großbetrieb Pößneck GmbH, Pößneck
ISBN 3 88679 329 x

Gedruckt auf alterungsbeständigem Papier
mit chlorfrei gebleichtem Zellstoff

Inhalt

»Von diesem Tage, gleichsam von diesem Augenblick an, ging eine unbegreifliche Änderung mit dem jungen Mann vor. Er fing an, tagelang vor dem Spiegel zu stehen; und immer ein Reiz nach dem anderen verließ ihn. Eine unsichtbare und unbegreifliche Gewalt schien sich, wie ein eisernes Netz, um das freie Spiel seiner Gebärden zu legen, und als ein Jahr verflossen war, war keine Spur mehr von der Lieblichkeit in ihm zu entdecken, die die Augen der Menschen sonst, die ihn umringten, ergötzt hatte.«

Heinrich von Kleist: Über das Marionettentheater

Vorwort

Dieses Buch ist all jenen gewidmet, deren Stimme im Tumult der Trivialitäten untergeht oder die nicht wissen, was sie sagen sollen, weil sie nichts zur kurzen Erheiterung sensationsheischender Geister beizutragen haben. Dieses Buch ist all jenen gewidmet, die es immer noch schaffen, sich gegen die schleichende Verspießerung unserer Alltagskultur zur Wehr zu setzen, auch wenn sie zur Zeit nur die mitleidigen Blicke derer ernten, die die Nutznießer dieses Systems sind, ohne ihm irgend etwas zu bieten. Die sich ihr Leben aus der blinden Verzückung und der wahnhaften Suche nach Prominenz definieren lassen; die krampfhaft danach streben, auch so zu sein wie die Massenbewegung jener neuen Voyeure und Exhibitionisten, denen ein Markenname wichtiger ist als ein Gran Intelligenz und ein Waschbrettbauch wichtiger als jeder Gedanke.

Wir erleben eine Revolution des Spießertums. Damit ist keineswegs ein Milieu gemeint, das die Macht ergreift. Es ist eine allgemein verbreitete Mentalität, die uns allen eigen ist. Im Gegensatz zum alltäglichen Mißbrauch des Begriffes, der irrtümlich materiell minderbemittelte Schichten mit diesem Wort bedenkt, ist Spießertum heute die Bezeichnung für eine kulturelle Elite, die sich aus nichts anderem mehr nährt als aus der bloßen Verteidigung ihrer vorgefaßten und einmal eroberten Positionen und die aus der vielfältigen Kultur nur das herausdestilliert, was sich in belanglosen Gesprächen als »Kult« verkaufen läßt.

Dieses Buch wird einige Spuren verfolgen, die dieses *neue Spießertum* in unserer Gesellschaft hinterläßt. Und es findet einen einzigen Grund: billige Vorteile, nutzlose, aber billige Vorteile, die es zu erhaschen und zu erhalten gilt. Und je mehr man dieses Gesellschaftssystem auf die Akzeptanz dieser billigen Vorteile einschwört, desto leichter wird es der großen Schar der Nutznießer dieses Systems, ihre Position auf Kosten der Allgemeinheit zu erhalten.

Und das ist wörtlich gemeint: auf Kosten der Allgemeinheit.

Denn die zahlt.

Wir zahlen.

Mit Zeit, mit Geld, mit der Abstumpfung der öffentlichen Kultur, mit der Trivialisierung dessen, was einst Journalismus, Politik und Wirtschaft hieß. Mit der Verleugnung der Verantwortung, die jeder einzelne für diese Gesellschaft hegt. Mit der allmählich entstandenen Unfähigkeit, mit Herausforderungen umzugehen und dabei auch noch Lust an der Gestaltung zu finden. Statt dessen herrschen hohle Selbstinszenierungen.

Es sind die Selbstinszenierungen des Geldadels, die Weigerung der politisch ambitionierten Achtundsechziger, endlich einen konstruktiven Dialog aus ihrer nun dreißig Jahre alten Kapitalismuskritik zu entwickeln, es sind die Kotaus sogenannter Journalisten vor der Pseudoprominenz der TV-Stars, der Models und Talkshow-Moderatoren, es ist die Fernbedienungskultur der Massen vor dem Fernsehapparat, der peinliche Exhibitionismus in den Medien, der nichtssagende Windschattenfeminismus, die onanierende Männerquote vor den nächtlichen Fernsehapparaten und in den pornographischen Galaxien des Internet und den Pornogalerien mit ihren Solokabinen, es sind Politiker, die lieber beleidigt den Krempel hinwerfen, als einen Kompromiß einzugehen, es ist die goutierliche Opfermentalität, die eine billige Möglichkeit zum Alltagsfundamentalismus bietet, ganz gleich, ob es sich um Radfahrer, Autofahrer, Fußgänger, Frauen, Männer, Unternehmen im Sturm der Globalisierung oder irgendeine irgendwie zu definierende soziale Rolle handelt. Die Hölle, das sind die anderen, hat vor vierzig Jahren Sartre gesagt. Nun stimmt es wirklich. Jeder hat eine Erblast, die ihm von anderen auferlegt ist. Und so kommt es zu einer Erblast, die uns alle schwerstens drückt: Es ist der Verlust des Humors.

Aber niemand kann sagen, es sei *nicht* seine Schuld.

Wir wissen es doch. Man sagt es uns doch täglich: Du bist nur als *Masse* etwas wert, als Teil der *Quote*, als einzelner nichts. Du bist Stimmvieh für unsere kommerziellen Interessen. Du bist Teil eines legalen Menschenhandels. Sogar Teil eines legitimen Menschenhandels, denn du hast akzeptiert, verkauft zu werden – in dem Moment, in dem du das Fernsehgerät einschaltest oder eine dieser Zeitschriften kaufst, in denen eine dubiose Mischung aus exhibitionistischer Prominenz und voyeuristischem Journalismus allmählich jede Ernsthaftigkeit verdrängt.

Es ist offensichtlich – in wissenschaftlichen (oder besser gesagt: populärwissenschaftlichen) Arbeiten wie der des Amerikaners Neal Gabler, die vor wenigen Monaten unter dem Titel *Das Leben, ein Film* erschienen ist und die Entwicklung der amerikanischen Kultur zur Unterhaltungskultur beschreibt. Gabler widmet mehrere Kapitel der Entwicklungsgeschichte der Prominenz und ihrer alles ergreifenden Penetranz. Wir wissen es von den Starautoren Carlo Fruttero und Franco Lucentini, die den trefflichen Begriff des »Prominentenproletariats« geschaffen haben. Von Günter Anders philosophisch, von Hans Magnus Enzensberger ketzerisch, von Journalistinnen und Journalisten (solchen, die diesen Namen noch verdienen) wie Cora Stephan und Cordt Schnibben, aus Specials des *Spiegel* und tausend anderen Quellen. Wir wissen, daß sich da eine Spezies von Menschen breitmacht, die nichts tut, außer dazusein. Die Auffassung Neal Gablers, das sei ein typisch amerikanisches Phänomen, ist falsch. Es ist mindestens ebenso ein deutsches Problem, ein europäisches, besser gesagt, in einem Fernsehen, das amerikanische Programmformate von holländischen Moderatoren vermitteln läßt und von österreichischen Managern verwaltet wird.

Es ist nicht so, daß morgen das Programm nicht mehr bestehen wird. Es wird sich ändern. Es wird das bringen, was die Mehrzahl will. Abgeschliffen, frei von allen Kanten und Eigenwilligkeiten, frei von allen Provokationen – mit Ausnahme derer, die unsere Sinne wünschen, Funkenflug wie im Kamin, in dessen verglühende Asche man einen neuen Scheit schleudert, auf daß es stiebe, so wie man mit der Fernbedienung die Funken zum Fliegen bringt, wenn der Bildschirm allzu ruhig bleibt. Kurzzeitige, wie im Paroxysmus eines Fiebertraums ausschlagende Sensoren aufgepeitschter Phantasien.

Niemand kann also sagen, daß er es nicht gewußt hätte. Also nützt es nichts, gegen »das« Fernsehen zu wettern, gegen »die« Medien, wie es frustrierte Pädagogen und Medienwissenschaftler gern tun, um sich damit in *ihrer* Opfernische einzukuscheln, weil sie einsehen müssen, daß ihre Didaktik mit der des geschmähten Mediums kaum mithalten kann.

Denn es sind nicht die Medien, die unsere Alltagskultur allmählich zu einem billigen Zirkus degradieren.

Wir sind es, wir, die wir das alles klaglos akzeptieren und selbst da nicht aufbegehren, wo es möglich wäre: mit Humor und Witz gegen diese Seifenblasenkultur aus bunter Esoterik, schwellenden Brüsten und nichtssagenden Filmchen, aus dem ununterbrochenen Recycling der von Marketingabteilungen kalkulierten Auftritte von Schwachsinn verbreitenden Prominenten und einem Fitneßwahn, der alles umfaßt – außer der Vernunft. Die Ursache liegt nicht in den Medien selber. Und da geht dieses Buch andere Wege als die medienkritischen Werke der genannten Autoren. Denn die

Haltung der Medien zum Publikum, die Haltung des Publikums zu den Medien sind nur ein Symptom für die Flucht vor der großen Verantwortung, den Alltag zu bestehen – in einer Zeit, in der sich die Heilsversprechungen eines ewigen Wachstums, in der sich die großen Konsumträume, in der sich die schlaraffenlandartigen Karrieren nicht mehr so erfüllen, wie es die immer noch sehr lebendigen späten fünfziger Jahre nahelegten.

Das wäre eigentlich eine Provokation des Geistes, der Phantasie.

Aber genau das ist es, was fehlt: die intellektuelle Provokation, der Esprit, die Herausforderung der Politik durch die Bürger (und nicht durch die Bürgerinitiativen). Was fehlt, ist die Herausforderung der Bildung durch die Studierenden, ist die Initiative aller einzelnen, die sich wechselseitig herausfordern, die Initiative der Wirtschaft, die sich aus der Atemlosigkeit ihrer derzeitigen Konzepte befreit und den langfristigen Reichtum statt des kurzfristigen Gewinnes anpeilt, Substanz an die Stelle ihres vor Anglizismen strotzenden betriebswirtschaftlichen Vokabulars stellt. Es ist der Aufbruch der Achtundsechziger aus ihrer Dornröschenstarre, ist die Bereitschaft, die kleinen Fehler anderer einmal nicht zur aggressiven Forderung nach Kompensation zu nutzen und lautstark in der Öffentlichkeit einen Opferstatus zu reklamieren, statt die wirklichen Opfer dieser Gesellschaft solidarisch mit Konzepten zu unterstützen.

Was uns fehlt, ist eine wirkliche Lust an der Zukunft.

Einer Hierarchie der Erkenntnis folgend, die von der Beschreibung der Vorfindlichkeiten über das Verständnis der Zusammenhänge und die Versuche von Erklärungen zum Ergebnis einer zukunftsweisenden Sicht kommt, folgt dieses Buch den Spuren in der Wirklichkeit. Es bleibt zunächst auf der Stufe der Beschreibung. Das ist nicht nur Bescheidenheit. Es ist auch der Spaß, manchmal das kleine Entsetzen an dem, was sich in wenigen Jahren Stück für Stück, Schritt für Schritt unmerklich aus der bundesrepublikanischen Kultur entwickelte: ein Zirkus mit nichtssagenden Darbietungen, aber großen Worten vor einem Publikum, das sich nur selten aus einer weinerlichen Jammerei erhebt, um dann das Heil ganz innen (in Gefühlen und Bauch) oder ganz außen (in den Gestirnen) zu suchen.

Was die Leserinnen und Leser erwartet:

Im ersten Kapitel wird der *Begriff* des Spießertums vom Vorurteil befreit, das ihn zwangsläufig mit dem Kleinbürgertum in Zusammenhang bringt, vom Vorurteil, daß der, der Geld und Ansehen habe, kein Spießer sei. Im

Gegenteil, es wird sich zeigen, daß der Exhibitionismus der publizistisch inszenierten Upperclass ein drastischeres Spießertum durchsetzt, als wir sie in der bisherigen Nachkriegsgesellschaft kannten.

Im zweiten Kapitel werden zwei in unserer Gesellschaft verbreitete *Milieus* gegeneinandergestellt, um den Befund des ersten an einer launigen Soziologie zu belegen, an der Bewohnerin eines Reihenhauses und an der Bewohnerin eines Lofts. Natürlich läßt sich gleich beckmesserisch einwenden, das sei analytisch zweifelhaft, weil es ja auch die anderen Milieus noch gebe, zwölf an der Zahl. Das stimmt. Aber es geht hier um etwas anderes: zwei Uniformitäten des Alltags zu beschreiben, an denen sich ein paar Dinge exemplifizieren lassen, von denen sich die zweite immer häufiger als die auserwählte Sphäre inszeniert und ihre bauliche Metapher auf die Kultur ausdehnt – nämlich soviel Raum wie möglich zu beanspruchen. Es steht jeder Leserin und jedem Leser frei, diesen Impuls auf weitere Normensysteme auszudehnen.

Das dritte Kapitel beschreibt den atemlosen Wettlauf um Auserwähltheit, um *Prominenz*, denn nie war es möglich, soviel Prominenz zu verbreiten wie in dieser Zeit der sich immer schneller angleichenden und mit denselben Trivialitäten ums selbe Publikum buhlenden Massenmedien, die, wie auch Neal Gabler für die USA deutlich gemacht hat, in einer untrennbaren Symbiose miteinander verclincht sind, weil sie sich wechselseitig erzeugen. Aus dieser Prominenz ist längst ein Selbstwert geworden, der seine Ikonen in einer neuen Sammlung von Göttinnen und Göttern findet, den Models.

Was dann im nächsten, dem vierten Kapitel zu einer launigen Untersuchung der *Model*-Szene führt, in der sich das Prinzip des geldwerten Vorteils Publizität und der immer wieder nur geringfügig nuancierten Imitation der kleinen Erfolgselemente weiter zuspitzt auf die Erkenntnis, daß es hier um etwas ganz anderes geht als um die bloße Prominenz, um bloßen Ruhm und öffentliche Anerkennung: möglichst billig erworbenen Erfolg, der möglichst viel Ertrag ohne viel Bemühung bringt.

Der Grund wird im fünften Kapitel deutlich – *Publizität* ist billig zu erwerbender geldwerter Vorteil, der noch nicht einmal zu versteuern ist; Selbstinszenierung des »Prominentenproletariats«, ein lukratives Geschäft, auch für eine bestimmte Journaille, die durch die Beschreibung der Prominenz selber zur Prominenz avanciert.

Eine besonderes Recycling dieser Prominenz wird im sechsten Kapitel vorgeführt; die Protagonistinnen der sogenannten neuen *Frauenliteratur*, die hauptsächlich im Bereich eines kecken Mode- und Szene-Journalismus angesiedelt sind und ebenjenes Prinzip veranschaulichen, das sich als Kern dieses Spießertums herausstellt: die Substanzlosigkeit der immerwährenden Neuinszenierung weniger kleiner, billiger und nichtssagender Versatzstücke, die vorgeblich von der gegenwärtig modischen Verhöhnung der Männer leben, im Grunde aber nichts anderes sind als der Nachvollzug dessen, was das Fernsehen an Trivialitäten vorgeführt hat. Daher eignen sich diese billigen kleinen *Lore*-Romane auch hervorragend dazu, verfilmt zu werden. Was sie auch werden.

Die *Männer* sind ohnehin massiv überfordert, von einer unzureichenden genetischen Ausstattung zu physiologischem Schwachsinn prädestiniert, inferior und allenfalls zur Witzfigur geeignet. Sie mutieren zu schluchzenden Weicheiern und haben den besten Sex, wenn sie fleißig bei der Hausarbeit helfen. Das jedenfalls belegt eine Studie, die den Schuß des männermordenden siebten Kapitels abgibt.

So ist man denn bei der Substanz dieser Epoche des ausgehenden zweiten Jahrtausends: *Sex.* Da wird es finster, wie das achte Kapitel zeigt, allzeitiger, allseitiger Sex – aber kaum noch als befriedigendes Erlebnis: Die Dauererektion ist nur noch eine Metapher für die Suche nach ständigem Funkenflug. Nur grassiert ständig die Befürchtung, das Feuer könne erlöschen.

Im neunten Kapitel spitzt auch das sich zu auf ein Prinzip, in dem unsere Jahrtausendwechselgesellschaft geradezu schwelgt: *Angst.* Nicht die, die uns packt. Es ist die Suche nach Ängsten, mit deren Hilfe wir wieder einmal der Herausforderung unserer Spezies entfliehen können, den Verstand zu benutzen.

Das beste Mittel, diese Angst zu kompensieren, ist (zehntes Kapitel), sich selbst zu einem *Opfer* zu deklarieren, entweder als Opfer einer Gruppe, machtvoller Interessen, der Gene, der Umstände ... auf jeden Fall als Opfer.

Damit läßt sich dann eine umfassende Kompetenz aufbauen, mit deren Hilfe man den differenzierten Herausforderungen unserer Zeit entfliehen kann: Das elfte Kapitel beschreibt diese Flucht vor den wachsenden Anforderungen an die Vernunft, vor dem *Rational overchoice*, in die »partikulare Kompetenz«, die ein umfassendes Engagement und die Herausforderung des Kompromisses – oder sollte man im klassischen Sinne der Dialektik sagen: der Synthese? – überflüssig macht.

Denn, so das zwölfte Kapitel, Vernunft muß der *emotionalen Intelligenz*, der Intuition, der Esoterik weichen. Der Mensch ist in ein übergeordnetes

System eingebettet, das nicht er beeinflussen kann, sondern das ihn beeinflußt. Viel intellektuelle Energie wird da aufgewendet, vor allem zur Bestätigung der Tatsache, daß wir der Vernunft nicht trauen können.

Im dreizehnten Kapitel setzt sich das fort: Energieaufwand – nun aber nicht mehr zur Interpretation von Mondkonstellationen und galaktischer Überhöhung, sondern zur Introspektion ins Bauchnabeluniversum der durch allerlei *Elixiere und Rituale* rund um die Uhr überwachten Körperfunktionen. Dabei muß der Wein, um genossen werden zu dürfen, erst einmal als medizinische Wohltat legitimiert werden und leitet zu einer weiteren beliebten Übung des Spießertums über, das sich schon in der grandiosen Selbstinszenierung von Ausnahmepersönlichkeit im zweiten Kapitel andeutet.

Vierzehntens also die kulinarischen *Geheimtips*, von denen übrigens auch die Intellektuellen nicht verschont bleiben. Es wird einer geboten, der ganz überraschend ist, am Ende.

Es sind nicht nur kulinarische Inszenierungen, sondern auch *regionale Standortbestimmungen*, die die öffentlichen Gespräche beherrschen und sich im fünfzehnten Kapitel regional verorten, wie im sogenannten Kult um Mallorca und die Provence, den ländlichen Äquivalenten zu New York.

Das Wörtchen Kult ist dann das Scharnier, das einen weiteren Aspekt eröffnet, mit dessen Hilfe sich das Spießertum absichert: die *Sprache*. Was, so das sechzehnte Kapitel, mit dem Attribut Kult geadelt wird, ist jeglicher Kritik enthoben. Überhaupt zeigt sich, daß die Sprache, daß die Benennungen, daß die Praxis der Namengebung sich nahtlos einfügt ins System der Trivialisierung. Was nicht verwundert, denn immerhin ist die Sprache das Immunsystem der Mündigkeit.

Aber selbst die Bereiche, in denen die Analyse dieser schleichenden Entwertung des Individualismus und der Verantwortung besorgt werden sollte, unterwerfen sich dem System – durch Larmoyanz wie große Teile der *Kommunikations- und Medienwissenschaft*, wie das siebzehnte Kapitel ausführt. Denn sie wäre es ja, die in einer weit in die Öffentlichkeit wirkenden, spritzigen Weise all die Seifenblasen zum Zerplatzen bringen müßte. Sie hat die Kompetenz.

Diese Kompetenz hat auch die *Pädagogik*: interessant zu sein, ohne in die Trivialdidaktik der Medien zu verfallen. Doch offensichtlich ist die Kapitulation vor diesem Overchoice das gegebene Haltungsmuster, in dem man sich einrichtet. Das setzt sich in der Opfermentalität einer Pädagogik fort, die sich von den Medien in die Enge getrieben fühlt (achtzehntes Kapitel).

Es wird nicht in den neokonservativen Chorgesang eingestimmt, nach dessen eintöniger Melodie alles Übel der letzten dreißig Jahre von den *Achtundsechzigern* ausging. Das neunzehnte Kapitel zeigt vielmehr, daß dieser wichtige Impuls durch die Regression oder die Flucht der Verantwortlichen einfach verleugnet wurde. Die ehemals kritischen Geister haben den konstruktiven Dialog verweigert und sich goutierlich in der Frühpension ihrer einstmals unbequemen, nun aber am Kaminfeuerchen der akademischen Verbeamtung so bequemen ehernen Ideen eingerichtet.

Und fühlen sich angesichts des Bildungssystems, wie es im zwanzigsten Kapitel betrachtet wird, als Opfer. *Reformstau* heißt der Begriff, der so schön davon ablenkt, daß die Reform (so war es doch vor dreißig Jahren) im Kopf jedes einzelnen Menschen beginnt, und übersetzt auch heißt: Beweglichkeit. Gerade aus diesem Grund, der mangelnden Beweglichkeit, ist die Metapher für diese spießige Weinerlichkeit allerorten jenes Transparent, das ebenso kluge wie humorvolle Zeitgenossen und -genossinnen an einer Autobahnbrücke angebracht hatten, die ultimative Ausdrucksform des Problems: »Ihr steht nicht im Stau – ihr seid der Stau«.

Dies ein Ergebnis der letzten drei Kapitel: Die Reform ist nicht die Sache des Systems. Die Reform ist die Sache aller einzelnen, die aufeinander vertrauen, die davon ausgehen können, daß ihre Motive nicht nur eigennützig sind, sondern sich auch auf die Gestaltung einer lebenswerten Welt richten. Denn es sind immer nur einzelne, die etwas tun können. Als Konsequenz entsteht dann das System. All das, was hier kritisiert wird, entsteht ja auch erst als Konsequenz der Haltung aller einzelnen. Die Revolution des Spießertums ist eine leise Revolution, die Revolution der mangelnden Widerstandskraft gegen die verführerische kulturelle Lethargie. Immer wieder sind es also einzelne Lehrer, einzelne Professoren, einzelne Studenten, die etwas tun, das System revolutionieren, ein neues System schaffen.

Auch Unternehmen tun etwas. Wo nämlich das Bildungssystem in seiner Opferrolle verharrt und den Feind weiterhin im »Kapitalismus« sieht, jede Berührung mit der *Wirtschaft* als Befleckung der reinen Lehre begreift, gründen sie ihre eigenen Universitäten (während die Kapitalismuskritik von älteren Damen wie Viviane Forrester und Marion Gräfin Dönhoff übernommen wird). Das einundzwanzigste Kapitel gibt Beispiele und stellt die Frage, ob diese neuen *Corporate universities* tatsächlich eine bildungspolitische Lösung sind. Die Vermutung, daß sich auf diese Weise die Konfrontation zwischen den Systemen verhärtet, hat einiges für sich. Sicher ist auf jeden Fall, daß die Gesellschaft durch die Abschottung der Bildungsinstitutionen auf der einen wie auf der anderen Seite verarmt.

Es werden keine Impulse mehr ausgetauscht, keine Synthesen geschaffen, keine mutigen Entwürfe jenseits der eingefahrenen Bahnen gedacht, nicht einmal in der *Politik*, die am 27. September 1998 diesen Auftrag bekam. Sie stellt sich im zweiundzwanzigsten Kapitel als impulsloses und chaotisches Gewurschtel dar, in dem zunächst einmal die Quereinsteiger entsorgt werden, dann ein fundamentalistischer Umweltminister durch jeden Porzellanladen trampelt, der in erreichbarer Nähe ist, dann ein kompromißunfähiger Finanzminister beleidigt verschwindet, während wieder einmal ein Kanzler die Intellektuellen beschimpft, weil man ihm seine ständigen Auftritte in Unterhaltungsshows vorgeworfen hatte, und niemand wagt, den zahllosen Partikularinteressen eine große Idee entgegenzustellen. Hier zeigt sich auch die Unehrlichkeit der gesamten Inszenierung des Spießertums – von der krampfhaften Publicity-Strategie der Model-TV-Star-Serienschauspieler-Tagesschausprecherin-und-Buchstabendreherinnen-Prominenz bis hin zur Kurzatmigkeit in Wirtschaft und Politik und Gesellschaft: Alle sind mit sich selbst beschäftigt und verlagern die Verantwortung auf die anderen oder die Umstände. Weil es keine großen Ideen gibt, die die Politik formuliert, mäkelt jeder an den Kleinigkeiten. Unverblümt drohen Großfirmen, die gigantische Steuervorteile genießen, mit dem Abbau der Arbeitsplätze. Wirtschaftskultur als Erpressung? Derweil sind die wirklichen Opfer der Umstände, und hier vor allem die Arbeitslosen, eigentlich eher unattraktive Versorgungsempfänger, für die man weniger öffentliches Aufhebens macht als für die Löffelente im Mühlenberger Loch, einer Elbbucht bei Hamburg, wo vielleicht demnächst ein Flugzeug gebaut werden soll.

Es sind einzelne, die ihre Lust an der Zukunft zum Konzept eines gemeinsamen Umbaus erheben müssen. *Zukunftslust*? Es ist bequemer, sich auf das Scheitern einzurichten, als die große Konstruktion zu wagen – als diejenige Generation, die die Chance hat, den Beginn eines Jahrtausends zu gestalten. Statt dessen fühlt sich diese Gesellschaft irgendwie fertig, am Ende, nicht mehr erneuerbar, pflegt ihre Zipperlein, praktiziert fernöstliche Weltfluchten und sucht den Himmel nach Kometen ab. Zukunftslust, das ist das Stichwort des dreiundzwanzigsten Kapitels, eines Kapitels gegen die Melancholie der Opferkultur und den publizistischen Imperialismus der neuen Götter der Ablenkung, die in unübersehbaren Heerscharen aus irgendwelchen Karaoke-Shows und Miß-Wet-T-Shirt-Wahlen in den Ballermanns dieser Welt hervorgehen. Die aber auch aus der Schar der seriösen

Journalisten flüchten, sobald sie sehen, daß die Zugehörigkeit zu dem, was sie selber als »Promi-Zirkel« definieren, ein viel beschwingteres Leben verspricht als die Recherche der Ursachen von Prominentenwahn, Esoterik und Endzeitstimmung.

Das wäre zum Lachen, wenn es nicht so ernste Konsequenzen hätte. Und doch: Mittel gegen diese Melancholie ist, vierundzwanzigstes und letztes Kapitel, der Mut jedes einzelnen, sich einmal nicht als Opfer zu deklarieren oder um billige Publizität zu kämpfen, auch: konstruktiver *Humor.* Nicht jenes komische Gewieher, daß angestimmt wird, wenn im Studio ein Pappschild mit der Aufforderung »Lachen!« hochgehalten wird. Nein: Humor, das Gefühl dafür, daß das, was da in unserem Alltag passiert, lachhafter ist als jede Satire.

Was hier aufgeschrieben wurde, ist schlicht eine Annäherung durch die Sammlung von Beobachtungen, so wie ein Ethnologe eine Gesellschaft in den alltäglichen Äußerungen ihrer rituellen Selbstverständigung zu erfassen sucht. Die vierundzwanzig Kapitel dienen dem Verständnis dieser Zusammenhänge und der hintergründigen Gemeinsamkeiten. Der Kernbegriff des Buches, das Spießertum, stellt sich dabei als der quantitativ größte und gleichzeitig substantiell kleinste gemeinsame Nenner heraus.

Die Materialsammlung ist Ende März 1999 abgeschlossen worden. Das ethnologische Projekt, das sie darstellt, läßt sich täglich fortführen.

Das so entstehende Protokoll unserer kulturellen Ausdrucksaktivitäten ist die einzige Möglichkeit zur Konterrevolution gegen die Revolution des Spießertums.

Erstes Kapitel: Schimpfwort

Wer ist ein Spießer?

Spießer: Der Begriff wird meist zwischen zusammengepreßten Lippen hervorgezischt, wird so intoniert, daß man ihn gerade eben noch hört, irgendwie »beiseite gesprochen«, als soziologisches Urteil eines Menschen, der sich über jeden Zweifel erhaben fühlt, über einen Menschen, der ihm nicht paßt. Und es wird, das Wort, meist dann getuschelt oder gezischelt, wenn der, der besser gekleidet ist, der eine farbliche Harmonie an sich verwirklicht, die auch in der *Vogue* Bestand haben könnte, auf jemanden trifft, der billig angezogen ist und dazu noch geschmacklos, der möglicherweise ein Boulevardblatt liest, an dem er auch noch Gefallen findet. Als Spießer wird der Kleinbürger bezeichnet, der ein halbwegs auskömmliches Leben in einem uninteressanten Beruf und ohne besondere akademische Einsichten verbringt und am Samstag das Auto wäscht.

Welch ein Irrtum!

Welch ein Mißverständnis, den Kleinbürger als Spießer zu bezeichnen, den seine Biographie zu einer bescheidenen, aber nichtsdestoweniger ehrenhaften Daseinsweise zwingt, dem seine Herkunft ein bewegtes Studienleben, die Wahl eines gerade in Mode befindlichen Berufes oder eine intellektuelle Freundesschar verwehrt.

Welch ein Irrtum, nur weil es ihm an Muße und Geld fehlt, die wichtigsten Weine des Bordelais aus den anerkannt guten Jahrgängen in einem eigenen Weinkeller zu horten, Brände vom (»vom«) Rochelt oder Ziegler dekorativ verfügbar zu halten, nachdem der suchende Geist vorsichtig ausgelotet hat, welche Auswahl ankommt! Weil er einfach ein einfacher Mensch ist, der seinen Job behalten will und behalten muß, weil es auch noch eine Familie zu ernähren gilt!

Welch ein Irrtum also, welch eine Arroganz vor allem von seiten derer, die sich mit den Insignien des Insider-Standard-Konsums umgeben und dies lautstark und ostentativ in die Öffentlichkeit plärren, diese Menschen als Spießer zu brandmarken.

Deshalb haben sie auch immer wieder die Sympathie der Schriftsteller gefunden. Dabei stand, vor allem in den zwanziger und dreißiger Jahren, die Sozialkritik im Vordergrund, bei Alfred Döblin zum Beispiel und bei Hans Fallada, später dann zum Beispiel bei Wolfgang Borchert, Uwe Johnson und Wolfdietrich Schnurre – wobei Schnurre durchaus auch den sympathischen, unbelasteten Teil des Alltagslebens der kleinen Männer (und ihrer Frauen) von der Straße zu beschreiben wußte. *Auf Tauchstation* ist diese Bestandsaufnahme des Lebens in Hinterhöfen und Destillen, das nie seine Würde verliert. Das mutet ein wenig französisch an, nicht stilistisch, aber thematisch angelehnt an Raymond Queneau, der ja ebenfalls die Bandbreite von der bittersten Schattenwelt (*Der Hundszahn*) bis zur geradezu liebevollen Beschreibung der kleinen Leute umspannte. Zum Beispiel in den Romanen *Sonntag des Lebens* oder *Zazie in der Metro.*

Im *Sonntag des Lebens* heiraten die Ladenbesitzerin Julia und der Soldat Valentin Brü. Zwar formuliert der Verlag in der kurzen Inhaltsangabe: »Und beide stürzen sich in die Wonnen des Spießer-Daseins.« Aber wer die Romane Queneaus, auch und vor allem *Zazie*, näher anschaut, wird schon den Unterschied bemerken. Und im übrigen ist gerade bei *Zazie* auffällig, daß hier alles durcheinandergeht, sogar die Geschlechter, übrigens lange bevor es modisch wurde, Transvestiten zuzujubeln und die Weihnachtsnacht im Kabarett von Ru Paul in New York zu verbringen.

Dieser Unterschied zwischen Kleinbürgertum und Spießertum wird auch in einer Besprechung in der *Frankfurter Allgemeinen Zeitung* (*FAZ*) über den *Sonntag des Lebens* deutlich, in dem es heißt, es sei »das heitere, untragische Leben zweier mit sich zufriedener Kleinbürger«. Es sind kleine Leute, wie sie bei Johannes Conrad in seinen amüsanten Alltagsgeschichten beschrieben sind (»Die kleinen wilden Kaffeemaschinen«) oder in Tom Wolfes Reportagen über die Jugendlichen der fünfziger Jahre in den USA (*Das bonbonfarbene tangerinrot gespritzte Stromlinienbaby*) oder in Uwe Timms liebevoller Novelle über *Die Entdeckung der Currywurst*, erschienen bei Kiepenheuer und Witsch.

Es wäre allerdings auch ein Irrtum, *auszuschließen*, daß der einfache Mensch ein Spießer sein könnte, ebenso wie es ein Irrtum ist, auszuschließen, daß der Premier-Grand-Cru-Classé-A-Etikettentrinker und Sternerestaurantbesucher ein intelligenter Genießer sein kann.

Denn die Haltung, die dieser Begriff landläufig bezeichnen soll, ist nicht an eine gesellschaftliche Schicht, an einen wirtschaftlichen Status gebunden.

Spießertum ist etwas anderes.

Das ist der Grundzug des Spießertums: die Pose. Der Jüngling bei Kleist (*Über das Marionettentheater*), der eine zufällige anmutige Bewegung wiederholen will, die einen Beobachter an eine griechische Statue erinnerte, wird in dem Moment, in dem er zur verkrampften Pose wechselt, zur Karikatur seiner selbst, zum Spießer. Der Begriff kann also für vieles stehen und hat doch immer wieder eine Quelle: die Verleugnung der natürlichen Selbstsicherheit um der Pose willen, die ölige Anpassung an etwas, das man deshalb für angebracht hält, weil es den Applaus der Umstehenden einbringt, weil es »angesagt« ist und weil eine dubiose Pseudoprominenz die Themen des öffentlichen Zeitgesprächs bestimmt, tatkräftig befeuert von den an Quantität zunehmenden und Qualität in gleichem Maße abnehmenden Nichtigkeiten in allen Medien. Ein Spießer ist, wer über Alternativen verfügt, aber den Weg der Anpassung wählt, wissend, daß vordergründige Stromlinienform sein herausragendes Persönlichkeitsmerkmal darstellt, ein Feigling vor den Trends und zeitgeistigen Grundbegriffen, Moden und Etiketten, einer, der (und eine, die) dem Nachgeplapper von Begriffen und Ideologien mehr Raum gibt als dem eigenen Gedanken.

Spießertum, das ist eine künstliche, gekünstelte, nicht so ganz ehrliche Mentalität, ist der Opportunismus, der nur jubelt, weil es der Situation entspricht. Spießertum ist die Wahl der bequemen Option, die rüde Sexbesessenheit, der Prominentenwahn von beiden, der exhibitionistischen wie der voyeuristischen Seite, die Suche nach bequemen Schlängelpfaden, die goutierliche Opferlust, die einem jede Verantwortung abnimmt, die wachsende Esoterik, der gigantische Zeitaufwand, der hypochondrischen Selbstbeobachtungen gewidmet wird, andererseits die gargantueske Verfressenheit, die sich in siebentausend Kochbüchern widerspiegelt, der Overkill an Trashkultur, die kleine Sehnsucht nach Bemutterung (auch wenn sie in Form von Expertenratschlägen kaschiert wird), die lustvolle Einrichtung in den Ängsten, die Entäußerung der Lebensgestaltung in Gestirnsabläufe, die Beschwörung von Apokalypsen, das pseudo-betriebswirtschaftliche Geschwafel bei menschlichen Beziehungen, die Unfähigkeit vieler Pädagogen, mit dem gesellschaftlichen und wirtschaftlichen Wandel umzugehen, die umfassende Trivialisierung eines wichtigen Massenmediums, die fehlende Gelassenheit und das völlige Verschwinden des Humors – gleichzeitig die sorgsame Überwachung der kleinsten Chance, das Drängen in die Öffentlichkeit, die Kolonialisierung der Alltagswelten anderer mit den eigenen Schweiß-und-Sperma-Problemen, der Verlust der Intimität bis in die Werbung, dröhnende Zotenmentalität, die sich Comedy nennt, und der Verlust jeder intellektuellen Zivilcourage, die Getriebenheit des Managers, der sich Gurus hält, statt den Mut aufzubringen, Entscheidungen zu treffen, ist die geistige Frühpensionierung des Hochschulprofessors, der sich knatschig in seiner vergilbten und ergrauten Achtundsechzigermentalität einrichtet. Spießertum, das ist die rücksichtslose Herabwürdigung der Massenmedien zu einem Turboverdichter der eigenen kleinen Prominenz durch Pseudoprominente und der Zug der Lemminge in die »angesagten« Entertainment-Paradiese.

Und die Nutznießer des System halten sich diese Millionenschar zur Steigerung der eigenen Prominenz. Und die Millionenschar tut mit. Und oft tut sie das, wissend, daß der mühsamere Weg der eigenen Persönlichkeit langfristig weiter führt. Aber die Chancen zur Bequemlichkeit steigen exponentiell, während die Lust am konstruktiven Miteinander, an der Innovation, die auch ein wenig Mühe kostet, verweht. In den Medien, in der Nachbarschaft, überall. Jubel herrscht über die Machtergreifung des Trivialen. Jubel über die Zerstörung der Sprache.

Jubel noch über das letzte kleine Lichtlein der ärmlichen Prominenz einer sprachlosen Buchstabendreherin in einer nichtigen Fernsehshow. Der Drang nach der Zugehörigkeit zu diesem Tourneetheater hat sich zu einer Epidemie ausgewachsen. Der Drang zur Kamera, die Suche nach Betroffenheit ebenso wie die Suche nach sexueller Stimulation, nach künstlicher Erektion, exhibitionistisch veröffentlicht.

Viagra ist nur eine Metapher.

Sie steht für die ständige Suche nach Sensation, auch wenn es mal keine gibt. Sie steht für die Angst vor dem mußevollen Ruhezustand.

Neben dem aufdringlichen Exhibitionismus des Spießertums kommt als zweites hinzu: Spießer haben Urteile, sehr schnelle Urteile. Sie haben Lösungen und Schuldige zur Hand, sehr schnelle Lösungen und sehr schnell Schuldige. Sie sind Opfer oder Anwälte der Opfer. Spießer sind regressiv, denn sie verweigern sich der längerfristigen und komplizierten Auseinandersetzung – auch um des schnellen intellektuellen Genusses ihrer Rechthaberei willen. Und so erweitert sich die Motivkonstellation: Weigerung, über Alternativen nachzudenken, auch über Alternativen zur Alternative; die Verallgemeinerung einer politischen Position auf alle Fragen der gesellschaftlichen und privaten Existenz; die lauernde Wachsamkeit aus Angst, übervorteilt zu werden; die damit zwanghaft verbundene Überzeugung, ein Opfer zu sein; der aggressive Drang, diesen Status durchzusetzen und die Öffentlichkeit über die Besonderheit dieses Status zu informieren; damit auch der Kampf um eine Publizität in eigener Sache; die Anmaßung, im Namen anderer, die man zu Opfern erklärt, sprechen zu dürfen.

Dabei werden von denen, die selber hart dran sind, immer wieder jene anderen als Spießer gebrandmarkt, durch ihre Klassenlage, die Last des Habitus, das identitätsraubende Angestelltendasein, eine formierte Gesellschaft, »das« Fernsehen, »die« Medien, »die« Kleinbürger, überhaupt alle flächendeckenden Zuschreibungen – und schon sitzt man mittendrin in den Fehlurteilen, weil damit ja eigentlich eine Gesellschaft der fünfziger Jahre beschrieben ist, eine, wie der amerikanische Soziologe David Riesman so trefflich etikettierte: als eine Gesellschaft »außengeleiteter« Individuen, die offensichtlich nicht anders konnten – auch wenn einige verzweifelte Schriftsteller einer winzigen Klientel literarisch Luft in dieser Schwüle zuzufächeln suchten. Martin Walser gehörte schon dazu. Wolfgang Koeppen, Heinrich Böll, manche mit sarkastischer Bitterkeit, Max Frisch, der Schweizer mit Brechtscher Metaphorik, Dürrenmatt mit beißendem Zynismus und Witz.

Damals schrieb David Riesman, die Masse sei »außengeleitet«. Und die Medien seien die Infiltrationsmaschinerie dieser sanften Steuerung. Mag sein.

Die Medien sind nicht schuld

Heute weiß die Masse, was sie an den Medien hat, nämlich alle Möglichkeiten. Zerstreuung und Information.

Jedes Kind, das erste Worte zu formulieren lernt, kann bald die Namen und Kanalbelegungen von 26 bis 30 verschiedenen Fernsehangeboten herunterspulen. Nun bekommt dieses Kind sein eigenes – sprachloses – Fernsehen: *Teletubbies*, bunte Kunstfiguren, grell und unterirdisch. In der britischen Clubszene, so liest man, seien diese auf Zwei- bis Vierjährige konzipierten Figuren bereits »Kult«. Das ist ein Motiv, auf das wir immer wieder stoßen werden: die rauschhafte Begeisterung für die Infantilisierung der Alltagsästhetik. Eine Vielzahl von Alternativen ist da. Die Sachwalter des öffentlichen Lebens allerdings drücken sich perfekt so aus, wie es die Masse will – das beweist sich selbst täglich zwischen 10 Uhr in der Früh und 17 Uhr am Nachmittag in den Talkshows, dann folgend in den Soaps, dann folgend in Unterhaltungsfilmen.

Würde die »Quote« müde lächelnd oder auch nur gelangweilt gähnend ob solcher Provokationen auf der Fernbedienung ein, zwei Stationen weiterspringen oder gar den Ausknopf finden, wäre der Spuk vorüber, blitzartig. Aber die Lust an der verschwitzten und dunstigen Atmosphäre herrscht vor. Die Lust am Voyeurismus wie beim blutigen Unfall auf der Straße. Die Lust am Voyeurismus, wenn beim Nachbarn die Vorhänge aus Versehen nicht zugezogen sind. Die Stillosigkeit, der Krawall, die künstlich provozierten Aufregungen, die dann keinen Raum mehr für echte Emotionen lassen, weil man erschöpft ist von der Teilhabe an Dingen, die völlig irrsinnig sind – eine Liste der Talkshowthemen einer einzigen Woche kann das besser belegen, als ein paar Beispiele es könnten.

Doris Knecht, Mitarbeiterin der altehrwürdigen *Presse*, die man sich als eine Art alpenländische *FAZ* vorstellen darf, spitzte diese Verwunderung, durchaus nicht nur über das Fernsehen, zunächst einmal in Frageform zu: »Gibt es Untersuchungen zum Thema Volksblödheit? Wie verhält sich das mit der Intelligenz eines Landes: Ist immer dieselbe Menge davon vorhanden – egal ob genutzt oder ungenutzt –, oder verringert sie sich mit der Zeit? Kriegt ein dummes Volk die dummen Medien, die es verdient, oder schrumpfen sich die Medien die Hirne ihrer Konsumenten allmählich auf ihr Niveau zurecht? Wie entsteht ein Dummland?«

Wie kommt es zu dieser jauchzenden Rückkehr in den seligen Status der selbstverschuldeten, selbstverliebten Unmündigkeit? In einer Zeit, in der es mehr Alternativen und differenzierte Zugänge zu jeder Art von Wissen gibt als jemals zuvor in der Geschichte? Wie kommt es, daß jener von Immanuel Kant als Provokation der Aufklärung erkannte Zustand von Menschen, die sich weigern, ihre Vernunft zu gebrauchen, wieder zum umjubelten Verhaltenskodex avanciert ist? Nun ist dieses so oft zum Sonntagssprüchlein degradierte Textbruchstück einer gesellschaftspolitischen Passage aus der Philosophie Kants zwar an sich schon aussagekräftig. Doch im größeren Kontext seiner sonstigen Arbeit und der Lektüre dieser Arbeit aus heutiger Sicht wirkt es direkt anmutig und aktuell – was nicht heißt, daß man den ganzen Kant lesen sollte. Es heißt nur, ein paar Bruchstücke mehr zu kennen. Das folgende zum Beispiel, in dem seherisch vorweggenommen wurde, was die Revolution des Spießertums ausmacht: »Das Schattenreich ist das Paradies der Phantasten. Hier finden sie ein unbegrenztes Land, wo sie sich nach Belieben anbauen können. Hypochondrische Dünste, Ammenmärchen und Klosterwunder lassen es ihnen an Bauzeug nicht ermangeln.«

Vielleicht sollte man, statt der düsteren und undurchschaubaren vorgeblichen Weissagungen des Nostradamus, statt jenes düsteren Gemurmels, in das jeder hineingeheimnissen kann, was ihm gerade paßt, selbst das Ende des Weltenjahres, das 1999 wieder nicht stattfand, vielleicht also sollte man diese ja durchaus lesenswerten Sprüche des großen Königsberger Denkers zum Gegenstand der prophetischen Interpretationen erheben. Sie passen gut zum Jahrtausendwechsel. Überdies wäre es eine Abwechslung, die ersten Jahre dieses neuen Jahrtausends ohne Ängste zu begehen. Der Satz stammt übrigens aus dem Pamphlet *Träume eines Geistersehers*, 1766 geschrieben, von einem optimistischen Nostradamus gewissermaßen.

Aber auch von einem realistischen.

Denn Kant ist einer der letzten gewesen, die den Menschen selbst in die Verantwortung nahmen, die Spökenkiekerei und ebenjene selbstverschuldete Unmündigkeit anprangerten, in der sich die Menschen so behaglich einrichten. Aber immer noch – und derzeit mehr denn je – beherrschen »hypochondrische Dünste, Ammenmärchen und Klosterwunder« unseren Alltag. Die Sterne, der Mond, die Tarotkarten.

Lustvoll stürzt sich, wider besseres Wissen, das Spießertum in die Selbstverleugnung.

Darf man das sagen?

Das darf man nicht sagen.

Es ist ein Sakrileg. Die Menschen vor dem Fernsehapparat zu »Verantwortlichen« zu machen, die wissen, was sie tun, statt sie von finsteren kommerziellen Mächten als Manipulierte (also die, die ihre Hände in Unschuld gewaschen haben, die mit den sauberen Händen, wörtlich übersetzt) zu bezeichnen – das paßt einer Gesellschaft, in der ein breitbandiger Anspruch auf die egoistische Durchsetzung jeden Bedürfnisses formuliert wird, nicht ins vulgärtheoretische Konzept. Dabei wäre eigentlich die Frage zu stellen: Warum bitte, wenn wir nun zwei, drei, vier Jahrzehnte lang aufklärerische Pädagogik betrieben haben, die sich auch auf die volkspädagogischen Ideen des Immanuel Kant beruft, wenn seit 1968 eine Flutwelle der Soziologismen über die akademischen Disziplinen hereinbrach, wenn seit drei Jahrzehnten jährlich mindestens zwanzig Symposien über die *Ethik im Journalismus* abgehalten werden – und nicht weniger wissenschaftliche Aufsätze darüber erscheinen, wenn Kommunikationswissenschaften, Psychologie und artverwandte Aufklärungsversuche sich vor allem in den erzieherischen und bildungspolitischen Gefilden festgesetzt haben, kann es dann geschehen, daß alles trivialer ist als zuvor? Beziehungsweise: Wie kann es geschehen, daß das Triviale in den Stand der Normalität erhoben wird? Daß mehr und mehr der Aberglaube die Vernunft durchsetzt?

Daß Vance Packard mit seiner Vulgärtheorie der »Geheimen Verführung« immer noch nicht überholt scheint?

Ist die Manipulationsmaschinerie in gleichem Maße machtvoller geworden, weil sie vielleicht (Verschwörung, Verschwörung!) die Ergebnisse der Akademien für sich ausschlachteten, und zwar virtuoser, als es die Wissenschaftler konnten? Und beweist sie sich nicht machtvoll darin, daß, zum grenzenlosen apokalyptischen Entzücken von Pädagogen übrigens, Kinder lila Kühe malen? Darauf kommt das Kapitel 18 zurück. Ist es aber andererseits nicht auch so, daß sich die Wissenschaftler zu Knechten und Mägden dieser Entwicklungen haben degradieren lassen? Psychologen vor allem?

Es gibt doch keine Blähung eines Prominenten, keine Bulimie einer Prinzessin, keinen Haarausfall einer Fürstentochter, ohne daß irgendein Diplompsychologe gerufen wird und breitbandige Kommentare absondert.

Aber die Diagnose der selbstverschuldeten und der selbstverliebten Unmündigkeit paßt nicht in die akademische Kultur der sozialpädagogischen Gesellschaftskritik. Und so geistert weiterhin die Metapher vom »falschen Bewußtsein« durch die Analysen, von den subjektiven Bedürfnissen, die objektiv die falschen seien, gehärtet durch die Feuer der Manipulation. Ein intellektueller Jakobinismus, sehr beliebt bei den sogenannten 68ern. Nein, die Manipulationsthese ist viel zu bequem, als daß man sie aufgeben wollte.

Nur Schriftsteller und Journalisten dürfen anders.

Sie dürfen es sagen.

Sie durften es immer schon.

Raymond Chandler zum Beispiel, der am 15. November 1951 in einem Brief an den Mitherausgeber der Intellektuellenzeitschrift *Atlantic Monthly*, Charles Morton, der ihn, erbost über die Niederungen des Fernsehprogramms gebeten hatte, einen Artikel darüber zu verfassen, antwortete: »Wenn Sie so aufgebracht sind übers Fernsehen, warum schreiben Sie dann den Artikel nicht selbst? Und auf wen sollte man da überhaupt wütend sein? Wer hat das Fernsehen den Schaumschlägern der Werbung in die Hand geliefert? … Wenn wir Schreihälse und Possenreißer komisch finden statt unsagbar vulgär, warum sollte es uns dann überraschen, daß man ganze Shows um sie herumbaut?« Dies und noch einiges andere von diesem Kaliber findet sich in besagtem Brief, erschienen in *Die simple Kunst des Mordes* im Diogenes Verlag.

Und so ähnlich hat es auch Hans Magnus Enzensberger ausgedrückt, fünfunddreißig Jahre später in seiner Mutmaßung über das Nullmedium, fünfundzwanzig Jahre nach seiner eigenen ambitionierten Aufforderung, das *Massen*medium zu einem *Kommunikations*medium zu machen – in einem »Baukasten zu einer Theorie der Medien«, in der Fortsetzungs-Bibel der 68er, im *Kursbuch*. Mittlerweile wird Enzensberger wohl eingesehen haben, daß sein Ziel erreicht ist.

Ein wenig Spießertum schadet niemandem

Damit kein Mißverständnis entsteht: Das Spießertum ist nicht die kleine Verschrobenheit, die kleine Lüge, der Seitensprung, die Massenbegeisterung für 22 Männer, die einem Ball nachlaufen. Das heißt auch, daß nicht die gelegentliche Weltflucht, die Versenkung in einen anpasserischen Ästhetizismus, dem die Figur wichtiger ist als die Annehmlichkeit eines guten Essens mit guten Freunden, als spießig gebrandmarkt werden soll. Spießig werden unsere Haltungen erst, wenn die bloßen, von außen geforderten Posen gänzlich an die Stelle des verantwortungsvollen Nachdenkens treten.

Ein bissel Spießertum schadet niemandem, ein bissel Spießertum ist sogar sehr erholsam. Denn ja, es ist sicher etwas seltsam, sich eine Campbell-Suppendose auf den Schreibtisch zu stellen und sie als Paraphrase auf ein Kunstwerk zu betrachten, das seinerseits eine Paraphrase auf die Kunst war, die ihrerseits trotzig die eigenen Quellen verleugnen wollte und sich so in Pose warf. Ja, es ist sicher etwas banausenhaft, das nicht zu bemerken und die Suppe auszulöffeln, die eigentlich nie hätte eingebrockt werden sollen, und die Dose achtlos wegzuwerfen. Aber weder das eine noch das andere trifft hier den Kern – denn dabei geht es um eine kleine Entlastung, um ein Spiel mit sich selbst, um die zufällige Eingebung, die erst dann zum Spießertum wird, wenn sie das Bewußtsein anstrengt und eine Ideologie mit der Aufstellung der Suppendose oder mit der Vertilgung ihres Inhalts verbindet.

Wer darüber nicht mehr lachen kann, ist auf dem Weg ins Spießertum. Wer allerdings in der Warholschen Bewußtseinsvolte mit der Suppendose die Auslieferung der Kultur an den Kapitalismus erspäht, ist ebenso spießig, weil unflexibel, wie der, der sein Leben vor den ewig gleichförmig dahinfließenden Fernsehwellen eingerichtet hat, um die Welt zu vergessen.

Aber bleiben wir bei den Kritikern, vor allem den akademischen, die nichts anderes zu tun haben als zu kritisieren, ohne den Versuch der Umsetzung ihrer Kritik zu unternehmen. Davor hat schon der geniale Soziologe Karl Mannheim gewarnt: Das wäre »totaler Ideologieverdacht«. Gefährlich, haben sie soziologisierenden Intellektuellen immer betont und nicht begriffen, daß der wesentliche Wert der offenen Gesellschaft darin liegt, hin- und herzuwandern zwischen den Biotopen, die billige kleine Entlastungen versprechen, und der Teilhabe am großen Projekt des nächsten Modernisierungsschrittes – die Synthese zwischen der Systemkritik von gestern und der Konstruktion des Morgen. Den fundamentalistischen Kritikern von gestern ist aber alles suspekt: Golf als Spiel der Herrschaft. Fußball als Opium für die Massen, das verführerische Massenmedium, Fortsetzung des Kriegs mit anderen Mitteln, erinnert man sich nicht – Pflichtbemerkung der Intellektuellen – an jenen Fußballkrieg gegen Argentinien und Uruguay?

Oder war es Chile und Argentinien?

Natürlich ist Fußball Ideologie.

Was ist nicht Ideologie?

Natürlich ist der DFB ein Altherrenverein von umstrittener Autorität.

Und natürlich ist es ein geradezu klassischer intellektueller Zugang, die Widersprüche der Gesellschaft an symptomatischen Ausdrucksaktivitäten zu entlarven. Das Wort »gefährlich« hinzuzufügen, ein Lieblingswort der Betroffenheitspädagogen. Natürlich kann man über den Fußball dies sagen: »Ein Spiel, das, den Operationen in der Arbeitswelt kongruent, bis ins letzte durchgeplant ist – vom Intervalltraining bis zum taktischen Rezept: ein Triumph der Wissenschaft. ... Ein idealtypisches Abbild einer vom ›Erfolg‹ und ›Gewinn‹ bestimmten Gesellschaft, wo sich das ›fair play‹ nicht bezahlt macht.«

Man kann aber über Fußball auch dies schreiben: »Wir freuen uns, wenn Bayern verliert, das große schwarze Monopol, auf das wir unsere Aggressionen abladen können, ... freuen uns, wenn man den Dirigenten Overrath mit dem Dirigenten Karajan vergleicht (und finden es – ehrlich! – richtig, daß Wolfgang nicht schlechter als Herbert verdient), freuen uns, wenn irgendwo ein David einen Goliath besiegt ... Und freuen uns sogar auf die Weltmeisterschaft, obwohl wir doch ganz genau wissen ...«

Der erste Text ist von einem renommierten Wissenschaftler geschrieben, der die Welt sprachlich zu durchdringen weiß wie kaum ein zweiter, dessen Fach es ist, die Welt sprachlich zu durchdringen und die in den Ritzen ihrer Ausdrucksformen versteckten ideologischen Bestände aufzuspüren: Walter Jens, 1975 in einer Rede zum fünfundsiebzigsten Geburtstag des Deutschen Fußballbundes.

Der zweite Text, in dem die letzten Punkte, die unausgesprochene Gedanken assoziieren sollen, im Original stehen, ist auch von einem renommierten Wissenschaftler geschrieben, der die Welt sprachlich zu durchdringen weiß wie kaum ein zweiter, dessen Fach es auch ist, die Welt sprachlich zu durchdringen und die in den Ritzen ihrer Ausdrucksformen versteckten ideologischen Bestände aufzuspüren: Walter Jens, 1974, in einem Essay über den Fußball »Vorbei die Eimsbütteler Tage« in dem Band *Netzer kam aus der Tiefe des Raumes.*

Das ist es: Sich den Spaß nicht verderben zu lassen, weil man durchschaut, wohin er führen könnte. Kritisch sein und dennoch das Leben genießen. Kein Leben im Konjunktiv. Die Wachsamkeit, die nicht unausweichlich in die zwanghafte Vision von Apokalypsen führt, sondern Potentiale erkennt. Und daß damals, in diesem Buch vor 25 Jahren, Günter Netzer zum Titelhelden gekürt wurde, bietet einen willkommenen Anlaß zum Brückenschlag zur letzten Weltmeisterschaft, deren großer Gewinner der ehemalige Flügelstürmer war. Denn er verstand es, in der Logik des Systems, aber neben ihm stehend, kritisch distanziert und doch engagiert von den Dingen zu berichten, die auf dem Rasen stattfanden. Das ist es also – die Näherung an die Wirklichkeit mit Verstand und Herz und nicht mit Verstand *oder* Herz. Und dann mit dem Herzen in der Hose, aus Angst, man könne eine politische Inkorrektheit übersehen. Oder aus Feigheit oder Bequemlichkeit.

Aber wer soll die Impulse entwickeln?

Zweites Kapitel: Alltagsrituale

L-förmige Reihenhauswohnzimmer und Designer-Lofts

Sowenig also, wie es dem Kleinbürgertum ins Stammbuch geschrieben steht, spießig zu sein, sowenig ist das Großbürgertum davor gefeit. Aber die Diagnose ist schwer. Sie ist oft vorschnell und verwechselt die Konvention, die zum Alltagsleben gehört wie das Getriebe zum Auto, mit kleinlicher Anpassung, verwechselt auch das Arrangement mit der materiell erzwungenen Notwendigkeit oft mit schlechtem oder undifferenziertem Geschmack. Verwechselt die große Geste mit Persönlichkeit, das angelesene Zitat mit Bildung und die angelesene Kenntnis mit Erfahrung. Aber wir dürfen uns nicht täuschen lassen – so leicht ist das Spießertum nicht zu entlarven. Vieles, was gemeinhin und schnell so genannt wird, ist nur die alltägliche Normalität, die unsere Gesellschaft ausmacht. In jedem Milieu gibt es diese Zwänge, ganz gleich, ob sie sich als mittelständischer Durchschnitt oder selbstbewußte Kreativität tarnen. Uniformität beherrscht alle Milieus. Es ist nur ein kleiner Schritt in die Verkrampfung, in die Selbstaufgabe, in die erstarrte Pose.

Folgen wir zwei Frauen, beide 38 Jahre alt, Klassenkameradinnen, eine Generation, beide Prototypen ihres jeweiligen Milieus. Die eine hat früh geheiratet und in den ersten Jahren nach der Eheschließung die beiden Kinder bekommen, den Sohn zuerst, wie es sich gehört, und dann die Tochter. Damit die Kinder einen Garten haben, hatte man sich ein Reihenhaus in der Vorstadt zugelegt. Aber es war nicht nur die vordergründige Funktionalität, die zur Wahl des Reihenhauses führte. Es war auch nicht der Preis, der im Vergleich zum freistehenden Einfamilienhaus oder zur sogenannten Doppelhaushälfte allein ausschlaggebend gewesen wäre. Die Wahl einer bestimmten Bauform enthält ja immer auch eine Aussage über das Selbstbild. Eines, das sich in diesem Falle sichtbar in die Konventionen eines nachbarschaftlich gleichförmigen Alltags einfügt.

Es ist geordnet. Schon architektonisch.

Im Parterre befindet sich, wie das beim Reihenhaus so ist, das L-förmige Wohnzimmer mit der Durchreiche zur Küche, unmittelbar anschließend die Eßecke. Da ist die Platzverteilung mit soziologischer Zwangsläufigkeit arrangiert. Die Kinder sitzen auf der Bank, der Vater neben der Durchreiche, mit freiem Blick auf den Fernsehapparat, der just in dem Winkel steht, von dem aus er mit einer leichten Drehung auch von der Sitzecke her für die Familie einsehbar ist. Dort ist bereits »bauseitig« auch die Buchse für den Kabelanschluß eingerichtet. Die Mutter sitzt immer auf dem Stuhl oder Sessel, von dem aus sie am schnellsten die Küche, auch »Reich der Hausfrau« genannt, erreichen kann, um aufzuräumen und abzuwaschen. Die Durchreiche ermöglicht ihr, in leicht gebeugter Haltung natürlich, am gesellschaftlichen Geschehen teilzunehmen: Sie kann von dort vor und nach dem Abendbrot am Vater vorbei die Nachrichten verfolgen. Der Vater, auch »Hausherr« genannt, sitzt solange noch weiter dort, betrachtet, hin und wieder zynische Kommentare zur Weltlage formulierend, die Nachrichten, die kaum noch auszuhalten seien. Dann reicht die Mutter, auch »Hausfrau« genannt, ihm ein Bier durch die Durchreiche, und schon hält er es wieder aus.

Auch in der sogenannten Sitzecke bleibt die Normiertheit dieses kleinbürgerlichen Milieus, das offensichtlich so traditionslos nicht ist, wie die Forschung zur Angestelltenmentalität seit den fünfziger Jahren es oft darstellt, erhalten. Auch in zeitlicher Hinsicht, denn in die Sitzecke begibt die Familie sich nach dem Nachrichtenbetrachten und Aufräumen zum *richtigen* Fernsehen. Auch die Sitzecke ist ein festgefügtes Ensemble. Sie besteht aus einem dreisitzigen und einem zweisitzigen Sofa, übers Eck angeordnet, und dem frei konvertierbaren Sessel, dem Couchtisch und dem Sideboard. Das dreisitzige Sofa ist für den Vater, auch »Ernährer« genannt, damit er, müde von der Ernährung der Familie, die Arme ausbreiten kann. Die Mutter sitzt auf der der Küche zugewandten Ecke des zweisitzigen Sofas. Die Kinder liegen, nach monatelangem Streit um die Besitzansprüche auf den Sessel, auf dem Boden.

Im Sessel liegt der Hund.

Im ersten Stock liegen das Elternschlafzimmer mit den genormten Steckdosen für den Nachtschrank, ein Bad und zwei Kinderzimmer. Denn auch die Genealogie unterliegt bestimmten Normen: Zunächst kommt der Erbe, dann seine Schwester, in anderthalbjährigem Abstand. Sie sind jeweils um die zehn Quadratmeter groß, das der Tochter ist etwas kleiner.

Alle Leitungen liegen ordentlich unter Putz.

Es herrscht das System.

Ohne System läßt sich keine Familie führen.
Das ist nicht per se spießig.
Es ist das Konzept eines Alltags, der nicht viel anders zu denken ist.

Dann gibt es die Gegenwelt jenes Milieus aus hedonistisch-karriereorientierten, selbstbezogenen Individualisten, eine, wie die Redakteurinnen einer Wohnzeitschrift gerne schreiben: »sehr persönliche« Gegenwelt, kosmopolitisch, den Künsten aufgeschlossen, mit feinem Sinn für ästhetische Nuancen und Innenarchitektur. Doch, wenn man genau hinschaut, in nicht minder starren Konventionen verfangen, die eines nicht legitimieren: den abfälligen Seitenblick auf das kleinbürgerliche Milieu mit ihrem Lebensgefährten. Da ist nun also die andere 38jährige Frau, die, wie es die Mode will, ein ausgebautes Dachgeschoß oder ein Zweihundertquadratmeter-Loft in einer ehemaligen Fabrik teilt. Sie ist Designerin, Kreative, Cabriofahrerin, sie ist PR-Managerin, Journalistin oder Schriftstellerin (vielleicht imaginäres Vorbild für einen dieser aufgekratzten sogenannten »neuen« Frauenromane – siehe dazu auch Kapitel 6). Das Dachgeschoß oder das Loft in einer ehemaligen Fabrik besteht aus nur einem großen Raum, mit lichten hohen Fenstern, atelierartig, angefüllt mit einem Sammelsurium von Möbeln bekannter Designer, die auf den ersten Blick namentlich zu identifizieren sind, oder noch zu entdeckender Designer. So läßt sich eine Art avantgardistischer Mut inszenieren; jedes Stück besitzt eine Biographie, der Sessel ist *vom* Preller, die Lampe *vom* Starck, der Tisch *aus Frankreich* (nicht näher bezeichnet – anwendungsoffen für die weitläufigen Phantasien der Besucher). Jedes Stück mit einem Namen und einer Geschichte. Andere Stücke mit einer persönlichen Geschichte, manche sind demonstrativ zweckentfremdet und finden sich in einer neuen ästhetischen Funktion wieder.

Die Küche ist offen, weil viel *mit Gästen gekocht* wird.

Das Oliven- oder Kürbiskernöl läßt sich zu seinen piemontesischen oder steirschen Herstellern zurückverfolgen, ebenso wie der Wein, der Grappa, das Brot. Irgendwo steht ein überdimensioniertes Bett, sichtbar diagonal im Raum. Fernsehgerät und Musikanlagen sind ebenfalls wie zufällig irgendwo plaziert, klar identifzierbar auch sie, Namen, die für Funktionalität und Ästhetik stehen. Überall stehen, hängen, liegen Objekte, die von abenteuerlichen Reisen mitgebracht wurden. Die Wände sind bedeckt mit Werken junger Wilder, genialisch hingepinselte Avantgarde-Naivitäten in überdimensionaler Größe von dreimal zwei Metern, vom Prenzlauer

Berg, *bevor* er schick wurde, aus Rußland, der ehemaligen ČSSR, *bevor* die Kunsthändler dort alles aufkauften, Entdeckungen, die zu Accessoires werden.

Die Versorgungsleitungen liegen auf dem untapezierten Putz.

Es herrscht lustvolle Anarchie.

Ohne Anarchie keine Kreativität.

Auch das ist nicht zwangsläufig spießig.

Exhibitionistische Inszenierungen

Auch die Dokumentationen des Privaten sind also öffentliche Statements. Oder sie werden zu öffentlichen Statements arrangiert. In den Konventionen des Reihenhauswohnzimmers und in den Konventionen des Kreativen-Lofts mit seinen großformatigen Bildern und den langen Regalen voller Bücher und den Wänden mit den wilden Bildern.

Beides hat seinen vordergründigen und seinen hintergründigen Sinn.

Bücher kann man lesen, und sie sind Dokumente der Belesenheit und Bildung.

Es machte sich daher jahrzehntelang im Fernsehen und auf Pressefotos ganz gut, als Hintergrund erkennbare Reihen zeitgenössischer Geschichte, ledergebundene bibliophile Schätze oder ein wildes, kreatives Durcheinander zu wählen, um die vor diesem verdichteten Wissensbestand fotografierten oder gefilmten Intellektuellen oder Akademiker auch treffend zu charakterisieren.

Seht her, so einer, so eine bin ich!

So war es.

Doch in den letzten Jahren findet man kaum noch Bilder von Intellektuellen und Akademikern, hinter denen Bücher aufgereiht sind.

Bücher sind out.

Nun sind Bilder in.

Bilder kann man betrachten.

Aber Bilder sind auch Dokumente eines bestimmten sozialen Anspruchs.

Kein Banker, zum Euro befragt, kein Professor, der sich zur langfristig devastierenden Wirkung der Gewalt im Fernsehen auf jugendliche Seelen ausläßt, kein Arzt, der die mißliebigen Konsequenzen der Gesundheitsreform kommentiert, keine der unzähligen Zeitzeugen zu nicht minder unzähligen verblichenen Intellektuellen kommt noch ohne großformatiges Bild aus.

Es dürfen aber nicht irgendwelche Bilder sein.

Es müssen »moderne« Bilder sein. Lüppertz, Rainer, Richter, Nitsch, Polke, Penck, Frohner, Baselitz, Ringl, Attersee oder, wenn es international sein soll, Francis Bacon, Julian Schnabel oder einer der amerikanischen Avantgardisten bis zur Untergrenze Keith Haring.

Dalí geht übrigens nicht.

Nicht einmal Horst Janssen geht.

Zu klein.

Drucke, Lithographien und Radierungen gehen schon gar nicht.

Nur große Ölbilder. Also das, was die Öffentlichkeit unter dem Begriff »Original« versteht. Übrigens stehen auch Klassiker, also so etwas wie alte Holländer oder Tintorettos (oder heißt es Tintoretti?) als Kulissen nicht hoch im Kurs. Offensichtlich gilt es hier, Modernität zu beweisen, Mut.

Aber es ist der kleine Gratismut, der zur *akzeptierten* Avantgarde. Daß sie akzeptiert ist, ist wichtig: Denn was da im Hintergrund hängt, muß schon allgemein bekannt sein. Sonst wäre ja nicht auf den ersten Blick klar, um was es geht. Noch schmerzt nämlich der kleine Stachel, der die Abgelichteten mit den Bücherwänden im Hintergrund stets peinigte – man konnte die anspruchsvollen Titel der mitunter vor dem Termin sogar *beziehungsvoll arrangierten* Bücher nicht erkennen. Nun ist es anders: Auch durch den größten Kopf nicht zu verdecken, bietet sich die Kulisse unübersehbar dar.

Wichtig ist dabei vor allem die Abgrenzung. Denn unausgesprochen steckt hinter dem Arrangement mit den Bildern, die zur ästhetischen Mode werden, eine Absage an die geltende Norm. Es ist ein wenig wie in der Pubertät: Die Opposition gegen die anerzogenen Konventionen führt zu *actes gratuites*, zur Revolte um der Revolte willen, damit auch zur Anpassung an die Normen derer, mit denen man gemeinsam revoltiert. Es ist sehr gefährlich, im Loft nicht die Fernseher einer bestimmten dänischen Marke zu haben. Das muß schon gut begründet sein. Und ein rahmenloser Bildhalter mit einem Druck der Brücke von Arles von van Gogh ist ein ästhetisches Todesurteil.

So ist Wohnen immer ein Arrangement mit den ästhetischen Zwängen des Milieus.

In jedem Milieu.

Überall, wie aufgekratzt und intellektuell oder kleinbürgerlich das Milieu auch vordergründig sein mag, findet sich eine willfährige Anpassung an die außengesetzten Normen. Vordergründig natürlich eher im Reihenhaus, auch erwachsend aus dem meist quadratischen Grundriß, den die enge Bauweise nahelegt: das zu kleine Badezimmer, die Arbeitsecke im Wohn- oder Schlafraum, Vorher-Nachher-Konstellationen. Doch auch auf der anderen Seite regelt die Anpassung die Ästhetik, auch hier, ohne die eingeforderten Normen zu verletzten – eben die Normen der *Normverletzung.* Wichtig ist die Raumfülle, die ungenutzte, sie wird zum Symbol, denn Platz ist etwas, das rar ist. Die Verschwendung von Raum, Großzügigkeit und die unkonventionelle Plazierung von Möbeln und Accessoires werden zur Bestätigung der anderen Norm. In der dichtbebauten Innenstadt, wo Raum die wertvollste Ressource ist. Raum zu verschenken – welch ein Prestigegewinn! Und noch ein Statement formuliert sich: die *Harmonisierung von Gegensätzen* – schon in der Wahl dieses architektonischen Modells, in der Umwidmung: Wo einst »gearbeitet« wurde, wird nun »gestaltet«. Ein Schraubenschlüssel ist kein Werkzeug, es ist ein *objet d'art*!

Inszenierte Regelverletzung als Norm!

Je teurer die Wohn- und Architekturzeitschriften werden, desto häufiger tritt das Motiv der posenhaften Regelverletzung auf: die moderne Kunstsammlung im Renaissanceschlößchen, High-Tech in der ehemaligen Bergerie in der Provence, die freischwebende Stahltreppe im früheren Wasserturm, die harten Konfrontationen fernöstlicher Akzente und mailändischer Avantgarde – kurz: Schöpferkraft, Definitionsmacht. Stadtviertel, die einst zu den Schattenreichen der Gesellschaft zählten, werden die Felder innovativer Kultur – mit allen notwendigen Ingredienzen des nonkonformistischen Konformismus: mit den Ateliers der Fotografen, den Galerien mit avantgardistischer Kunst, den Weinhandlungen und den Restaurants mit kreolischer kalifornischer oder australischer Küche. Es ist fast wie in einer romantischen Erzählung des vergangenen Jahrhunderts.

Der Tisch aus Frankreich

Und doch – das Motiv lebt, heute, jetzt, für die Beschreibung unserer Dachgeschoßausbauten oder ländlichen Refugien. In seiner Struktur ist es tausendfach durchgespielt wie die eng geschnürten Motivbündel des kleinbürgerlichen Theaters zur Mitte des 19. Jahrhunderts. Beispiele aus der alltäglichen Inszenierung des gehobenen Wohnens: »Vor zehn Jahren heiratete die Galeristin … in das Geburtshaus ihres Mannes ein.« Das ist der erste Satz aus einem Artikel der renommierten Zeitschrift *Architektur und Wohnen.* Und schon in diesen wenigen Worten erfüllt sich die Pose: Einheiraten, Integration und großer Auftritt, Adel, Beginn eines Lebensabschnitts, auch Raum, in den man hineinheiraten kann, niemand heiratet in eine Sozialwohnung hinein. Es werden also Reminiszenzen wach an die Stätten des Wirkens berühmter Persönlichkeiten, denen man nach ihrem Tode Schilder an den Außenwänden der Häuser widmet, in denen sie geschlafen, gegessen und eine Weile gelebt haben. Die Räume atmen schon nach dieser ersten Zeile Geschichte, welche, ist egal, Hauptsache, dem Leser oder der Leserin wird die bedeutungsschwangere Entscheidung klar, die mit dem Einheiraten der Galeristin in das Geburtshaus ihres Mannes verbunden war. In diesem Haus wird niemand gelebt haben, der mit fahlem Gesicht in grauer Umgebung unterwegs war. Diese Menschen sind prominent, herausragend *Théophil Gautiers*, auch wenn sie nur die Gliederpuppen sind, die aus Gründen der redaktionellen Dynamik in die Settings der Objekte von Wohnzeitschriften plaziert sind. »Das Haus war damals, wie sie zögernd zugibt, sehr voll. Sie nahm sich zehn Jahre Zeit, um in das Haus hineinzuwachsen und es – ihrer inneren Entwicklung entsprechend – auf das Wesentliche zu reduzieren.«

Dabei schält sich nun aus dem dekorationsglitzernden Wortschwulst der Zeitschrift ein Charakter heraus, der Einfachheit, Klarheit und bedeutungsvolle Leere liebt. »Besucher führt sie am liebsten über die hölzerne Treppe hinauf in ihr weißes Arbeitszimmer. Dieser Raum der Galerie ist nicht nur das heiterste Zimmer des Hauses, es ist überhaupt das schönste Büro, das ich kenne«, schreibt nun entzückt und erstmalig sich selber einbringend, entrückt ob des Glanzes der Einfachheit, die Autorin dieses Artikels. »Es stehen nicht mehr darin als ein weißer Schreibtisch und eine Tischlampe mit goldenem Messingschirm von Peter Preller, drei weiße Regiestühle, ein Beistelltisch mit weißen Blumen und … drei Palmen in weißen Eisenkübeln (Entwurf Peter Preller). An der Decke Beleuchtungskörper (*Beleuchtungskörper*! Nicht: Lampen!) der Firma Erco. An der Harmonie der Weißtöne, den Lilien auf dem Schreibtisch, kann es allein nicht liegen: Das Zimmer hat eine Atmosphäre wie die Interieurs auf den gotischen Fresken des Fra Angelico, und V. M. (Name durch Redaktion geändert, H. R.) steht darin wie ein Science-fiction-Engel der Verkündigung moderner Kunst.«

Und hat offensichtlich die Journalistin durch seine bloße Erscheinung und das viele Weiß und die Sachen von Peter Preller in die Knie aufs vermutlich weiße Parkett gezwungen, woselbst nun alle Schleusen brechen und die Formulierungen sich vom Kitsch überwältigen lassen. Lilien, Fra Angelico, mittendrin ein Engel, »... eine von den neuen Frauen, die es gewohnt sind, den Dingen auf den Grund zu gehen«, und die den Innenarchitekten und Designer Peter Preller kennt. Sie, die Journalistin, übrigens auch, sonst würde sie ihn nicht zweimal mit dieser ernsthaften Beiläufigkeit erwähnen.

Die graue Profanität der kleinen Leute dient als Kulisse. Erhabene Bescheidenheit und die notwendigen Versatzstücke eines Rituals der persönlichen Inszenierung zeigen eindringlich, wie die Konstruktion des camouflierten Kitsches funktioniert: die weihevolle Veredelung des Selbstverständlichen durch krampfhaft angehäufte Accessoires, die Verschwendung von Raum im Kontext kleinbürgerlicher Beschränktheit. Und der Tisch »stammt aus Frankreich«.

Das klingt beeindruckend, wenngleich sich bei weiterem Nachdenken doch einige seltsame Fragen stellen, denn der Tisch ist irgendwie ein ganz normaler Tisch: vier Beine und darüber eine dunkle rechteckige Platte, wohl im Umfang von achtzig mal einssechzig. Wenn man es recht betrachtet, ist es nicht nur ein normaler, sondern sogar ein durch und durch durchschnittlicher Tisch.

Allerdings *aus Frankreich.*

Aber Frankreich ist groß. 551 500 Quadratkilometer, um genau zu sein, ohne die Terrains in Polynesien, Neu-Kaledonien, Guyana. Es hat 22 Regionen und 96 Departements. So könnte der Tisch also aus 22 verschiedenen Regionen und 96 verschiedenen Departements stammen. Ist der vielleicht am Flohmarkt in St. Ouen gekauft? In der Rue Paul Bert am Ende, wo das Lieblingscafé ist?

Er könnte ebensogut auch ein preisreduziertes Stück aus einem schwedischen Möbelhaus in Chateauroux sein, das im Departement Centre liegt und einen Verwaltungsbezirk namens Berry anführt, das ein wiederum durch und durch durchschnittliches Städtchen darstellt und als größte Besonderheit äußerst irritierende Kreisverkehrsregelungen aufweist, was aber, wenn man es genau bedenkt, wiederum nichts Besonderes ist, denn irritierende Kreisverkehrsregelungen findet man in Frankreich an tausend Ecken, die dadurch keine mehr sind, und das mit dem Tisch aus dem Var, den Corbières, von der Somme, der Seine oder der Oise, oder weiß Gott in

Frankreich, woher, ist genau so, als wolle man ein Rendezvous an einem bestimmten Tag »in Frankreich am Kreisverkehr« verabreden. Erst der Kontext eines künstlich durch die Publizität gezüchteten Prominentenstatus macht diesen Tisch zu einem besonderen Tisch, gewissermaßen zur Pose eines Tisches. Zu einem Prominententisch.

Drittes Kapitel: Die Auserwählten

»Prominentenproletariat«

Diese Art der Inszenierung von »Ausnahmepersönlichkeiten« ist nur die vornehme Seite einer Komplizenschaft zwischen exhibitionistischer Eitelkeit und voyeuristischer Lust. Das Schicksal teilt den einen die Möglichkeit zur Selbstdarstellung und den anderen die Ersatzmöglichkeit zum Schauen zu. Projektionen und Identifikationen, wie es der Filmtheoretiker Edgar Morin schon in den fünfziger Jahren beschrieb, als er sich mit der Faszination des Starsystems auseinandersetzte (lesenswert nicht nur für Cineasten: *Der Mensch und das Kino*). »Prominenz« ist das Schmiermittel dieser gesellschaftlichen Selbstverständigung.

Prominenz ist im Normalfall eine gewachsene allgemeine Bekanntheit, die durch auffällige Eigenarten entsteht. Doch im Konkurrenzkampf eines sich explosionsartig verbreiternden Medien-Universums ist keine Zeit für ein derartiges Wachstum. Prominenz muß gewissermaßen fließbandmäßig hergestellt werden. So konkurrieren Hunderte von nichtssagenden Komparsen und Komparsinnen als »Stars« auf den Seiten einer aufgekratzten Journaille, die Exklusivberichterstattung spielt, doch die stets gleichen Gegenstände dieser Berichterstattung selbst erfindet. Dennoch muß trotz aller Gleichartigkeit des Prinzips der Eindruck einer Exklusivität aufrechterhalten werden. So gibt es immer mehr Prominente – so lange zumindest, bis irgendwann die kritische Masse erreicht ist und mehr Prominente existieren als Zuschauer, Leser oder Hörer, ein Problem, das hier nicht zum ersten Mal aufgeworfen wird: Umberto Eco hat es bereits in einer seiner launigen Kolumnen für Italien angesprochen. Wenn ich mich nicht täusche, war es aber vor Umberto Eco bereits Andy Warhol, der – wenngleich in einer verkürzten Sicht der Dinge – davon sprach, daß jeder in Zukunft mindestens für eine Viertelstunde berühmt sein könne. Ein Motiv, das dann von den Turiner Schriftstellerstars Carlo Fruttero und Franco Lucentini aufgegriffen wurde, als sie von einem wuchernden »Prominentenproletariat« sprachen. Dies in einem Buch mit dem Titel *Ein Hoch auf die Dummheit.* Das wäre einem selber gern eingefallen, aber zum

Trost: Die sind zu zweit, die arbeiten im »Diskurs«, da kommt man auf so etwas schon leichter.

Dankbar also nimmt man den Begriff auf und läßt die Assoziationen wuchern, die sich mit dieser genialischen Wortprägung verknüpfen lassen, bis hin zur »Diktatur des Prominentenproletariats«, das nun das essentielle Produktionsmittel der »zweiten Moderne« übernimmt (ein Begriff, unter dem der Soziologe Ulrich Beck eher aphoristisch als wissenschaftlich seine Gedanken zur Zukunft sortiert): *Publizität.*

Denn Publizität ist der ultimative geldwerte Vorteil.

Publizität ist ein begrenztes Gut, weil seine Wahrnehmung Zeit erfordert, die Zeit derjenigen, die auch etwas anderes tun könnten, als von zehn bis siebzehn Uhr fortlaufend in Talkshows oder am Abend in dubiosen Sensations- und Prominentenmagazinen herumzusurfen.

Mit einem unvergleichlichen Krampf werden also durch die Journaille, die sich damit auch selbst erhebt, neue Götter und Göttinnen erfunden, die den alten aufs Haar gleichen, so hochgejubelt, daß alle Alternativen den Kampf um publizistische Aufmerksamkeit verlieren.

So ging es mit Hiltrud »Hillu« Schröder, so ging es mit Verona Feldbusch, so ging es mit Heiner Lauterbach, Uschi Glas, so ging es mit Susan Stahnke, so ging es mit dem Prominentenfriseur Gerhard Meir, der als »Starfriseur« im *Stern* mit selbstkritisch distanziertem Grinsen darüber schrieb (als »Zeitzeuge«), wie verwunderlich es doch sei, daß er, der Figaro, prominent wurde: »Und dennoch staun' ich manchmal: Was sind das für Zeiten, wo sich die Macht der Friseure einschleicht. Früher hielt sich die Gesellschaft Hofnarren, heute halten sich die Hofnarren die Gesellschaft.... Das hat damit zu tun, daß es wirkliche Stars nicht mehr gibt, heute sind Rennfahrer, Tennisspieler oder die Models Stars. Und da kommen eben auch die Friseure hoch.«

Sagt belustigt der Friseur.

Und das nicht nur einmal, sondern immer wieder, weil die Medien Schlange stehen, und nicht nur der *Stern*, sondern auch die *Woche* und die *Zeit* und das Magazin der *Süddeutschen Zeitung*. Und alle sind unglaublich begeistert über die Idee, die Prominenz an sich selbst vorzuführen, nicht ahnend, daß sie den Weg ebnen in die Sphäre der Unverbindlichkeit, in der sie ihre konstruktive Daseinsberechtigung verlieren werden.

Es ist nichts dagegen zu sagen, daß Personen dieser Art berühmt werden. Und wenn sie bereit sind, ihre Persönlichkeit dem Muster zu unterwerfen, das vom Publikum gestrickt wird, um nachher nur noch ein synthetisches

Produkt zu sein, das aus den Taschenrechnern der Quotenforschung erstanden ist, eine Art Vorwegnahme gentechnischer Zurüstung des schauspielerischen Personals und damit Androiden, die in der Lage sind, durch spezielle Sensoren jede Abweichung vom Publikumsgeschmack in Zehntelsekundenschnelle zu korrigieren, dann sollen sie bitte ihre Persönlichkeit in der Garderobe hängenlassen. Wenn sie nicht schon von vornherein mit Silikonimplantaten in Busen und Hirn sich selber umgerüstet haben. Lara Croft wird ohnehin bald die einzig menschliche Figur in dieser Szene sein.

Das heißt also: Es kommen *Produkte* in die Schlagzeilen, nicht Menschen. Diese Produkte werden allerdings als Menschen verkauft. Dafür sorgen nun die durch ständige Inszenierungen dieses »Prominentenproletariats« geradezu atemlosen Medien. Es ist eine Art Lebensversicherung (eine »wechselseitige«) für Medien und die von ihnen gekürten Prominenten selbst auf den untersten Sprossen der Leiter, denn durch die rasende Anpassung der Medien untereinander wächst der Bedarf an neuen Namen oder an neuen Geschichten über alte Namen immer schneller.

Auch das Publikum sucht seine Finanzderivate: »Ich habe«, sagte einer und wird damit berühmt, »Claudia Schiffer gesehen.« Ein anderer hat sich auf einer Veranstaltung neben Birgit Schrowange oder Nina Ruge fotografieren lassen und trägt dieses Dokument seiner Auserwähltheit nun in der Brieftasche mit sich herum. Und wieder ein anderer war in der »Show« bei Arabella und wird noch seinen Enkeln das Video vorführen. Es ist Moderatorinnen wie Birgit Schrowange oder Arabella Kiesbauer oder Nina Ruge keineswegs zu verdenken, daß sie diesem Publikum die letzten Trivialitäten liefern, daß sie Millionen von Menschen mit der Frage beschäftigen, ob sie wieder glücklich sind, nachdem eine Liebe zerbrochen ist, und dann die Medien nutzen, um diese Nichtbotschaften über die Titelseite eines Sonntagsblatts zu verbreiten: »Star-Moderatorin will mit Dr. Reitzle zusammenziehen«. Sie nutzen die Medien, um eine neue private Beziehung zu verkündigen, wie die Moderatorin eines RTL-Sensationsmagazins, Birgit Schrowange, der ganze Titelseiten gewidmet wurden. Ebenso wie der Scheidung des Ulrich Wickert und seiner neuen Liaison mit einer Regionaljournalistin, dem darauf folgenden publizistischen Glücksfall der neuerlichen Scheidung und der neuerlichen Beziehung.

So wird das Leben zur Klatschrunde. Denn in der Folge erfährt der Leser, erfährt die Leserin in den wirklichen Nullmedien, nämlich den Zeitschriften, wo das Liebesnest des jeweiligen Fürsten-, Prinzen-, Journalisten-Paares ist, wahlweise Barbados, Mallorca, Pfälzer Wald, oder stimmen doch die letzten Meldungen: Mauritius? Nichts bestätigt, alles Gemunkel, aber die Kulissenschieber hantieren geschickt. Denn es ist egal. Es spielt sich sowieso alles am Eßtisch in der Eßecke oder auf dem Sofa vor dem Fernseher ab, wo man nun natürlich *Leute heute* einschaltet, um sie zu sehen, die am Sonntag auf dem Titelblatt war, Nina Ruge (»41«) mit Dr. Reitzle, und dann kann man drüber diskutieren, daß sie viel lockerer war, und übergeht am nächsten Tag die Meldung auf der Fernsehseite, daß *Leute heute* einen Quotenanstieg verzeichnete.

Der Nina-Ruge-Birgit-Schrowange-Arabella-Kiesbauer-Kurs («added value«, würde man betriebswirtschaftlich sagen) steigt also in dem Maße, in dem sie präsent sind, nicht in der eigenen Sendung, sondern außerhalb dieser Sendung, aber auch nicht in der Werbung, sondern außerhalb der Werbung, gewissermaßen als Modellgegenstand derer, die sie in der Sendung präsentiert, so daß Journalismus (sofern er sich so noch nennt) und sein Berichtsgegenstand sich bis zur Unkenntlichkeit vermischen. Wer (unter anderen) gibt Ratschläge, wo man sich im verregneten Sommer die »fehlende Sonne« holt? Zum Beispiel Fußballergattin Pilar Brehme, natürlich eine Diplompsychologin, Skistar Christa Kinshofer und: Nina Ruge (»35«), von der man erfährt, daß sie den Kamin anzündet, nachdem sie schwimmen war.

Dann schaltet man die Sendung ein.

Die Prominentensendung, die von einer Prominenten moderiert wird, und zwar von einer Prominenten, die dadurch prominent geworden ist, daß sie eine Prominentensendung moderiert ...

Und die Zeitschriften malen Landkarten, auf denen die Domizile der Prominenz markiert sind. Die in den Medien tatsächlich immer wieder so genannten »Normalsterblichen« sind entzückt, dürfen sie doch nun gezielt auf die Suche gehen dank des Spürsinns der Reporter, dank der »VIP Guides« in *Gala*, einem Städteführer mit Hinweisen darauf, wo man Prominente findet; Prominenten-Ranking und Society-Tests in der *Bunten*; in der Samstagsbeilage der Wiener Tageszeitung *Kurier* präsentiert eine Isabella Klausnitzer, Frau des Musicalimpresarios, allwöchentlich ein Wirtshaus im Grundriß, mit Tischen und Stühlen und Namen von Prominenten, die dort speisen oder trinken oder *weilen*, was Prominente halt so tun, und macht auch in der den Medienösterreichern mittlerweile ganz eigenen Art der Expansion selbst vor hanseatischen Traditionsetablissements nicht halt, vor dem Fischereihafenrestaurant beispielsweise, wo sie natürlich Claudia Schiffer, Dieter Bohlen, Otto Waalkes, den ehemaligen Bundespräsidenten

Roman Herzog und einige Stars wie Dustin Hoffman oder Harry Belafonte im Raum verteilt finden; natürlich ist *Harry's Bar* in Berlin dabei, wo dieselben Prominenten an Tischen sitzen.

Wer in diesem Tumult nicht untergehen will, braucht nicht Geld, der braucht Publizität, braucht die Macht des Zutritts zu den Gazetten, zu Talkshows, am besten zu solchen »Medienereignissen«, die dazu inszeniert werden, daß Medien darüber berichten.

Aber was wird geschehen, wenn den Blättern, den Society-Magazinen, wenn den Exklusiv- und anderen Prominenten-Shows die Prominenten ausgehen?

Wie »Promis« gezeugt werden

Die gehen nicht aus. Die können gar nicht ausgehen. Denn ständig wird Nachwuchs produziert, entweder ist es der Nachwuchs selber, der genealogisch legitimiert ins Rampenlicht geschoben wird, wie wenn hundert Reporter vor dem Hotel Atlantic auf die Ankunft der Limousine warten, die Romy Schneiders Tochter Sarah Biasini befördert. »Ach Sarah«, spreizt sich *Bild*, um sich das Berichterstattungsobjekt Sarah zuzurüsten, »es ist schwer, so wie du erwachsen zu werden. Doch eines ist sicher: Wer Romy liebte, dessen Gedanken begleiten dich.« Ob die junge Dame das will oder nicht, ist übrigens belanglos.

Das Publikum will es.

Und so wird Sarah Biasini-Schneider (oder umgekehrt?) vorsorglich schon einmal ins Repertoire aufgenommen, denn nun ist sie alt genug, um demnächst Spekulationen über Liebeshändeln freien Raum zu geben. Schon mal den Claim abstecken: »Wird Daniel Biasini seine Tochter rechtzeitig loslassen können? Würde er auch einen Mann in Sarahs Leben akzeptieren? Hat Sarah die Kraft ihrer Mutter?« Da gerät der Vater, der sich möglicherweise um das private Leben seiner Tochter sorgt, zum Zerberus, der versucht, der Öffentlichkeit ihr Recht auf Voyeurismus vorzuenthalten.

Auf der Ebene ist also vorgesorgt. Es gibt eine Menge Prominentenkinder. Und eine Etage drunter ist auch vorgesorgt, wo sich eine putzmuntere Truppe um die Anteilscheine der Publicity-GmbHs rangelt, in klassischer Manier durch die Präsenz mit einem Star nach dem »Jenny-Elvers-Prinzip«, und wenn das nicht gelingt, schreibt man eben in einem der Magazine, die den Star nicht selber vor den Block, das Mikrophon oder die Kamera bekamen, einen Geburtstagsgruß, wie die junge Schauspielerin Marion Mitterhammer, die in der Wochenendbeilage der Wiener Tageszeitung *Kurier* die »gemeinsame Vergangenheit« mit Götz George beschwört und ihn in einem offenen Geburtstagsschreiben kumpelhaft duzt und dabei natürlich nicht vergißt, ausgiebigst über sich selbst zu plaudern und im Kleinmäderl-Ton, den die Österreicher so lieben, zu wispern (ja, das geht im Österreichischen, man kann schriftlich wispern): »Es ist einfach furchtbar einfach, Dich zu mögen. Eigentlich kann ich gar nicht anders, als Dich schrecklich lieb haben. Dieses viele Leben, das in Dir drinsteckt.«

Und dann, bitte sehr, sind da ja auch noch die neuen Promimagazine der – früher hätte man gesagt – Privatsender. Aber längst ist das alles auch öffentlich-rechtlich. Und Buchstaben-Feen wie Sonya Kraus, Nachfolgerin von Karen oder Maren Gilzer, die ihrerseits durch die Repräsentation der verbreiteten Sprachlosigkeit zum *Superstar des Hintergrunds* wurde, bieten gute Geschichten, die dann von Eve-Maren Büchner um fünf vor sieben auf SAT.1 verbreitet werden, denn da hat sie dann (oder hatte sie?) ein von der *Bunten* mitfinanziertes Prominentenmagazin, nach Nina Ruge auf ZDF und Frauke Ludowig auf RTL. Aber allein das könnte ja schon ein Thema sein, die beiden Vorgängerinnen auf der Couch. *Blitzlicht* heißt das Magazin.

Nein, an Nachschub mangelt es wirklich nicht. Da sind die wohlgesinnten Götter der Promi-Journaille davor. Selbst die seriösen Medien legen nach und schneiden sich ihren Teil des Coupons öffentlicher Aufmerksamkeit ab. »Man könnte sagen«, sagte beziehungsweise schrieb Helge Hopp in der *Woche*, »jetzt reicht's aber«, wenn es um Verona Feldbusch gehe. Aber daß es nicht reichen würde, sah man schon daran, daß es eine ganze Seite Porträt gab. Denn so einfach sei das nun auch nicht, meinte Herr Hopp und walzte dann noch einmal alle Klischees aus, die zuvor schon hundertfach zu lesen waren. »Das Püppchen entpuppte sich als sehr schlaue Maid«, hatte schon die Wienerin Marga Swoboda geschrieben (sie bestreitet eine tägliche Kolumne in der größten Tageszeitung des Landes, der *Kronenzeitung*), weil sie, die Verona, dem Bohlen das Geld aus der Tasche gezogen habe. Bewundernd setzte Frau Swoboda hinzu, daß das Püppchen auch wisse, wie man Geschäfte macht. »Püppchen mit Hirn.«

Verona Feldbusch als Ikone des weiblichen Aufbruchs ins 21. Jahrhundert, meint jedenfalls die damalige österreichische Moderatorin *der* Kultursendung des ORF, Ingrid Thurnherr.

Auch Hopp argumentierte nicht viel: Der Erfolg sei der Beweis, und so zählt er die tollen Erfolge der Frau Feldbusch auf: gigantische Honorarangebote für Nacktfotos (die gab es aber zunächst einmal von Frau Stich) und die Tatsache, daß »eine erkleckliche Anzahl« deutscher Männer die Feldbusch für das Sexsymbol schlechthin hielt. Also: »Bei Verona ist was dran.« Zudem: Daß die anderen, Alida Gundlach, Ilona Christen, Arabella Kiesbauer und Eva Herman nicht halb so originell oder geistreich seien, wie sie gerne wären, legitimiere die Begeisterung für das *Peep*-Mädchen. Selten ist der Zusammenbruch eines Arguments an sich selbst eindrucksvoller dokumentiert worden. Es mag aber auch sein, daß die Last der reinen publizistischen Präsenz diesen Zusammenbruch ein wenig beschleunigt hat. Mittlerweile sind ja die Aktenordner der Archive voll.

Langeweile droht.

Da muß ein neues Scheit in den Kamin, auf daß die Funken stieben. Da gab es ja auch noch ein Scheit, der ins Feuer geworfen werden konnte und ins Feuer geworfen wurde, ebenjene Nadja Farrag, das Opfer der Blitzehe, das nun aus der Asche strahlend und funkelnd ersteht: »Auf dem Weg nach oben.« So begab es sich also im Herbst des Jahres 1998, daß eine von den Medien kumpelhaft »Naddel« genannte junge Dame auftauchte und die Schlagzahl der Erwähnungen des Schlagerproduzenten Bohlen und seiner Kurzzeitehefrau Verona Feldbusch weiter erhöhte und natürlich auch intime Details ihres Körpers der Öffentlichkeit zur Verfügung stellte, im Börsenblatt der Nachwuchsprominenz, im *Playboy*. Was dann in einer Abstimmung – immerhin leben wir in einem demokratischen Land – kulminierte, die von *Bild* inszeniert wurde, wer nun, Naddel oder Verona, die größere Erotik besäße. Das Ergebnis war knapp (»um Busenlänge«): Naddel gewann. Angerufen hatten ungefähr 65000 Menschen.

Start einer typisch deutschen Karriere also.

So klettert denn die »Halbsudanesin« im Prominenten-Ranking auf die Plätze, auf denen man sich nicht mehr an einen Prominenten anhängen muß, um irgendwie ins Bild zu kommen. Jetzt wird sie zu einer der Lichtgestalten, zu einem legitimen Zahlungsmittel im Geschäft der Prominentenbörse, und andere werden sich drängen, mit ihr ins Bild zu kommen. Auch Journalisten, die im Wind der Konjunktur schreiben. Wenn also die öffentlichen Verona-Feldbusch-Anleihen sinken, wird man auf »Naddel« zurückgreifen können, wie im Roman für kleine Mädchen von 1952, als die Gute den Prinzen behielt, obwohl die Böse ihn ihr wegnehmen wollte. Und so wird Naddel von der *Bunten* interviewt, von der *Bild am Sonntag* zum neuen Fernsehstar gekürt und von *petra*, weil »neue Frau«, mit der obligaten Zigarre abgelichtet, die ja zum ultimativen Symbol avanciert ist, seit Sharon Stone (IQ 154) sie einmal zwischen den Zähnen hatte. Diese Naddel bietet ja nun jegliche Möglichkeit und vor allem die, sich wieder einmal einzuspreizen und sogenannte offene Briefe zu schreiben, wie in *petra*, wo Naddel von einer wohlmeinenden, aber stilistisch irgendwie girliehaft schnatternden Christine Mortag mit *Du* angeredet wird.

Drin steht nichts in der Geschichte, was man nicht schon wüßte.

Drüber steht »Standpunkt«.

Der Niedergang des Journalismus

Irgendwann in grauen Vorzeiten gab es das eigenartige Prinzip, daß Interessenkonflikte tunlichst vermieden werden sollten. Für Journalisten bedeutete das, sich nicht allzusehr mit dem Personal ihres Genres einzulassen. Mittlerweile scheint das Gegenteil zum Prinzip zu gehören. Denn beide Seiten profitieren – beide Seiten werden prominent. Das zahlt sich in »deferred gratuities« aus, in späteren Belohnungen: Talkshows, Vorträge, Unternehmensberatungen, Kolumnen, Film- und Fernsehrollen, Modepromotions, die Moderation von Galas, Tausende von Zeitungsseiten und Covers, und am Ende bezahlte Präsenz auf gesellschaftlichen Veranstaltungen, über die dann in den Medien wieder berichtet wird, dadurch weitere Präsenz, ständige öffentliche Fürsorge und damit eine gewissermaßen unausgesetzte Werbekampagne, die sich in »4c«-Preisen, also den normalen Kosten für eine vierfarbige Anzeigenseite in den entsprechenden Illustrierten, jährlich leicht auf einen Millionenbetrag summieren. Da spielt auch das Publikum gern wieder mit. Denn die Belegschaften der Betriebsfeste haben gern Menschen auf dem Podium, die sie schon kennen. Das ist wie beim Wunschkonzert: Es werden immer die Stücke angefordert, die ohnehin täglich auf dem Plattenteller liegen, die Wiedererkennung ist wichtig, nicht die Überraschung.

Und die Journalisten schreiben eifrig, gehören dazu, werden sogar wie Frau Ruge zu Berichterstattungsobjekten ihres eigenen Genres oder kämpfen, wie Frau Stahnke, mit allen, auch den peinlichsten Mitteln um Prominenz. Oder drängen sich als Produkt, wie Kienzle und Hauser, ins Geschäft oder vermarkten Bücher von weinerlicher Wertkonservativität wie Ulrich Wickert. Sie glauben es wirklich, sie glauben wirklich an ihre Auserwähltheit. Eine ZDF-Moderatorin namens Heike Maurer (Heike Maurer?) berichtete in *Bunte*, wie es war, als die Schneekatastrophe des Winters 1998/99 alle in Zürs eingeschlossen hatte, auch Prominente! Die Fernsehfrau schreibt: »Eingeschneit waren wir alle gleich. Egal ob Aufsichtsratsvorsitzender, Politiker, Prinz oder Prinzessin – oder ZDF-Moderatorin. Auch wir mußten uns auf die Warteliste der Helikopter setzen lassen.«

»Journalist«! Der Klang dieses Wortes! Irgendwie zehrt es noch von früher, als es die abenteuerliche Berufsbezeichnung des »Reporters« noch gab. Der kleine und stets siegreiche »Tintin«, auf deutsch »Tim«, war *Reporter*. In jungen Herzen wurden Reporterträume geweckt, wenn man ihnen Abenteuerromane vorsetzte. Später dann gab es die großen amerikanischen Vorbilder, die investigativen Reporter, die im Film *Die Unbestechlichen* hießen und von Robert Redford und Dustin Hoffman gespielt wurden. Es gab auch die *Reporter des Satans*. Wie immer: Auf jeden Fall waren sie mythische Gestalten.

Der Mythos der Medienleute ist geblieben. Allerlei Szene- und In-Lokale lassen sich ja in Stadtführern von den Leuten, die in ihnen verkehren, als Treffpunkte von Werbern, Journalisten, Models und Fotografen beschreiben. Und so nennt sich eine große Gruppe von Leuten heute »Journalist«, die eigentlich nichts anderes ist als Vollzugsgehilfe oder -gehilfin der Marktforschungsabteilung, die stromlinienförmige Programmformate für einen quotierten Absatz ausheckt. Und damit sind nun nicht mehr die einstmals oder eventuell immer noch in Teilen ihrer Arbeit verdienstvollen wirklichen Journalistinnen und Journalisten wie Nina Ruge oder Ulrich Wickert (hier als pars pro toto) gemeint, sondern die, die längst oder von Anfang an die Kautelen ihres Gesellschaftsvertrags aufgegeben haben.

Die Arbeit ist nicht mehr Recherche, sondern Erfüllung eines Plansolls. Es herrscht das Stachanowprinzip des eilfertigen Abbaus von Prominenten-Pressemitteilungen.

Doch sind diese eklatant sichtbaren Verstöße gegen eine journalistische Trennung von persönlicher Betroffenheit und Gegenstand der Berichterstattung nur besondere Ausdrucksformen der generellen Attitüde dieser modernen Form des TV-Journalismus, auch in manchen Zeitschriften, der sich ständig – und damit gerät man zum Ausgangspunkt zurück – in einer Recyclingmaschinerie selbst zum Gradmesser der bundesrepublikanischen Kultur am Ende eines sehr seltsamen Jahrzehnts aufschwingt und seine Bedeutung mit immer wieder neuen, geradezu fraktalen Formen der Publizität mästet.

Ich bin auf dem Schirm, also bin ich.

Und wenn ich auf dem Schirm bin, kann ich mich in unendliche Facetten vervielfältigen, und die Vervielfältigung wird zum unangreiflichen Geschäftsprinzip, so wie denn auch die vormalige Gedichtemacherin Amelie Fried sich mit einer geradezu strategischen Systematik in den fraktalen Zustand vorarbeitete, gleichzeitig Talkshowmoderatorin, Romanautorin, Filmemacherin und Berichterstattungsobjekt der Medien zu werden, desgleichen die bereits erwähnten Schrowanges, Ruges, Wickerts, und in diesem Kreislauf ein ununterbrochenes Merchandizing ihrer selbst zu inszenieren, was die Kolleginnen im Geiste gern mitmachen, bis sie sich längst nicht mehr nur in den ungezählten Shows, sondern auch in ihren Büchern wechselseitig erwähnen; so wie nun eine Telefongesellschaft oder ein Tiefkühlspinathersteller sich darüber freuen können, die von ihr werblich eingespannte Frau Feldbusch immer dann zur kostenlosen Paraphrase ihrer kommerziellen Interessen verbuchen zu können, wenn wieder einmal eine originelle Redaktionsentscheidung für ein Cover auf einer Programmzeitschrift oder ein Bild in den Society-News gefallen war. Der Alltag dieser Ikonen wird zum Gegenstand.

Viertes Kapitel: Modelwahn

Jede Menge Dornauszieher

Für die Masse, für die Kinder aus dem Reihenhaus, aus der Vorstadt oder Großfeldsiedlung, bleibt die Hoffnung – was die schaffen, das können wir doch auch? Also wird man Model. Nur ein Buchstabe ist verändert, ein Buchstabe, in dem sich ein ganzer Zeitgeist offenbart. Früher hieß es »das Mädel«. Heute heißt es »das Model«. Gemeint ist dasselbe. Beides ist sächlich, bezeichnet mithin ein Ding, was die Assoziation von früher nahelegt, ein »dummes« Ding, aber das ist es wohl nicht mehr, viel wichtiger ist die herablassende und leicht besitzergreifende Art, die diese Vokabel nahelegt. Ein »Mädel« war gewissermaßen Anschauungsobjekt für den Spießer am Stammtisch. Die Kellnerin war ein Mädel, und die Frauen daheim, die waren die Mädels, die auf den Herrn des Hauses warteten: Was macht dein Mädel? Manchmal war es auch ganz arglos gemeint, eher volksmundartig, wenngleich die Vokabel niemals ihre Abschätzigkeit verbergen konnte, nicht einmal in den Zeiten des »deutschen Mädels«, in den großen Zeiten. Darüber hat Hermann Glaser in seiner *Spießerideologie* ausführlich geschrieben. Nun aber, da aus dem Mädel das Model geworden ist, hat es sich emanzipiert, ohne von der Sache zur Person aufzusteigen. Auch die Assoziationen bleiben gleich, vor dem geistigen Auge des imaginären Betrachters ersteht ein hübsches Ding, genormt, was die Körpermaße und Formen betrifft. Aber dieses Ding besitzt nun einen Namen und eine Prominenz.

Neuerdings gibt es auch männliche Models.

Die sind auch schön, zumindest, wenn man die einschlägigen Zertifizierungen zugrundelegt, aber sie müssen natürlich anders schön sein als die weiblichen Models. Und so wie sie (ohne den Anspruch zu erfüllen) die Rolle der Sexsymbole der 50er Jahre aufnehmen sollen, ist es das Schicksal der *male models*, die Rolle des James Dean oder des Marlon Brando wiederaufzunehmen, womit sie ebenso überfordert sind. So bleibt alles bei der Einübung gewisser ikonograpischer Partikel, die aber wiederum zu einer medizinischen Beobachtung der Körperentwicklung beim Normalmann führen, mit dem ein hypochondrischer Wahn ausgelöst wird. Bei Frauen nicht minder: Bei den weiblichen Models ist das aufgrund der Formensprache des weiblichen Körpers und der Mode, die diese Formensprache unterstützt, allerdings nicht so schwierig. Bei Männern ist es schwieriger. Um die Äquivalenz eines entzückenden Dekolletés (und bestehe es auch nur aus den Push-up-Mechanismen eines Wonderbras) zu erreichen, müssen sich Männer schon zumindest halb ausziehen, die Hose mit diesem geübten Griff ein wenig hinunterziehen, nicht um eine kokette Anspielung auf das zu inszenieren, was dann kommen würde (hoffentlich), sondern um ihren Waschbrettbauch zu präsentieren. Das tun sie dann mit einem irgendwie nach unten gerichteten Kopf, der sie zwingt, den Blick aufwärts zu richten, um den Betrachter anschauen zu können. Und das wiederum führt zu diesem normierten, geradezu eingestanzten Faltenwurf auf der Stirn, der – siehe oben – an die fünfziger Jahre und an James Dean erinnern soll, den Wilden.

Und seit die Hollywood-Jungschar von Sean Penn bis Brad Pitt als »junge Wilde« verkauft wird, auch als vielköpfige Wiedergeburt des unsterblichen 50er-Jahre-Stars, liegt diese Interpretation nahe. Mit Falten und Dreitagebart läßt sich Antibürgerlichkeit dokumentieren. Was nicht ganz aufgeht, weil es im Zusammenhang mit den Designerunterhosen und Duftwässerchen eher lächerlich wirkt, auch wenn sie Fluchten aus dem Alltag nahelegen und in den Dschungeln Sumatras oder an den Gewässern Malaysias fotografiert sind. Der Gebrauch findet im Badezimmer daheim statt, wo es schon eine Herausforderung ist, gegen den Kalkbelag auf den allmählich ermattenden Armaturen anzukämpfen.

Die weiblichen Models haben weiterhin keine Falten und sehen selbst im Gesicht so aus, als seien sie aus unzerstörbarem Plastik. Sie schauen auch geradewegs und frei heraus bar jeder verordneten Rebellion in die Linse. Antibürgerlichkeit wird bei ihnen allenfalls durch eine gewisse Anorexie demonstriert. Wenn erste Fältchen oder erste Abweichungen vom Normgewicht sichtbar werden, gibt es nur zwei Möglichkeiten: in der Versenkung verschwinden oder sich allmählich zum Modell des neuen Alters stilisieren, wie jene Nivea-Dame, die weißhaarige Unsterblichkeit suggeriert und den Betrachter frohgelaunt anlächelt.

Aber das sind Randerscheinungen, noch.

Die jugendlichen Plastikmodels hingegen gelten mittlerweile als erstrebenswerte Vorbilder für die Selbststilisierung von Abermillionen Menschen im Alltag. Sollte das unglücklicherweise für die neue Ikonographie der männlichen Models auch zutreffen, werden wir demnächst am Rande der

Trampelpfade unserer metropolitanen Gastro-Society von einer Menge junger Männer im Designerlook mit zerfurchten Stirnen von unten herauf betrachtet werden.

Denn das Bild ist wichtiger als die Persönlichkeit. Schau.

Die narzißtische Pose des Dornausziehers, immer wieder.

Unsere Pamela

»Der Narzißmus«, schrieb der Modemacher Wolfgang Joop im *Spiegel*, »ist das Hauptmerkmal unserer Zeit. Ein Symptom dafür ist, daß immer mehr Menschen Model werden wollen.« Das Bild ist also nicht nur der Ersatz für Persönlichkeit oder individuelles Stilempfinden, es ist auch noch ein kommerzielles Kalkül, ausgerichtet auf die eindimensionalen Phantasien der Betrachter. Es geht wieder einmal um die Publizität. Um alles, sofort, für immer und ohne große Mühe. Belohnung für das bloße Sosein. Und es wird von jedem jungen Mann als ein Magenkribbeln verursachendes Kompliment gewertet, wenn einer sagt, er sehe aus wie Brad Pitt. Bei Mädel-Models ist das nicht anders – hier steht wahlweise Claudia Schiffer oder Cindy Crawford zur Verfügung. Und Millionen junger Mädchen lieben Brad Pitt, und Millionen junger Burschen träumen von einer Nacht mit Claudia Schiffer, wohl nicht ahnend, daß eine solche Nacht vor allem aus Schönheitsschlaf besteht, wenn man glauben darf, was die junge Dame an Kommentaren so absondert. Deshalb werden die Homepages der Model-Stars belagert. Bis zu einer Million Kontakte pro Tag gab es, als Cindy Crawford ins Internet einstieg – unter www.cindycrawford.org. Die Server hielten, wie Zeitungen berichten, dem Ansturm nicht stand. Dabei wollte sie eigentlich nur das Recht am eigenen Bild ausschöpfen. Org heißt wohl: original. Denn es gibt 82144 unautorisierte Dokumente über Cindy Crawford im Internet.

Und es gibt jährlich 380000 Bewerbungen in Wettbewerben wie »Look of the year«, und alle üben sie vorher diesen eigenartig synthetischen Gang, wie man ihn auf dem Laufsteg, der nicht Laufsteg, sondern »Catwalk« heißt, zu praktizieren hat, strikt einer imaginären Linie folgend, auf der beide Füße voreinander plaziert werden müssen, ein wenig schiebend wie beim Tango, der Oberkörper bleibt starr, während sich die untere Hälfte schlingernd so dreht, daß die Gesäßhälften abwechselnd ausgefahren werden. In diesem Gang also präsentieren sich die Tausenden, deren Hoffnungen in alkoholseligen Wettbewerben provinzieller Dorfdiscos aus der Wahl zur »Miß Wet-T-Shirt« oder auf Mallorca zur »Miß Busen« erwuchsen; wo dann Träume entstehen, daß man die »Blicke der Welt« magnetisch auf sich ziehen kann und nichts dafür zu tun ist, außer Catwalk, dem Gang der Katze auf dem schmalen Grad des Dachfirstes, und alles, was dann gesagt werden muß, wird schon die Agentur richten. Und dann bekommt man gesagt, was man zu sagen hat, was aber eigentlich keiner Worte mehr bedarf, denn die Szenejournalisten und die Society-Reporter haben das alles schon hundertmal geschrieben und brauchten im Grunde nur die Taste F 5 oder F 6, je nachdem, zu drücken: Ja, daheim liebe man es eher leger, in weiten Pullovern und Jeans mit Wollsocken, und ja, man möchte drei Kinder dereinst, wenn es mit dem Modeln vorüber sei und der Richtige gefunden, und vielleicht strebt man eine Kinokarriere an, und, doch durchaus, das Modeln sei harte Arbeit und so weiter. Aber bis es soweit ist, blickt man neidisch auf die, die schon in der Zeitung stehen und »es« geschafft haben und dort abgelichtet werden auf schwarzen Lackpumps mit Plateausohlen, mit Push-up-Bra oder auch nicht, mit hochgezogenem Tanga oder im Leoparden-Body-Suit, mit blonden langen Haaren und der Bildüberschrift: »Ich will Haralds neue Pam werden«.

»Sie ist schön, sie ist schlau – und sie will zum Fernsehen! Annina (21), Wirtschaftsstudentin aus Bremerhaven. Dieses Foto hat der blonde Küsten-Feger gestern an die Harald-Schmidt-Show geschickt. Denn ›Dirty Harry‹ (40) sucht 'ne neue Assistentin.« (*Bild*) Und dann noch einmal: »Ina Werner, unsere Pamela. … Diese Ina Werner, geboren vor 28 Jahren in Ostberlin …, hat die Marktwirtschaft kapiert – und vermarktet den Look '97 gnadenlos: Pamela A. Zwei Brustoperationen, Silikon satt, fertig ist die Karrierebasis: 102 Zentimeter Oberweite.« (*Penthouse*)

Dann war da eine Iris Kaufmann, die sich in einer Nobeldisco neben Heino in halterlosen Strümpfen und sonst nichts ablichten ließ. »Vor lauter Begeisterung legte das Fotomodell für Heino einen Strip hin. Beginn einer wunderbaren Karriere. Heinos Nackte drehte dann mit Martin Semmelrogge die Kinokomödie ›Weibsbilder‹. Sie spielt eine Blondine, die unbedingt nach oben will.« (*Bild*) »Ich möchte so berühmt werden wie Claudia Schiffer. Ihre Figur habe ich fast.« Bald wird sie die Claudia-Schiffer-Figur haben, denn sie trainiert, so der *Stern*, wöchentlich stundenlang im Fitneß-Studio – was keine großen Probleme macht, denn sie ist arbeitslos und hat die Zeit dazu.

»Ich habe keine Lust auf ein tristes Leben. Ich will bewundert werden und viel und einfach Kohle machen.« Der das sagt, heißt Kenan Kostreba und meint, er sei ein Naturtalent. Als Actionheld. Recht hat er. Wenn man sich die schauspielerischen Leistungen der Durchschnitts-Fernseh-Serien anschaut, fragt man sich ja ohnehin, woher diese Legionen und grimassierenden Komparsen stammen, die man in schlechten Kulissen über mies erfundene Probleme mit gestanzten Dialogen herumdilettieren läßt. Und trotzdem prominent werden – oder deshalb. »Die Reihe der Personen, die durch die werktägliche RTL-Serie populär geworden sind und die Daily Soap als Sprungbrett für andere Rollen genutzt haben, wird immer länger. Nun also auch die süße Alex. ›Ich möchte richtige Kinofilme drehen‹, sagt die gelernte Zahnarzthelferin, die beim Pferderennen im Publikum von der Casting-Chefin für *GZSZ* entdeckt wurde. Den ersten Schritt hat sie schon getan: Im westfälischen Unna und auf Mallorca hat sie gerade die Kinokomödie ›Bang, Boom, Bang‹ mit Diether Krebs und Martin Semmelrogge abgedreht. … Die Dreharbeiten waren für die Wahlberlinerin, die sich zur Freude ihrer männlichen Fans auch schon im *Playboy* hüllenlos präsentierte, ›super aufregend‹.« (*Hamburger Morgenpost*)

Oder, immer noch unvermeidlich, Jenny Elvers, »Jenny, für Augen und Ohren. Der Blondinen-Faktor – die sinnlichste Versuchung, seit es Wasserstoffperoxid gibt – wird von Starlet Jenny Elvers (23) nach allen Regeln der Kunst eingesetzt: Zuerst drängte sich die ehemalige Amelinghauser Heidekönigin lecker dekolletiert auf Promi-Partys als fleischgewordene Eigenwerbung. Nächster Coup: (Kurz)-Auftritt ohne Höschen in der Komödie ›Männerpension‹, dann, im Badeanzug, in ›Baywatch‹.« (*Focus*)

Das sind Vorbilder, wie sie täglich gefeiert werden.

Leistung?

Das ist etwas für Idioten.

Lernen?

Es geht doch viel einfacher.

In einem der vielen von einem der vielen TV-Stars moderierten Modelwettbewerbe reüssieren, und schon sind Jahre gewonnen.

Preis ohne Fleiß

So verbreitert sich die »Bemessungsgrundlage« durch die Multiplikation der sogenannten Prominenz, die in facettenartiger Vervielfältigung durch alle Medien geistert, denn die sind wie gesagt ständig auf der Suche nach

Prominenz, nach irgend etwas, das die Eintönigkeit des dahingehenden Alltags durchbricht. Das reicht bis ans bitterste Ende der Seilschaft, dort, wo nur noch Träume herrschen, unerfüllbare Träume in den Niederungen des Alltags. Dort findet die Botschaft der Stahnkes, der Hermans und Wickerts, der Kienzles und Hausers, der Elvers und Werners ihren Boden. Und wenn in der flachen Vorher-Nachher-Show des (früheren) sogenannten »Frauensenders« tm3 junge Damen von Friseuren und Visagistinnen und Modedesignern aufgepeppt werden, dann ist die Vision, die einzige Vision der schnatternden Moderation, die immer und immer wieder »ssuppper!!!« sagt, daß die Mädels aussähen wie Models. »Vielleicht wird ja was draus.« Und so drängeln sich nun mehr und mehr Leute in die Szene, die nichts vermarkten als ihren Namen, die nicht einmal in einem Modelwettbewerb auftreten. Die rheinische Postbotin, die zufällig Claudia Schiffer heißt, ein Manfred Krug, der von einer Telefongesellschaft angeheuert worden ist, ein österreichischer Boris Becker.

»Kapitalismus ohne Geld« hat der italienische Soziologe Marco D'Eramo das genannt: der Versuch, sich in einer kapitalistischen Gesellschaft zu behaupten, ohne über Kapital zu verfügen. Daß heute die Präsenz in den Medien das beste Kapital darstellt, verleiht der Demokratie eine neue Qualität, immerhin. Denn klassischerweise waren die besten Pfründe bis zum Auftreten des Fernsehens die Parteiämter. Nun aber ist der geldwerte Vorteil die Publizität, was ja auch eine Demokratisierung bedeutet – anschaulich in der Tatsache verdichtet, daß der Kanzlerkandidat der SPD, einst die Partei der Proletarier, in GZSZ (*Gute Zeiten, schlechte Zeiten*) Komparse spielte. Nur ist das nichts anderes als eine Revolution des Prominentenproletariats.

Die Dominanz der kleinen Form, der einfachen Erzählung, die Rückkehr zum Märchen vom Aschenputtel, dem der Schuh paßt. Der Schuh ist jetzt eine Kamera, das Objektiv eines Fotoapparates. Denn dahinter steckt eine gesellschaftliche Bewegung, eine Bypass-Operation: Je schwieriger es wird, den Qualifikationswettbewerb um die klassischen Berufe zu bestehen, desto mehr Berufe erfinden sich, zu denen man keine irgendwie benennbare Qualifikation braucht. Es geht hier nicht um die Tatsache, daß ein hübscher Junge seine Stirn zerfurcht und Helmut-Lang- oder Wolfgang-Joop-Kreationen vorführt. Es geht auch nicht darum, daß eine hübsche junge Frau wie eine Katze auf dem Laufsteg herumschleicht und damit viel Geld verdient. Es geht um die Frage, warum Menschen ob dieser Tatsachen hysterisch werden. Warum wird die Tatsache ein Gesprächs- und Zeitungsthema, daß die Schiffer mit dem Gulfstream-Privatjet einschwebte? Warum rempeln Hunderte von Fotografen dort herum, um sie bei ihrem ersten Auftritt in Wien abzulichten? Und die Pressekonferenzen, die Fototermine, die Talkshows, die ungezählten Titelblätter, immer wieder gleichen Titelblätter – warum? Warum geben sich Profis dazu her, all diese tausendmal bereits zur Kenntnis genommenen Platitüden, Bruchstückchen einer Milchmädchen-Philosophie abzudrucken und sie wie messianische Verkündigungen zu behandeln?

Weil das Publikum es so will.

Genau, das ist das Thema.

Die Revolution hat längst die Köpfe erreicht und die Nischen jeglicher Alternative besetzt – beziehungsweise den Alternativen ihre publizistische Chance genommen. Wird La Schiffer ins Kranzler gehen und dort Torte essen? Warum verdichten sich in ihr, um mit Edgar Morin zu sprechen, die Projektionen von Millionen und Abermillionen Menschen auf eine derart intensive Weise, daß all die beschriebenen Sonderbarkeiten zustande kommen – also flächendeckende kostenlose Werbung, bereitgestellt von hart kalkulierenden Medienmanagern; Heerscharen von Fotografen, die endlich einmal ein »natürliches« Bild von der Schiffer haben wollen; Paparazzi vermutlich auf allen Bäumen, die im Umkreis von fünf Kilometern um die privaten Sphären der Familie stehen? Es kann nicht das Produkt sein, denn das Produkt gab es vor ihr. Es kann auch nicht sie selbst sein, denn als es sie noch nicht gab, war die Welt auch nicht wesentlich ärmer dran. Es war halt eine andere Dame, die Revlons oder Estée Lauders Kostbarkeiten präsentierte. Man sieht sie ja auf den Modelkalendern, die von der Zeitschrift *Max* mit lautem Getöse und »in limitierter Auflage«, manchmal sogar »streng« limitiert, herausgegeben werden, immer in schönen Posen in schönen Settings. Nackt sind sie übrigens nie. Wenn aber doch einmal fast, dann ist das ein wochenlanges Thema für alle Gazetten dieser Welt.

Eskapismus, sagen die Kommunikationswissenschaftler.

Eskapismus?

Genau das Gegenteil. Denn jeder und jede *weiß* ja letzten Endes, daß er oder sie Trugbildern aus Diät und Kosmetik und kosmetischer Chirurgie aufsitzt. Diese Ina Werner kräht es doch ebenso stolz wie ihr Vorbild heraus, daß die Brüste aus Plastik sind. Nur daß Pamela Anderson sich ihre Implantate jüngst hat entfernen lassen.

Das sind die Chancen für die Kinder aus dem Volk.

So wie es früher das Fußballspielen war. So wie es für die Kinder aus den Slums der amerikanischen Städte das Boxen oder der Basketball ist.

Manchmal erfüllt sich der Traum. Dann gibt es Aufnahmen für Quelle- und Neckermannkataloge, und man verständigt sich mit Vokabeln wie »Casting« und »Shooting« und »tolle Location«, und wenn man es tatsächlich bodenständig deutsch ausdrücken will, dann heißt es »Dreh«. Das wird zur ersehnten Normalität. Claudia Schiffer aus Rheinhausen bei Duisburg ist normal.

Sie übt ihren Beruf aus.

Sie üben alle ihren Beruf aus.

Und zwar so, wie es von ihnen verlangt wird. Ohne viel nachzufragen. Sie üben ihn sehr gehorsam und diszipliniert aus. Eine eigenständige Meinung von dem, was sie da machen, haben sie nicht. Die Claudia, La Schiffer, darf nicht rauchen, sie darf keinen Alkohol trinken. Sie ist jeden Abend früh im Bett, damit sie ausgeruht am Ort der Arbeit erscheinen kann. Sie erscheint, wenn gezahlt wird, auch bei Meciar, dem ehemaligen slowakischen Ministerpräsidenten, der dann aber die Wahl trotzdem verloren hat, und schneidet Bänder zur Eröffnung von Autobahnen durch. Als eine ihrer Leidenschaften wird angegeben: Tee trinken. Sie ißt hauptsächlich Obst, wenig Fisch und viel Gemüse. Sie ist ein Vorbild an Disziplin. Nun gut, sie kassiert dafür zehn Millionen Dollar. Aber es ist ja auch sehr anstrengend, 36 Stunden in Wien zur Eröffnung einer Ladenpassage oder 4 Stunden im Wahlkampf eines nicht eben demokratischen Politikers zu verbringen und nichts zu sagen, was ihren ausgetüftelten Vertrag verletzen könnte. Und immer muß sie lächeln. Das ist das schwerste überhaupt: immer nur lächeln. Vermutlich steht das auch im Vertrag. Außerdem gehört Lächeln zum positiven Denken. Aber es gibt doch außerhalb dieser Welt auch eine Welt. Und die wäre es wert, auch mit den Zukunftsphantasien von jungen Menschen bestückt zu werden. Aber diese Welt wird in den Erziehungsmaßnahmen der Verantwortlichen zu einer Welt der Krise, der Bedrohung, der Betroffenheit, der Verantwortung.

Statt dessen geilt sich die Welt auf, wenn sie einen Blick auf den Busenansatz einer Rheinhausener Drogistentochter erhaschen kann, und ergötzt sich an den bösartigen und geschmacklosen Fälschungen im Internet, auf denen die Mädels, die Models in sexuelle Aktivitäten hineinkopiert sind.

Fünftes Kapitel: Recycling

Die Weltrevolution des Prominentenproletariats

»Claudia« ist nun also unsere Nachbarin. Als der kanadische Medienphilosoph und publizistische Tausendsassa Marshall McLuhan seine Idee vom globalen Dorf entwarf, konnte er nicht ahnen, in welcher Weise sich die Provinzialität des authentischen alten Dorfes mit der Weltläufigkeit der Technik verbinden würde, um seine These genau umzudrehen: Nun leben wir in der globalen Megalopolis. Denn das, was das Dorf traditionell ausmachte und seine sozialen Beziehungen prägte, war die unausweichliche Begegnung mit immer wieder denselben sehr unterschiedlichen Leuten, ob sie einem paßten oder nicht. Erst die Stadtluft machte frei, wie ein altes Sprichwort lautet, erst die Stadtluft erlaubte es, in sozialen Beziehungen zu leben, die man sich selber aussuchte. Doch nun sind selbst die gigantischen Städte zu kleinen Winkeln geworden, und an jeder Ecke trifft man dieselben Leute, immer wieder und wieder. Bei den trivialsten Anlässen tauchen sie auf, Sharon Stone und Jack Nicholson, derzeit Gwyneth Paltrow und Brad Pitt, Leonardo DiCaprio und Demi Moore, Nina Ruge und Verona Feldbusch, Hillu Schröder und Birgit Schrowange, Ulrich Wickert und Bodo Hauser und ungezählte andere, immer wieder und wieder, in briefmarkengroßen Bildchen, mit nicht minder kleinen Kommentaren, die ihre Publicity-Agenten in die Welt setzen, Präsenz, die eigentlich absolut keine Funktion hat. Außer ihrer selbst.

Natürlich kann man das Gerät ausschalten.

Es nützt nur nichts mehr, das Gerät auszuschalten.

Plakatwände, Titelblätter, Postwurfsendungen, Tageszeitungen (auch seriöse), Wochenzeitungen und Nachrichtenmagazine, Illustrierte und das Radio – mit dem kleinen Zusatz: Kult oder hinter dem äußerst fadenscheinigen Kostümchen der Auseinandersetzung mit der Populärkultur: Sie sind unausweichlich. Selbst die wirklichen Städte werden zu mediengerechten dörflichen, das heißt, in immer wieder gleichartigen Äußerungen wiederholten und bestätigten Szenarien umgestaltet, bestes Beispiel ist New York – das »virtuelle« New York, das insiderhaft als »Big Apple« firmiert und aus Tausenden von Medien dem Leser und der Leserin so vertraut ist, daß man sich dort daheim fühlen könnte, ohne jemals schon dagewesen zu sein. Das gilt auch für die Leute, die in dieser Metapher angesiedelt werden. Es gilt für die Szene, die sich in New York ihren *Zweitwohnsitz* einrichtet, die sich New York als Symbol einer gefahrlosen Weltläufigkeit, einer geschwätzigen Pseudo-Globalisierung erwählt hat, die nun auch Mallorca und die Provence ergreift (siehe dazu Kapitel 15), weil diese Zeichen allen zur Verfügung stehen, tausendfach durch die Medienmangel gedreht, bis sie nichts mehr sind als Konfetti für belanglosen Partytalk, interpretationsarm, durch weitere Zeichen verdichtet (Name-droppings des jeweils aktuellen Szene-Clubs und einen Film über das »Studio 54« mit ach so provozierender Werbung). Und jeder Trendforscher behauptet, in New York seine Scouts zu haben. Da es Hunderte von Trendforschern sind weltweit, muß die Stadt voll von Scouts sein, die sich gegenseitig beobachten.

Die Selbstinszenierung ist ja mittlerweile selbst zu einer literarischen Strategie avanciert. Naomi Wolf zum Beispiel versammelt brav Autorinnen von Frauenromanen und läßt sie über die Erfahrungen plaudern, die sie in den Frauenromanen zu Männerfeindlichkeiten verarbeitet haben. Da darf sich der männliche Leser unter die Schürze der weiblichen Rezension flüchten: »Ob Magersucht (Alexa Hennig von Lange), sterile Märchenprinz-Phantasien (Sibylle Berg), Alternativgefummel (Amelie Fried) oder Courths-Mahler-Gehabe (Asta Scheib) – eines erstaunt immer wieder: Für Gier, Genuß, Verlangen, für Sehnsucht, Erotik und Sinnlichkeit hat keine der Autorinnen eine Sprache gefunden. Als habe es stilsichere Lehrmeisterinnen niemals gegeben – keine Duras, keine Anaïs Nin, keine Jelinek –, gebärden sie sich wie emotionale Analphabetinnen oder versacken schlicht im Girlie-Jargon.« Schreibt Dorion Weickmann in der *Zeit.*

Und die »Prominenz« tritt sich dort gegenseitig auf die Füße. Die »Insider«-Kolumnen der Weltgeistzeitschriften wirken wie Verkehrsleitsysteme, die die aufgestauten Ströme dirigieren. Dann berichten sie wieder darüber, wer wo wann was gegessen und getrunken hat. Und pflichtschuldigst plappert jeder nach: New York, das ist *die* Stadt, und summt den alten Song von Frank Sinatra selig.

Diese in sich selbst kreisende, enge Berichterstattung, die nur Nachbarn kennt und die wenigen Plätze, auf denen sich die Nachbarn treffen, diese Selbstbezüglichkeit der sich im Kreise drehenden und ihre wenigen Elemente immer wieder rückstandsfrei neuverwendenden Berichterstattung hat Alvin Toffler 1990 versuchsweise einmal mit dem Begriff der »Mediafusion« erfaßt. Durchgesetzt hat sich dieser Begriff nicht. Die mutmaßliche Wirklichkeit, die in seinem Buch *Machtbeben* noch reichlich utopisch klang (vor acht Jahren!), ist von der Medienwirklichkeit mittlerweile weit überholt worden. Toffler schrieb, daß Fernseh-Talkshow-Leute ihre Ideen und Themen aus den Zeitungen bezögen. Er schrieb nicht, daß Zeitungen und Zeitschriften oft ihre Themen und Ideen aus Talkshows beziehen, ja die Talkshows selber zu ihren Themen und Ideen machen, worauf diese im Rückgriff auf das bereits einmal wiederverwertete Gut sich zum Thema machen und die Protagonisten Themen inszenieren wie Arabella Kiesbauer, die irgendwann einmal, weil wohl das Interesse (»die Quote«) gerade nicht den Erwartungen entsprach, im Umfeld des Films *Ein unmoralisches Angebot* gesagt hatte, daß jede Frau lüge, die behauptete, sie würde *es* für eine Million nicht tun. »Und wenn einer so blöd ist und mir eine Million Mark zahlt, um mit mir zu schlafen, dann bringe ich das ganz schnell hinter mich. Angebote nehme ich erst mal gerne entgegen.« Mangelndes Selbstbewußtsein ist also nicht zu beklagen. Aber dann kam das Angebot tatsächlich.

Und Frau Arabella, die erst zusagte, wollte dann doch nicht, was wieder ein Medienfressen war, genau wie zuvor schon die eigene Modelinie der Frau Kiesbauer wie auch die der Frau Schrowange. Wobei nur am Rande erwähnt werden muß, daß der arabische Adlige oder Prinz selbstredend in die vermeintliche »Erotik«-Sendung der Frau Feldbusch eingeladen wurde, was nun wieder den Printmedien einige Bemerkungen wert war, damit auch die, die es nicht im Fernsehen verfolgen konnten, an den Theken und Stammtischen mitreden konnten. Da ist das Motiv wieder: Wenn alle von diesen Themen reden, die zu nichts anderem erdacht sind, als von ihnen zu reden, müssen ständig neue Erzählungen erfunden werden, ohne daß es wirklich neue sind, damit die alte Geschichte mit neuem Sensationswert wieder einmal erzählt werden kann. Und wenn es nicht die Geschichten sind, die neu sein dürfen, dann müssen es eben die Gesichter (oder die Silikoneinlagen) sein, die neu sind.

Form vor Inhalt

Dafür ist die öffentliche Präsenz der Verona Feldbusch (und ihrer Klone) ein anschaulicher Beleg: Form geht vor Inhalt. Die Lebensumstände von wandelnden Kleiderpuppen und Plaudertaschen, auch die Lebensumstände derjenigen, die in diesen Medien arbeiten, der Moderatorinnen und Moderatoren, die Meisers und die Fernsehpfarrer, sie selber stilisieren sich zu

Reportagethemen, zum Beispiel in einer halbwilden Reportage, das heißt in einer mit Werbung durchsetzten Home-Story über eine Wohnung (loftartig) – nur zum Beispiel von Tatjana Patitz, die mit »Freund Gabriel ihren ganz eigenen Stil« zeigt. Gabriel, das ist »Gabriel Hill, der ebenfalls als Model arbeitet«. Beide sitzen in einem teils schwarzweiß abgelichteten Ambiente und tragen irgendwelche identifizierbaren Kleidungsstücke. Und am Schluß auch keine, da sitzen sie dann beide im Schaumbad, das Ganze in *marie claire.* Oder die »Reportage« über die mallorquinische Finca von Alida Gundlach, die immer so nett Prominente interviewt und schließlich selber eine wurde, dann auch ein Katzenbuch geschrieben hat oder jedenfalls ein Tierbuch, das gehört offensichtlich nun zum Repertoire jeder irgendwie öffentlich sichtbaren Medienfrau, wobei kräftig über die eigene begnadete Karriere berichtet wird und den offensichtlichen Status der Auserwähltheit.

Wo doch Birgit Schrowange schon eine Autobiographie geschrieben hat: *Diese Lust zu leben.* So heißt das Buch kokett, selbstverliebt – in der Sprache der Rezensenten und Rezensentinnen auch: schonungslos und offen, vom Boulevard natürlich vom ersten Tag an als Bestseller bejubelt und in *Bild* vorabgedruckt. Nachwuchsstars des deutschen Films werden als Models verpflichtet, um ihre schüttere Präsenz sowohl aufzufrischen als auch voreilig schon zu verbuchen, bevor es zuviel wird – in der *petra* zum Beispiel, wie um die Weihnachtszeit 1998, als der neue Buck-Film *Liebe Deine Nächste* in die Kinos kam und die drei Jungstars Heike Makatsch, Moritz Bleibtreu und Lea Mornar vor die Kamera traten – »für eine Fashion-Story in Black & White« und das in einer neuen Rubrik namens »Film und Mode«.

Werbung sei ein lächelndes Aas, meint Toscani.

Aber die Benetton-Werbung, die einige synthetische Aufregung verursachte, ist ein harmloses Kuscheltier gegen diese Wiederverwertungsmaschinerie, gegen diesen ständig rotierenden Schleuderwaschgang, der alles durcheinanderwirbelt und vor allem eine hervorragende Plattform für die Selbstinszenierung der Figuren bietet, die dieses System nähren und die sich von diesem System nähren.

Es lächelt auf vielerlei Weisen, dieses andere Aas, und seit die Medienmaschinerie es geschafft hat, sich hauptsächlich um sich selber zu drehen und die Sendungen nur noch zu Kulissen der Zusatzaktivitäten zu degradieren, dreht es sich bis zum Schwindel. Und weil eben gerade ein neuer Film läuft, pflastert sich die Presse zu mit Geschichten über Heike Makatsch, die »sich selbst neu erfindet«, weil sie ja, furchtbar, furchtbar, nach ihrer Girlie-Karriere bei einem Musiksender einige Flops zu verzeichnen hatte (wobei allerdings angemerkt werden darf, daß sie mittlerweile eine der wenigen Schauspielerinnen in der Bundesrepublik geworden ist, die man halbwegs ernst nehmen kann).

Die Biographien dieser Hall of Fame sind die Biographien normaler Menschen. Jeder kann so werden (was eine hoffnungsfrohe und nicht bedrohliche Vorstellung sein soll). Wie beispielsweise in der *Bunten* durch eine große Geschichte über einen jungen Mann namens Andreas Türck dokumentiert wurde, der gerade begann, eine Nachmittagstalkshow bei Pro 7 zu moderieren.

Was hörte man so?

Er sei zur Zeit »total glücklich« und liebt New York.

Und wie ist er zu Talkshows gekommen?

»Das ging damit los, daß sich meine Eltern immer gestritten haben. Dann bin ich als Kind dazwischengegangen und habe gesagt: Wie sieht's aus? Worum geht's? Ich habe sie dann wieder zusammengeführt.«

Grundsätzlich sind die Moderatorinnen der mittlerweile unübersichtlich großen Zahl von TV-Magazinen, Shows und ihren Diminutiven ständig Objekte der Berichterstattung in den Printmedien, sei es bei einer Umfrage unter »Promis«, wie sie denn nach einem Börsencrash ihr Geld anlegen, oder in Reportage zu privaten Umständen. Und munter dreht sich das Ringelspiel weiter, man hört förmlich Hans Albers singen: Die Welt ist überall rund. Und Verona Feldbusch auch. Verona Feldbusch kocht bei Biolek, wo auch schon die Gattin des ehemaligen deutschen Bundespräsidenten auftrat, denn auch die Politik ist mittlerweile in den Magnetismus dieser Turbo-Maschinerie geraten, was dazu führt, daß der Kandidat und nachmalige Bundeskanzler Schröder in der Serie *Gute Zeiten, schlechte Zeiten* herumkasperte und daran so viel Gefallen fand, daß er sich zum »Medienkanzler« aufschwang, bis es selbst dem Publikum zuviel wurde.

GZSZ – diese Serie hat sich mittlerweile zum Modellfall und Testlabor der allgegenwärtigen Marketingmaschinerie entwickelt, die sich in spiralförmig sich selbst bewerbenden Outlets ergeht, Schallplatten und Bücher (die im übrigen umstandslos an das Fünfziger-Jahre-Genre der Nesthäkchen-Romane anknüpfen, wenn auch ein paar synthetisch eingestreute modernere Probleme in die Endloshandlungen eingestreut werden, Schwule, Lesben, Aids, Behinderte und andere Tabubrüche, die nichts kosten und nur auf modische Effekte abgestellt sind). Wichtig ist, daß Vermarktungsaspekte gefunden werden. Die Serie ist, wie Nachempfindungen auf anderen Kanälen, nicht umsonst prinzipiell inhaltsleer. Sie kann gar keine Inhalte transportieren, weil sie damit ihre Grundfunktion gefährdete – die Kulisse für Vermarktungsstrategien zu sein, deren Objekt grundsätzlich beliebig ist und nichts anderes darstellt als einen geldwerten Vorteil für die, die in den Medien auftreten, vor allem aber für die, die in den Medien auftreten lassen. Parfums, Bücher, Magazine, CDs, Clubmitgliedschaften und nun, da die ersten »Sender« an die Börse gegangen sind, ständige Werbung für ein Wirtschaftsgut. *GZSZ* ist eigentlich eine Dauerwerbesendung. RTL-Sprecher haben sie denn logischerweise auch als die »stärkste Programm-Marke« im Fernsehen bezeichnet.

Diese Maschinerie hat nur den einen Sinn, Gesprächsstoff zu erzeugen, der für Sekunden das Gefühl einer gewissen Belebung bringt. Da aber Stunden und Tage belebt sein wollen und nicht nur Sekunden, muß auch ständig neuer Nachschub her. So ist es schon fast eine obligatorische Frage der Medien, die ihre Themen oder Informationssplitter aus anderen Medien beziehen, wann denn das Objekt der Berichterstattung seine »eigene Show« bekäme.

Ein wichtiger Aspekt dieses Recyclingprozesses ist die Entlastung, die Vereinfachung, die Fluchtmöglichkeit: das Rabaissement, die Vereinfachungsstrategie, die in Kapitel 11 als die Reaktion auf den Verantwortungsschock, auf die Herausforderung der Vernunft, des Nachdenkens, der gemeinsamen Anstrengung für die Zukunft entlarvt wird, realisiert in der unausgesetzten Selbstimitation eines Erfolgskonzepts. Nicht nur bei weiblichen TV-Stars. Bodo Hauser und Ulrich Kienzle führen es ebenso erfolgreich vor wie der mittlerweile unvermeidliche Alfred Biolek oder der – wenngleich weniger häufig, aber irgendwie doch – aus allen Rohren vernünftelnde Roger Willemsen. Kienzle und Hauser führen allerdings nach Längen. Derzeit scheint die Kraft des einstudierten Konterschmähs ein wenig zu erlahmen, auch wenn wieder einmal ein Buch das alte Konzept befeuern soll. Das Ganze ist vermutlich doch noch zu intelligent. Und doch zeigt sich zweierlei symptomatisch. Im Wechselspiel der mühsam einstudierten und wie in einem Proseminar einer Provinzschauspielschule vorgetragenen Sottisen dominiert nun die Form endgültig über den Inhalt. Das war die Voraussetzung für die Übertragung des Erfolgs in Bücher. Und kurz darauf meldete sich eine Zeitschrift, *Amica*, wo die beiden Moderatoren eine Art inszenierten Zettelkrieg führten, über dessen Niveau sich vielleicht streiten läßt, vermutlich aber nicht. Leseprobe: »Lieber K., so sehr ich Ihnen das Image eines Ladykillers gönnen würde – die Spekulationen, die sich um Sie ranken, zielen in eine etwas andere Richtung. Nicht so sehr unter als vielmehr knapp über die Gürtellinie – wenn Sie verstehen, was ich meine. H.« – »Lieber H., knapp über die Gürtellinie? Sie sprechen in Rätseln. Bei Ihnen sitzt da der Kopf. Aber bei mir? K.«

Und so weiter, nicht weiter bemerkenswert, nur als Beispiel für die geradezu strategische Suche nach dem kleinsten gemeinsamen Nenner, der – erstens – möglichst breite Publikumsgruppen anspricht, ohne sie – zweitens – auch nur mit einer geringfügigen geistigen Provokation zu behelligen, um damit – drittens – den eigenen Markt auf alle erdenklichen Medien im weitesten Einzugskreis des Publikums ausdehnen zu können, wodurch dann – viertens – die ursprünglich als Politmagazin konzipierte Muttersendung zu nichts anderem wird als zur Promotion der weitgestreuten Zusatzaktivitäten, die aber für die Protagonisten bald zum Hauptgeschäft werden.

Daß eine Seite weiter in derselben Ausgabe der *Amica* Michael Friedman zu einer Kritik am äußerst mittelmäßigen Niveau Deutschlands ausholt und davon träumt, »daß Persönlichkeit belohnt und Opportunismus bestraft wird, daß Nachdenklichkeit aufgenommen und Flachheit abgelehnt wird«, bedeutet zwar an sich überhaupt nichts, gewinnt aber im redaktionellen Kontext, in dem es steht, eine ungewollte tiefenanalytische Ironie. Die alten Sprüche von der »Begabtenförderung im Sinne von Optimierung eines jeden einzelnen« ist eine ebenso schwülstige Sonntagsredenfloskel wie die Beschwörung der »Vielfalt des Geistes«, denn diese Vielfalt besteht aus der sich ständig facettenartig reproduzierenden Einfalt.

Diese Vielfalt ist zur Doppel- und Dreifachvermarktung der journalistischen Position geworden, nicht nur bei Hauser und Kienzle, die ja nun wirklich gestandene Journalisten sind, sondern auch bei den Damen und Herren, die Nachrichten verlesen und nichts als Nachrichten verlesen.

Ein besonders bezeichnendes Beispiel für die allmähliche Entwicklung eines kleinen Größenwahns läßt sich an der jüngeren professionellen Biographie der *Tagesschau*sprecherin Susan Stahnke ablesen.

Strapse in der *Tagesschau* und Sterne im Laub

Sie ist ein Medienprodukt.

Sie gehorcht den Gesetzen der Publizität, und wenn das nicht so ganz erwartungsgemäß hinhaut, um so mehr, da sie sich zum Opfer deklariert. Um das zu verstehen, muß man die ganze Geschichte sehen. Der erste Schritt ist der vorauseilende Voyeurismus der Medien. So taucht Stahnke auf Seite 1 von *Bild* auf: »Erotik-Frau Nr. 9: Susan Stahnke hat den Kitzel«, mit Verweis auf die *Tagesschau* selbstverständlich, denn das ist ja die Promotion-Basis. »Schluß mit dem Gezappe – bei Susan werden alle ganz wild auf das Neueste vom Tage.« Das läßt sich Frau Stahnke nicht zweimal attestieren und posiert wenig später auf dem Titel von *Gala*, irgendwie lasziv in Strümpfen, Strapsen und mit einem Zylinder, so wie zuvor schon Dagmar Berghoff auf dem Titelblatt der für die etwas ältere Klientel eingerichteten *Frau im Spiegel*. Denn bekannt ist sie ja nun, die *Tagesschau*sprecherin Stahnke, und das nicht nur durch *Bild*, die über das Straps-/Zylinderfoto in *Gala* berichtete, sondern auch durch die große Geschichte ihrer Beziehung zu einem verheirateten Mann namens Thomas Gericke, die sie den Leserinnen und Lesern der *Bunten* schenkte. »Ich liebe Thomas. Und möchte seine Frau zur Freundin haben«, und an Gott glaubt sie auch, sagt sie Paul Sahner in der *Bunten*. Dann kommt der Neue und »will mit ihr nach Baden-Baden fahren, wo sie seinen Freund Placido Domingo für die ARD interviewen wird.«

Susan Stahnke also in Strapsen, als Marlene Dietrich. Das wurde nun der ARD, wo sie abends Nachrichten vorlas, immerhin ja eine öffentlich-rechtliche Anstalt, doch zuviel. Es gebe Glaubwürdigkeitskonflikte, wenn eine Nachrichtenmoderatorin Prominente interviewt. Und selbst der *Bild am Sonntag* wurde das zuviel. »Warum soll Hollywood ausgerechnet auf eine norddeutsche Sprecherin ohne Schauspielausbildung warten?« Die Antwort hatte ihr neuer Geliebter und Manager: »Weil Susan einfach fehlerfrei ist.« Und schon war der Medienzirkus wieder aufs angenehmste beschäftigt. Leserbriefe treffen ein, aber alles dreht sich nur darum, ob es seriös ist, daß eine Nachrichtensprecherin sich in Strapsen ablichten läßt. Sie selbst schlug nun in der *Johannes-B.-Kerner-Show* zurück, und ihr Manager-Geliebter meldete, daß man in Hollywood beim *Rambo*-Regisseur Ted Kotcheff um eine tragende Nebenrolle verhandle. Biolek, der sie auch haben wollte, lud sie wieder aus. So berühmt war sie dann doch noch nicht, daß er der zweite sein wollte.

Das wiederum rief erneut *Bild* auf den Plan, die nun fragte: »Wieviel Frau darf eine Tagesschau-Frau sein?« Frau Stahnke sonderte dazu einen Kommentar ab, in dem sie nicht verstand, was eigentlich los war. Und überhaupt: »Eva Herman war schon in der Badewanne zu sehen.« Zum selben Zeitpunkt wurde erstmals das Gerücht laut, daß die *Nord-3-Magazin*-Moderatorin und *Tagesschau*sprecherin Eva Herman (die aus der Badewanne) eigentlich lieber eine Promi-Show machen wolle. So rettete sich dieses Thema dann, und nicht nur als Belanglosigkeit, ins neue Jahr hinüber, *Focus* sorgte dafür, schob ein zweiseitiges Interview nach, in dem sich, wie zuvor schon in der Fernsehshow mit Johannes B. Kerner, Frau Stahnke zu ihren Motiven, Absichten oder Nichtmotiven äußern konnte, und immer ist es das Doppelinterview mit dem Manager-Geliebten, und wenn man nun umrechnet, was das an Marketing- und Werbekosten spart, muß mancher kleine und mittelständische Unternehmer der PR-Branche schier verzweifeln. Ende Januar dann kittete das Fernsehen die Versatzstücke zusammen, und Susan Stahnke erzählte Birgit Schrowange, wie sie in Hollywood Karriere machen will.

Offensichtlich also hat niemand wirklich verstanden, worum es hier eigentlich geht, nicht mal der NDR-Chef Kellermeier – um die Dreistigkeit nämlich, mit der die Sprecherinnenrolle zur Werbung für die Publicity-Aktivitäten degradiert wird, ob nun angezogen, halbnackt oder gänzlich frei, und damit die Pervertierung der Nachrichtensendung zu einer Kulisse für die persönlichen Geschäfte einer Sprecherin. Doch ist diese Beschleunigung der Prominentenrolle schon so selbstverständlich geworden, ist der Sinn der Präsentation von Nachrichten so in den Hintergrund gerückt, daß die Diskussion sich um Nebensächlichkeiten wie ein wenig nackte Haut und sogenannte Erotik dreht. Das Empfinden für die Grenze ist abhanden gekommen.

Doch ist die Kritik ungerecht, oder? Sie macht doch nur, was alle anderen auch machen! Sie macht doch nur, was zum Beispiel die Promishow-Moderatorin Nina Ruge vorexerzierte! Was Birgit Schrowange in jedem Medium, das Druckerschwärze hält, praktiziert. Was Arabella Kiesbauer und all die anderen praktizieren. In *Amica* zum Beispiel. Da repräsentierten sich nämlich dann schon wieder ein paar Seiten weiter, kurz nach Friedmans Mahnung, TV-Stars und enthüllten ihren »Sex-Appeal« für den Starfotografen Greg Norman. Die Besetzungsliste für dieses Recycling (das zwölfte oder dreizehnte unter dem Obertitel: »So sexy sind unsere Stars«) ist mittlerweile allgemein bekannt: Bärbel Schäfer, Frauke Ludowig, Birgit Schrowange, Bettina Rust, Barbara Eligmann, Erika Berger. Und selbstverständlich Nina Ruge, die somit nun also dort gelandet ist, wo sie ihre Berichterstattungsschwerpunkte setzt, in der Prominenz an sich. Ihre Sendung heißt *Leute heute*, und sie spielt dort die Stichwortgeberin, in einer Art, die in den ersten Monaten der Sendung zum leisen Vorwurf animierte, sie möge doch etwas mehr Distanz zu ihren Gästen pflegen.

Aber da hat das ZDF sich selbst nicht verstanden.

Es ist nun einmal auch bei den Öffentlich-Rechtlichen, Programmauftrag hin oder her, mittlerweile nichts anderes mehr Maßstab als das große bunte Karussell der Quotenköniginnen. Diese werden in der Frauenzeitschrift *Amica* mit einem Fragebogen konfrontiert, der zum Beispiel nach dem Beginn der »journalistischen Karriere« forscht. Irgendwie waren sie alle Ansagerinnen. Dazwischen gab es dann endlich einmal eine erfrischende Mitteilung: Die beiden Viva-Moderatorinnen Natalie und Isabel Dziobek antworteten selbstbewußt: »Wir sind keine Journalisten.« Zumindest eine Stimme, eine Duettstimme sogar, die bescheiden bleibt und vermutlich gerade deshalb im Selbstbewußtsein der eigentlichen Funktion glänzt.

Das ist keine Generationenfrage.

Das heißt, wenn man sucht, findet man andere Stimmen, die von Victoria Voncampe zum Beispiel, die heute 57 Jahre alt ist und lange Zeit als Fernsehansagerin im ZDF arbeitete. Der *Stern* interviewte sie vor einigen Monaten in der Rubrik Wiedervorlage »Was macht eigentlich ...?«. Und da sagte Frau Voncampe, daß sie eigentlich zufrieden sei, daß sie nach einer schweren Krankheit nun mit ihrem Mann auf den Kanarischen Inseln lebe und sich des Lebens freue und es abgelehnt habe, nachdem sie die Krankheit besiegt hatte, bei Biolek oder Schreinemakers aufzutreten. »Aber ich wollte und werde mich dazu nicht weiter äußern. Es ist doch furchtbar, daß man durch Krankheit Prominenz erreicht und auf allen Kanälen sitzt. Ich bin schließlich nicht die Krebsmutter der Nation.« In den meisten Fällen ist allerdings Unbescheidenheit zum Accessoire des Metiers geworden. Das ist nicht weiter verwunderlich, denn irgendwann dreht jeder durch, hinter dem ständig alle Medien her sind, auch die seriösen, wie gesagt. Die verbergen ihre Lust am Trivialen zwar mit dem Wörtchen »Kult« (siehe Kapitel 16) oder den berühmten Fragebögen, wie sie in *Amica* recycelt wurden.

Da geht es dann wirklich rund.

Da haben die Auserwählten die Gelegenheit, ihre wirkliche Größe zu beweisen. Da spürt man dann das Außergewöhnliche, inszeniert in intellektuellen, gebildeten, tiefgründig wirkenden, gedankenvollen, versonnenen, originellen, aphorismenhaft hingehauchten Bemerkungen zu zeigen, daß man anders ist, zum Beispiel in der *FAZ*, noch geadelt mit dem kryptischen Hinweis, daß Marcel Proust diesen Fragebogen in seinem Leben »gleich zweimal« ausgefüllt habe, weil es in den Salons der Vergangenheit zum Sport der Auserwählten zählte, sich an Bonmots zu übertreffen. Auf tiefgehend existentielle Fragen. Zum Beispiel: Was ist für Sie das größte irdische

Glück? »Das leise Lachen des ganz großen Zaubers – immer ganz dicht am Herzen – und am Ohr.« Sagte Frau Ruge.

Und der Traum vom Glück?

»Warmer Wind. Sonne. Und aus jeder Ritze quillt der Zauber.«

Und als sie »Goethe« als Lieblingsschriftsteller nannte, sagte sie nicht nur einfach »Goethe«, sondern, damit das Publikum auch tunlichst die unglaubliche Doppelbödigkeit einer solchen Normalität nachempfinden kann: »Goethe (jawohl!)« Und gleich noch hinterherzusetzen den brachialen Kontrapunkt, der die Spanne des Erlebens ins Universale ausdehnt: »Brecht.«

Jawohl.

Das touchiert schon fast die bis dahin filigransten Mitteilungen, die von der ehemaligen Literaturprofessorin Gertrud Höhler aus Paderborn ausgearbeitet wurden, auch in diesem Fragebogen, aber eben nur fast. Frau Höhler, die nach ihrer Phase der konservativen Konsum- und Kulturkritik zu ihrer wahren Begabung fand und seit Mitte der achtziger Jahre Managern erzählt, wie sie ebendiesen Konsum ankurbeln können, in den *Wettspielen der Macht* und mit den *Spielregeln für Sieger*, um dann, in zehntem oder elftem Aufguß, die *Emotionale Intelligenz* (siehe Kapitel 12) zu entdecken, diese Frau Höhler belegt derzeit wohl die Pole-position im Grand Prix der Antworten. Sie nasche gern »Waldbeeren vom Strauch« und pries »Flügelschuhe und Tarnkappen« als ihre Lieblingskleidungsstücke: »Spiele von Wind und Wellen« seien ihre Lieblingsspiele, die paßten eben so wunderbar zu ihrem Lieblingsbuch, dem »Buch der Natur«. Auf die Frage, was für sie das höchste Glück sei, antwortete sie: »Die Amsel im Februar«, und setzte hinzu, weil es wohl dem Publikum geistig und seelisch nicht vergönnt war, die Ungeheuerlichkeit dieser Mitteilung gebührend zu bewerten: »Sterne im Laub!« Es hörte sich an wie einer dieser Buchtitel der sogenannten »neuen« Frauenliteratur, die in Reihenhäusern und Lofts spielen, in der die Damen Cora und Vanessa heißen und die Männer Markus oder Patrick und immer dann nicht können, wenn sie sollen.

Sechstes Kapitel: Frauenwelten

Ivan, Florian und Raoul

Fünfzig Millionen Exemplare sind gedruckt. Und es werden täglich mehr, Bücher, die in den Regalen der Abteilung »neue Frauenliteratur« stehen und mittlerweile im Recyclingprozeß allen Mediengutes auch verfilmt, vertalkshowt sind, hundertfach in den Gazetten der Frauenzeitschriften bejubelt. Die Schreiberinnen dieser Literatur sind prominent geworden. Sie verstehen es perfekt, die Inszenierungen der Alltagswelt noch einmal zu benutzen, um in den Kulissen der Lofts und zugehörigen Berufsbiotope Frauenleben erstehen zu lassen, wie es halt heute so ist. Gaby Hauptmann und Rita Mae Brown und Amelie Fried, um nur drei der Protagonistinnen dieser neuen Modeliteratur zu nennen. Ein männlicher Autor wird sich natürlich die Finger nicht verbrennen bzw. das politisch inkorrekte Schandmaul. Flüchtet daher noch einmal unter die Schürze weiblicher Rezensenten, die es ja wissen müssen, zum Beispiel unter die mütterliche Obhut der lesenswerten Fanny Müller, 1941 geboren, freie Autorin in Hamburg und Rezensentin von Amelie Frieds *Traumfrau mit Nebenwirkungen.*

Fanny Müller meint, das Buch mache Spaß – »falls man sich mit drei Freundinnen gemütlich in einem dänischen Ferienhaus eingerichtet und beschlossen hat, gemeinsam mal so einen richtigen oberkacke-scheißschicken Frauenroman runterzurotzen. Das wäre uns ganz sicher auch eingefallen, die Männer mit Dreitagebärten zu versehen, in italienische Anzüge zu stecken, sie Florian, Raoul und Ivan zu nennen und ihnen Berufe wie ›Künstler‹ und ›Redakteur‹ in Zeitungen namens ›Stil‹ zu verpassen. Wir selbst hießen dann Cora, wären dreißig, ... Single mit Edelklamotten, ... hätten einen schwulen Hausfreund, jede Menge unheimlich scharfer Ex- und Gelegenheitslover, einen eigenen PR-Laden sowie einen Magister in Germanistik, Connections zu Funk und Fernsehen und 200 Bekannte, die zu unserer Geburtstagsparty kommen.« Und wunderten uns mit Fanny Müller darüber, daß irgend jemand für derartige Schwarten »freiwillig 39 Mark« bezahlt, »statt einer Mark oder 50 Pfennige wie z. B. in den fünfziger Jahren für die Serie ›Kleine Mutti‹, die denselben

Schamott brachte, außer, daß Männer anders hießen und Arzt oder adelig waren.«

Die Hamburgerin Fanny Müller ist nicht die einzige Frau, der sich bei der Lektüre von Amelie Frieds *Traumfrau* ... die Haare aufstellen. Auch im Süden der Republik kommt sie nicht so gut an, zum Beispiel bei der Münchener freien Journalistin Christa von Bernuth – in einem Buch-Spezial, das von der *Brigitte* herausgegeben wurde. »Schon der alberne Titel weckt schlimme Befürchtungen«, schreibt Christa von Bernuth. »Und tatsächlich gehört Cora zu den pseudoflotten, penetrant freche Sprüche klopfenden, neudeutschen Papiertigerinnen, die einer Frau aus Fleisch und Blut nicht mal aus weiter Ferne ähneln. Auch die Männer kommen schlecht weg in diesem sprachlich ärmlichen Buch: blasse, nervende, unsympathische Karikaturen, denen Cora mit weinerlichem Galgenhumor beizukommen versucht. Komplett unglaubwürdig wirkt die beginnende Love-Story mit dem Maler Ivan, einem Ausnahmeexemplar der Gattung.«

Apropos »Kleine Mutti«.

Das Fach ist belegt.

Hera Lind inszeniert es boulevardpressetauglichst. Schreibt während der Schwangerschaft. Und sie ist oft schwanger, was die Presse unermüdlich verkündet. Und ihre Bücher sind über sieben Millionen Mal verkauft worden. Natürlich als *Geschenke*, niemand hat sie selber gelesen.

Außer Susanne Fischer.

Und Susanne Fischer, die in Hamburg in der Arno-Schmidt-Stiftung arbeitet und mit Fanny Müller gemeinsam publiziert, schafft es, etwas zurückhaltender, aber nicht minder pointiert, Hera Lind ernst zu nehmen, beziehungsweise das, was sie repräsentiert – ihre Leserschaft: »Hera Lind reproduziert die Vorurteile einer halbwegs gutwilligen Mittelschichtsgattin, die auch im Schreiben keine Distanz zu ihrem gesellschaftlichen Standort finden kann. Weil sie ihr Geld selbst verdient, nimmt sie allerdings den Mund etwas voller als ihre Nachbarinnen.« Und trifft »die geheimen Bedürfnisse ihrer Leserinnen, die natürlich niemals frech werden. Sondern diesen Klumpatsch wegfressen, als sei's das Wort des Herrn.«

Böses Mädchen, diese Susanne Fischer.

Noch böser aber, im Sinne von Ute Ehrhardt, ist Gaby Hauptmann, eine andere Galionsfigur der Millionseller-Frauenliteratur neuen Genres. Und um das richtig zu inszenieren, was sie von Männern hält, die sie am Ende aber doch »braucht«, posiert sie mit einer Schaufensterpuppe männlichen Geschlechts und rammt, wie originell, ihren Fuß lachend in den Schritt der männlichen Gliederpuppe. Und so nimmt es nicht wunder, daß eines der Durchhalteblätter für junge Damen mit mittleren Karrierehoffnungen, die *Freundin*, dieses Motiv jauchzend zur Kenntnis genommen und in einer als »Report« getarnten Dummheit unter dem Titel »22 Gründe, warum es besser ist, eine Frau zu sein« als erste propagierte: »Weil bei Männern ein gezielter Tritt in die Weichteile reicht, um sie außer Gefecht zu setzen.«

Das macht vermutlich impotent.

Das Arrangement mit der Schaufensterpuppe findet sich übrigens, begleitet von einer der gestanzten Aphorismensammlung, die man (frau) wohl »Interview« nennt, in einer Zeitschrift namens *Zug*. Die liegt in der Bahn auf, soll Kurzweil verbreiten, tut sie auch. »Gaby Hauptmann«, steht da im *Zug*, »ist eine der meistgelesenen deutschen Romanautorinnen.«

Sie sei die belletristische Antwort auf den Viagra-Wahn.

Aber es kommt noch dicker. Denn Gaby Hauptmann wird hier zur virtuellen Therapeutin. »Für viele, vor allem für Frauen, ist sie (Gaby Hauptmann) so unversehens zur fernen Freundin, Ratgeberin, Mutmacherin geworden. … Manche Frauen berichten, daß sie durch ihre Bücher neues Selbstbewußtsein gewonnen hätten.« Und daß sie in Zeitungen Anzeigen aufgeben, die da lauten: »Suche impotenten Mann fürs Leben«, ganz originell nach dem Buchtitel, der der »Powerfrau im Porsche« die ersten Millionen eingebracht hat.

Doch auch die belletristischen Auslassungen von Gaby Hauptmann stoßen nicht auf ungeteilten weiblichen Enthusiasmus. Birgit Glombitza schreibt im *Stern* über eine weitere Variation des fraktalen Prinzips der Selbstvervielfältigung, *Die Lüge im Bett*: »›Die Lüge im Bett‹ ist eingeseift mit den Verheißungen der Werbewelt an die moderne Frau, eingetunkt in dunstige Bilder wie von einem Krönung-light-Spot. … Fast scheint es, als habe Hauptmann ihre Leserinnenschaft angefixt, die Frauennation ist hingerissen von der hohlen Rotzigkeit, die von der Autorin mit selbstbewußten emanzipatorischen Akten verwechselt wird. … Bleibt die Frage: Warum machen solche Frauenbücher Frauen so süchtig?«

Giles erschießt die Katze

Soviel Erfolg macht wie gesagt erfinderisch. Und so rauscht eine männermordende Papierflut auf die Buchmessen nieder. Und überall wird dasselbe Thema variiert, und immer sind es dieselben Versatzstücke, und diese immer selben Versatzstücke müssen so werbewirksam sein, daß sie selbst in den von klugen Marketingleuten erdachten Klappen- und Werbetexten immer wieder variiert werden. Es ist wie das kleinbürgerliche Theater zur Mitte des 19. Jahrhunderts, in dem immer wieder dasselbe Motiv durchgespielt wurde, unter 999 und noch etlichen Titeln, weshalb ein früher und begnadeter Programmierer mit den damaligen Mitteln von Papier und Feder ein Spiel erdachte, das heißt: »Neunhundert neun und neunzig und noch etliche Almanachs-Lustspiele durch den Würfel«. Das war 1829, und der Autor nannte sich, weil er wohl den Zorn der Gilde fürchtete, anonym »Simplicius«. Heute wissen wir, wer es war: Es war Georg Nikolaus Bärmann, Privatgelehrter, Kritiker und Theaterschreiber.

Die Spielregel war einfach. Man nahm einen Würfel, würfelte und schaute in die Wurftabelle. Zeigte, nur zum Beispiel, der erste Wurf eine »Vier«, fand man in der Wurftabelle die Zahl »1081«, die man in einem 270 Seiten umfassenden Buch aufsuchen konnte, um dort dann dies zu finden: »Den Alten geprellt – so will es die Welt. Ein Lustspiel in einem Akt.« Es folgte der zweite Wurf, der, sagen wir, eine »Fünf« ergab. Damit stieß man auf die Zahl »172«, unter der man, rasch nachblätternd, im Buch dieses fand: »Personen: Kammerrath Tromsdorff; Ernestine, seine Nichte; Rieckchen, ihr Kammermädchen; Geheimsecretär Höfling; Windig, sein Diener (Die Scene ist ein Zimmer).« Und so entwickelte sich von Wurf zu Wurf bis zum letzten, dem zweihundertsten, der immer mit einem passenden Schluß endete, ein ganz individuelles Stück, zusammengesetzt aus 1200 Elementen.

Das machen wir nach, weil Nachmachen ja sowieso derzeit Konjunktur hat. Und wir entwerfen den Almanach für »neue Frauenliteratur« für die Jahre 1999 bis 2131. Und der erste Wurf wird den Titel bringen und der zweite das Personal: die Journalistin oder Fotografin oder Galeristin, wahlweise auch die progressive Buchhändlerin; die Ehefrau, die im Ehealltag untergeht; der Ehemann, der fremdgeht; der »Lover«, der die Befreiung verspricht; Lesben, Schwule, mindestens ein impotenter Mann, Reihenhaus und Loft.

Punkt.

Nur einige aus einigen hundert, jeweils mit Autorin, Titel und dem ersten Satz der Verlagsankündigung.

Annemarie Schoenle: *Eine ungehorsame Frau*

»Die nette gehorsame Ehefrau Marlene pfeift auf Gehorsam.«

Martine Carton: *Etwas Besseres als einen Ehemann findest du allemal*

»Jeny bricht aus ihrer gutbürgerlichen Ehe-Idylle aus.«

Cornelia Frettlöh: *Probier's doch mal mit Zwergen*

»Samantha, Spielshow-Assistentin beim Fernsehen, hat ihr Leben fest im Griff, bis ein merkwürdiger Zwischenfall alles durcheinanderbringt.«

Susanne Fülscher: *Lipstick*

»Die 29jährige Katja lebt seit acht Jahren mit Tom zusammen – eine Beziehung wie eingeschlafene Füße.«

Karin Hartig: *Reihenhaus-Blues*

»Corinna hat Ehealltag und Hausfrauen-Frust satt.«

Eva Heller: *Beim nächsten Mann wird alles anders*

»Die Studentin Constanze Wechselburger hat genug von ihrem Freund.«

Hera Lind: *Das Superweib* (auch als »schön gebundene Ausgabe«)

»Franziska sitzt mit ihren zwei Kleinkindern zu Hause, während ihr selbstgefälliger Gatte in der Karibik Dreizehnteiler dreht.«

Jane Heller: *Liebe im Preis inbegriffen*

»Eines Tages fällt es Crystal Goldstein wie Schuppen von den Augen: Ihre Firma will sie loswerden, ihr Freund Steve betrügt sie, und ihr Vater wollte immer nur einen Sohn.«

Kate Morris: *Tagebuch eines Singles*

»Als Freund Giles ihre Katze erschießt, ist für Anne das Maß voll.«

Das Maß ist voll

Mittlerweile sogar für einige Frauenzeitschriften, die in ihren redaktionellen Botschaften zwar genau jene hypertrendige Clique porträtieren, die ihren Lebensinhalt in immer wieder neuen »Trends aus den USA« sehen und sich buchhalterisch in Slow burner, Fast burner und Mixed burner einteilen, wobei zur Bebilderung die übliche kleine Porträtleiste mit Gwyneth Paltrow (*dem* Testimonial-Pin-up der späten Neunziger), mit Winona Ryder oder Sharon Stone beigegeben ist. Und die vor kurzem noch Schreibwettbewerbe (»Porno-Clips von Frauen für Frauen«) ausriefen. Trotzdem, das muß man anerkennen, wird doch tiefreichende Einsicht formuliert: »Die neue ›Frauenliteratur‹ liefert kein Abbild der Wirklichkeit.«

Aber »Morgenröte« sei in Sicht, denn nun gibt es die *neue* neue Frauenliteratur, in der am Ende kein Happy-End mit einem wie immer gearteten potenten oder impotenten Mann zu erwarten ist. Als Testimonial bietet man auf: Alexa Hennig von Lange. Charakteristik?

Erfrischende Unbekümmertheit eines neuen selbstbewußten Frauentyps.

Besondere Kennzeichen?

Sie war zum Zeitpunkt dieses Artikels schwanger.

Modernitätsnachweis?

Sie wird das Kind allein erziehen, denn der (»tolle«) Vater will jetzt erst einmal Karriere machen.

Was sie von Frauenliteratur hält?

»Was sind das für Frauen, die solche Bücher lesen? Meine Mutter hat drei Kinder großgezogen und dabei immer gearbeitet. Sie hatte jede Menge Selbstbewußtsein und nie Interesse an diesem Schwulst. Wenn sie liest, dann etwas für den Kopf. Input.«

Input, ui!

Denkanstöße: Was hat sie selbst als Input zu liefern, außer dieser Karin-Struck-Retrospektive in fetzigem Girlie-Deutsch? »Ich denke, wir haben den Feminismus gebraucht, damit die Frauen ihre neue Position in der Gesellschaft finden konnten. Ich bin vielleicht altmodisch, aber ich denke, Frauen müssen nicht unbedingt zum Arbeitstier werden und in Chefetagen sitzen. Vielleicht wollen viele die hohen Parts einfach nicht spielen.«

Selbstverständlich und unausweichlich ist auch wieder ein Psychologe zur Stelle, der alles erklärt. In diesem Falle heißt er Henner Ertel und sagt: »Frauen besitzen eine höhere biologische Intelligenz. Ihre Leseerlebnisse verschaffen ihnen einen Vorsprung in der Krisenbewältigung. Das ist ein sehr spannender Aspekt in der Persönlichkeitsforschung.« Die Lektorin des Münchener Piper Verlags, Tanja Graf, sieht die Sache etwas einfacher: Diese Frauenromane seien die Erben der »Lore«-Heftchen. »Es wird sie immer geben, weil viele Frauen eine Literatur wollen, die harmlos unterhält und ihnen den schönen Schein vorspiegelt.«

Dagegen wird ja wohl niemand was haben. Das Problem ist nur dieser überzogene Anspruch, diese Pseudo-Revolution, die eine eigene Galaxie erschafft und sich, wie es wohl die Essenz des Spießertums ist, selbst unglaublich ernst nimmt. Und eine Reihe kleiner unbedarfter Filmchen im Rosamunde-Pilcher-Format, die von ARD-Sprechern allen Ernstes als »Bildungsoffensive« in Sachen Emanzipation verkauft werden. Und nun kommt der nächste Schritt in diesem Genre, denn es wird eng, und wo es eng wird, gibt es Positionskämpfe.

Sie möchte nicht so sein wie Hera Lind, läßt Amelie Fried wissen.

Denn ihre Romane seien doch etwas realistischer.

Hera Lind?

Auch für Annemarie Schoenle kein Vorbild.

So ist das immer, wenn eine Welle sich allzu heftig überschlägt.

Den Verdacht, es könne auch die letzte Variation noch ein kaschiertes Imitat sein, weist man dadurch großartig von sich, daß man die anderen für überholt erklärt. So ist es bei den Trendforschern, die sich gegenseitig die Prognosen madig machten, als das Terrain ihrer dubiosen Meldungen durch Überbelegung zu eng wurde. Und so ist es nun beim »neuen Frauenroman«. Seit Eva Hellers *Beim nächsten Mann wird alles anders*, klagt Annemarie Schoenle, sei ja eine geradezu monströse Welle über das Land geschwappt, und setzt sich mit einem eigenen »frechen Frauenroman« über eine ältere arbeitslose Frau (neues Motiv) – Journalistin (altes Motiv, es soll ja nicht gleich übertrieben werden mit der Alternative, und auch der Name paßt ins Genre: Henriette) – *sehr bewußt* über das tausendfach schillernde Fraktal hinweg, sagt sie.

Unausweichlich verbreitert sich der Ölfleck dieser Selbstbespiegelungen. Und so beginnen dann schreibende Frauen um die 35, sich selber zu inszenieren, Frauen, die sich zu ihrer lesbischen Neigung bekennen, mit der Mutter kämpfen, »die sie liebt und unter der sie leidet«, wie die Autorin Rita Mae Brown. Sie ist »beschenkt mit einer unglaublichen Fähigkeit zu Freundschaften«, doch die einzig wahre Freundschaft ist die zu einer Katze.

Hoffentlich hat sie keinen Freund wie Giles.

Siebtes Kapitel: Männerwelten

Schluchzende Weicheier

Warum erschießen Männer Katzen? Konkurrenz, mystische Abneigung. Oder haben sie gestört, als er im Internet surfte und Pornoseiten suchte? Nächste Frage: Sitzen die eigentlich deswegen so lange vor den Pornoseiten des Internet oder in den Solokabinen der Onanierschuppen, weil sie Angst vor den Frauen haben? Weil die bösen Mädchen sie zu ihren Opfern deklariert haben? Schon ist die Literatur dazu da. *Eisenhans* von Robert Bly räumt mit den männlichen Mythen auf, um am Ende trotz einer analytischen Hellsicht in esoterischen Heilserwartungen zu versumpfen, die nah an der marktgerecht komponierten Weinerlichkeit eines Paolo Coelho agieren: *Am Ufer des Rio Piedra saß ich und weinte.*

Ein Mann, der weint.

Am Ufer des Flusses.

Das kennt man ja, da treiben irgendwann die Leichen der Feinde vorbei.

Wenn man nur lange genug wartet.

Aber hier ist es wieder einmal ein Selbsterfahrungstrip.

Das ist ja überhaupt der Trip dieser Zeit. Von Celestines zehn Prophezeiungen über die fünf Tibeter und allerlei romaneske Wallfahrten zu urtümlichen Völkern, Wiederentdeckung des edlen Wilden und gnadenloser Egoismus, der sich auf den Bauchnabel konzentriert. Mit den üblichen Schmonzetten garniert: »die männlichen und die weiblichen Energien nützen«, was Frau Gertrud Höhler zur bahnbrechenden Diagnose des nun mehr als 25 Jahre alten Forschungsbefundes von der kreativen Spannung der Androgynie durch eine amerikanische Wissenschaftlerin mit dem Namen Sandra Bem zurückführt und dazu bewegt, verzückte kleine Kalendersprüchlein von der »integrierten Nutzung der männlichen und der weiblichen Energien« zu einem Dreihundert-Seiten-Wälzer aufzublasen. So lesen wir nun zum fünfzehnten Male die Headline: »Haben eine weibliche und männliche Seite in uns«, was sich semantisch nicht ganz erschließen will, aber wen kümmert schon eine korrekte Ausdrucksweise, wo es um Höheres geht, um Erleuchtung, die bereits im *Alchimisten* versprochen wurde, auch so eine Erleuchtungsreise, siebeneinhalb Millionen verkaufte Exemplare, von Warner Brothers verfilmt. Kurzinhalt des Buches: »Ein Priesterseminarist trifft seine Jugendliebe wieder und verfällt der Sünde.«

Hatten wir das nicht schon?

In jenen Leihbüchereien der Vorstadt?

In den fünfziger Jahren?

Oder in *Dornenvögel*?

Oder war es kürzlich auf SAT.1?

Oder ein Bericht in *Bild*?

Männer schreiben Romane der Art, beflügelt von den Millionengeschäften der neuen Frauenliteratur. Die zeitgeistige Journaille entdeckt den »neuen Mann« und hebt ihn sogar aufs Cover der wichtigsten Nachrichtenmagazine und Illustrierten. Besonders interessant ist der *neue* Mann, wenn er nun selber (in Konkurrenz zu den berüchtigten »Frauen-Talks« in den Illustrierten) über *sein Ding* reden darf: »Ich will mich nicht zum Sklaven meines Penis machen! Patrick, 30«.

Die Mutmaßung, daß es dabei nur um die Ablichtung der Geräte geht, ist natürlich eine böse Unterstellung.

Wie auch immer – der neue Mann kakelt herum und redet präzis nach, was die neue Frau in *petra* ihm zuvor souffliert hat: »Ich finde, so einen Penis muß man gar nicht problematisieren, der ist einfach da.« Sagt Ina Kaifi, VIVA-Moderatorin, in einer Talkrunde. Eine Sexshopbesitzerin bestätigt: »Ein Vibrator kann niemals einen Mann ersetzen.«

Aber entsetzen.

Und je mehr er liest, desto »nachhaltiger«.

Denn Männer sind auch nicht mehr, was sie mal waren.

Trendforscher stellen fest, daß die Spermien schwächer werden.

In einem Zeitungsbericht über die kaputte Ehe Mehmet Scholls (von Beruf Kicker und daher von öffentlichem Interesse) rät ihm Exfrau Silvia Matthäus, »Schmerz, Wut und Trauer rauszubrüllen«.

»Männer und andere Kleinigkeiten« werden im *Stern* von Frauen lächerlich gemacht: »Was zwischen seinen Beinen hängt, ist, ästhetisch betrachtet, sowieso ein Witz. Eine Bratwurst mit zwei verschrumpelten Säcken dran.«

Man möchte weinen ob dieser Häßlichkeit.

Endlich dann die Erlösung, natürlich in Buchform: *Herz in Fesseln – Männer, wagt Gefühl*, geschrieben von einer Susan Edwards.

Jetzt bei Böhlau in Wien die etwas ernsthaftere Analyse: *Unmännliche Männlichkeit.*

Der Inhalt laut Verlag: »Melancholie ist der Name für eine unmögliche Position von Männlichkeit. Sie eröffnet einen Raum für Männlichkeit unter dem Zeichen des Unmännlichen. Melancholiker müssen sich nicht zu ihrer Männlichkeit bekennen. Trotz Inszenierungen (sic!) des Unmännlichen verlieren sie jedoch ihre Männlichkeit nicht. In ihrer Männlichkeitskritik erscheinen sie männlich, aber anders.« Auf ans Ufer des Flusses. Auch die intellektuellen Hardliner, die immer noch die *Zeit* lesen, kamen am Thema nicht vorbei: »Das schwache Geschlecht. Männer und ihr Dingsda.«

Überall treibt er nun, der schwache Mann, ob solcher Sprüche sein Wesen oder Unwesen, das heißt, eigentlich ist es umgekehrt: Es wird mit ihm getrieben, denn die Frauen haben ihre Macht über ihn entdeckt. Und er selbst entmannt sich: »Die männliche Sexualität ist faschistoid und nur darauf ausgerichtet, in die Frau einzudringen«, sagt Robert Schneider, der Autor von *Schlafes Bruder*, und schaut provozierend.

Und fügt hinzu, daß er darunter leidet.

Und was machen die Frauen mit diesem neuen Mann?

Sie verlassen ihn. Der neue Mann ist ein verlassener Mann. Er sitzt allein und einsam auf dem Titelblatt und hat das Haupt rodinartig in die Hand gestützt. Sorgenfalten durchziehen die meist schöne Stirn, ein Dreitagebart zeugt von der Unlust an Ästhetik, wozu denn auch, seit sie ihn um eines anderen willen gestanzt hat oder, was noch schlimmer ist, um *sich selber zu verwirklichen.* In weinerlichen Interviews jammert er den wunderbaren Zeiten nach, als noch alles in Ordnung war. Sitzt in ausgeräumten Zimmern am Boden herum, ein Häuflein Elend, ein Jammerlappen. Labert sich mit tränenerstickter Stimme in Talkshows aus.

Pinkeln im Stehen als Bildungsurlaub

Seit er verlassen ist, seit sie ihn verlassen hat, plagen ihn Potenzschwierigkeiten, outet er sich. Er ist in einer Identitätskrise und wird wahrscheinlich demnächst eine Männergruppe aufsuchen, um sich dort über seine Probleme auszulassen. Wo, wenn man die Programmheftchen einmal zusammenfaßt, »archaische Männerrituale ohne die Allüren der Machos ein identitätsstiftendes Gegenbild zur machtvollen Weiblichkeit vermitteln können, wo es an die *Quellen des männlichen Habitus* geht« (womit ganz sicher keine Kneipe gemeint ist, H.R.) und »wo man sich unter dem Schutz der freigewählten Isolation in der unwirtlichen Natur aussprechen kann« – und wo man vermutlich auch wieder einmal ungestraft im Stehen pinkeln darf. Mittlerweile zählen derartige Wandervogel-Romantik-Urlaube zu den festen Bestandteilen der Bildungsinstitutionen. Das kann man sogar von der Steuer absetzen.

Oder er wird einen Survivalurlaub machen, von Wurzeln und Pilzen und Käfern leben und dort, im Glanze des Vollmonds magische Beschwörungsformeln murmelnd, versuchen, *sie* zu vergessen, *sie*, die ihn verlassen hat. »Wer bin ich?« wird er ein ums andere Mal in die nächtliche Stille hinausschreien.

Und keine Antwort erhalten.

Ob uns das alles interessiert, ist eine zweite Frage.

Leider wird diese zweite Frage nicht gestellt. Gnadenlos wird die Intimsphäre der labilen Psychomimosen ins publizistische Scheinwerferlicht gezerrt, ach was, drängen sich hinein, was nun die Welle der Bekenntnis- und Outing-Journalismen endgültig zu einer vernichtenden Springflut anschwellen läßt. Außer dem Mann war ja nun wirklich alles ausgereizt, was diese Welt an Beziehungsproblemen zuläßt. Mit der Mutter-Tochter-Sache ging es los, vor vielen Jahren. Dann kam die Tochter-Vater-Beziehung, die sehr bald abgelöst wurde von Mutter-Sohnemann-Verwirrungen, Ödipus und so weiter. Väter und Söhne, Schwestern und Brüder. Großeltern und Enkel. Immer schneller, immer fader. Als man sie alle durchhatte, mußten sie wieder getrennt werden. Verlassene Frauen, verlassene Kinder, und nun also, als vorläufiger Endpunkt des Boulevardtheaters, das sich schamlos Journalismus nennt, der verlassene Mann.

Er kommt gleichzeitig mit dem, darf man sagen: *verarschten* Mann. Immer mehr Männer werden nun, vor allem in der Werbung, zu Volltrotteln gemacht. Sie sind nicht mehr in der Lage, eine Flasche Mineralwasser zu öffnen, ohne eine Überschwemmung anzurichten, sie verwandeln die Küche in einen Abfallhaufen, weil man sie kurz einmal allein gelassen hat, und schreien vor Glück, weil ihnen eine hübsche Frau auf dem Bierdeckel ihre Telefonnummer übermittelt hat.

Zu früh geschrieen, möchte man ihn warnen.

Sie wird dich ohnehin wieder verlassen. Dann wirst auch du im Zimmer sitzen, ohne Möbel, und fragen, wer du bist, gedankenverloren den Bierdekkel in den Händen zerbröselnd, nun bist du der Trottel, der verlassene, nicht mehr der, der die Dinge in der Hand hat – oder allenfalls noch ein Handy, mit dem man Mutter anrufen kann.

Wenn du ein Handy überhaupt bedienen kannst.

Wie schön, daß es Experten gibt und daß es Medien gibt, die diesen Experten breiten Raum geben, damit die ungezählten Probleme auch einer Lösung zugeführt werden können. Zum Beispiel, wie man ein Handy programmiert. Oder den Kühlschrank bestückt. Oder den Schreibtisch aufräumt. Oder eine Frau verführt. Oder erkennt, ob der Urinstrahl stark genug ist. Männer, so die unterschwellige Aussage, Männer sind Volltrottel. Fünf Jahre bereits zwölfmal im Monat ungefähr einhundertfünfzig Tips für Potenz, Waschbrettbauch und Ernährung, das sind 9000 Tips, das sind 9000 Defizite, vom Kühlschrank-Management bis zum »Aufreißen« junger Damen und zur Frage, was denn bei Verdauungsbeschwerden oder Mundgeruch zu tun ist. Oder wenn man nicht schlagfertig ist. Keiner der 9000 Tips bezieht sich auf eine intelligente Problemlösung gesellschafts- oder wirtschaftspolitischer Probleme, oder auch nur auf die Intelligenz. Was den Kopf betrifft, geht es allenfalls um die instrumentelle Zurüstung von Teilintelligenzen, für Karriere oder blendende Brillanz im thailändischen Restaurant. Lernen? Das kann man autodidaktisch, beschwichtigt *Men's Health.* »Wie Sie ein erfolgreicher Autodidakt werden«, heißt der Beitrag über die Frage, wie man sich autodidaktisch autodidaktisches Lernen beibringt, was also heißt, daß man etwas können soll, was man lernen soll. Aber derartig feinsinnige Widersprüche werden weggeholzt, weil es um ehrenwerte Motive geht: »Sind Sie gierig nach Geld, Ruhm und Macht? Neiden Sie anderen ihren Erfolg und ihren Reichtum? Beste Voraussetzungen für einen Autodidakten. ... Befreien Sie sich von lästiger Bescheidenheit und zeitraubender Nächstenliebe.«

Das ist vermutlich witzig gemeint.

Derlei Witze gibt es allerdings recht viele in der Zeitschrift für die Autodidaktik des Mannes. Und da Männer also offensichtlich Idioten sind, ist es nicht der Witz des Augenzwinkerns, sondern der des Holzhammers (den man übrigens für die Stählung der Fingermuskeln benutzen kann, wenn man ihn auf irgendeine sehr komplizierte Weise zu handhaben weiß, die Folge sind dann vermutlich Waschbrettfinger).

Das Bild ist insgesamt das eines kümmerlichen Blenders, der täglich achteinhalb Stunden damit zubringt, von den Lachmuskeln bis zur Fessel alles zu trainieren, was sich auch nur ansatzweise bewegen läßt, um den Silikoneinlagen und Push-up-Dekolletés seiner Traumfrauen mit der Figur des Dornausziehers begegnen zu können, eines Blenders, der den nicht minder künstlichen Prototypen der »neuen« Frauenliteratur einen Homunculus entgegensetzt, an dem nichts mehr, aber auch wirklich gar nichts mehr, nicht einmal mehr seine Persönlichkeit im Bett, natürlich und persönlich ist. Es ist der »Journalismus« zur Epoche der Persönlichkeitsschwäche, die durch Placebos kaschiert wird, die Lebenshilfe für Feiglinge und Angsthasen. Zwar erkennt man kaum noch die Grundmuster der *Readers'-Digest*-Konzeption der fünfziger Jahre, weil derartige Zeitschriften (die es ja durchaus auch für Frauen gibt) graphisch enorm aufgepeppt sind, seit die postmoderne Häckseljournaille sich darauf verlegt hat, mit viel Bild und Graphik und Statistik und Experten-Statements Informationen vorzutäuschen wie Frauen offensichtlich ihren Orgasmus (*das* Kernproblem in *Men's Health*: Männer als Opfer von Frauen, die Opfer von männlicher Inkompetenz sind).

Der Markt ist offensichtlich reich bestückt. Oder er besteht aus einer Stammleserschaft, die wirklich durchhält. Denn wenn man allein die Ratschläge durchzählt, die dem Aufbau eines flachen Bauchs gelten, müßten doch selbst dem armseligsten Tropf allmählich Bedenken kommen, wenn er nicht kommt, der Waschbrettbauch. Immerhin galten doch in den letzten Jahren Hunderte von Tips seiner Genese.

Egal: Bei dem Preis von sechs Mark kann man es ja immer wieder versuchen. Genau wie die Karriere, wie das Durchsetzungsvermögen im Beruf, wo *Men's Health* ganz schön böse werden kann und die fiesesten Tricks verrät, wie man durch Trommeln und Intrigen nach oben kommt. Und verrät, selbstverständlich wie in allen Männerzeitschriften dieser Art, eine junge Frau in einer Kolumne harte Wahrheiten über das, was Frauen vom Sex wirklich erwarten und was Männer nicht erfüllen, und zwar in diesem neuen Stil akademischer Pornographie, die in analytischem Wahn noch die Proteinbestandteile des Spermas, den korrekten Steigungswinkel einer Erektion und das Weib quadratmillimeterweise vermißt, um den Lustgewinn zu steigern, dann allerlei unappetitliche Katastrophen hineinmischt und im Grunde nichts anderes darstellt als die Stimulation eines ganz und gar gewöhnlichen kleinen Spannererlebnisses. Das darf sich dann als emanzipatorisches Interesse des neuen Mannes tarnen.

Nasebohrer, Bleifüße und Sex am Spülstein

Zusätzlich gibt es jetzt Frauen-Kolumnen, die, wären sie von Männern geschrieben, als krasser Sexismus verschrien wären und die Internationale der Frauenbeauftragten auf den Plan riefen. Aber da sie von Frauen geschrieben sind, dürfen Männer als entwicklungsgeschichtlich schwachsinnig gebrandmarkt werden. Womit wir wieder am Anfang des Jahrhunderts wären, als seltsame Theorien über den »physiologischen Schwachsinn des Weibes« im Umlauf waren. Heute stützen sich diese seltsamen Inferioritätstheorien nicht mehr auf Mutmaßungen, sondern auf gen-wissenschaftliche Forschungsergebnisse. Wo die im einzelnen nachzulesen sind, bleibt offen. Die Quellen sind meist »wissenschaftliche Befunde aus Amerika«. Es schreibt da eine von der anderen ab. Einer journalistischen Ethik folgend, müßten schon die Quellen offenbart werden. Das geht aber nicht. Denn die Einsichten sind schlichte Funde im Archiv, wo sie in Artikeln stehen, die wiederum von anderen Artikeln abgeschrieben sind. So wäre denn die Schuldfrage endgültig geklärt: Nachdem man den Irrweg der 68er beschritten hatte, die Umwelt an allem schuld war, später Gleichheit auf dem Plan stand, vor allem für Frauen, kam es dann doch anders, und man wollte anders sein, konnte aber nicht mehr erklären, warum man erst gleich und dann doch wieder nicht gleich sein sollte, und da kam rettend der Deus oder die Dea ex machina und lieferte eine wunderbare Erklärung, die vor allem begierig vom Pop-Feminismus aufgegriffen wurde. Die Beweislast ist von den Schultern.

Es sind die Gene, die Männer zu Schweinen machen, die häufiger als Frauen in der Nase bohren und neben das Becken pinkeln. Es sind die Gene, die Männer zu zweitklassigen Kreaturen abstempeln, die ihnen den Seitensprung diktieren (*Time* im Herbst 1997: »It's all in the genes«). Überhaupt sind nun die Gene als Steuerungsmechanismen entdeckt, was eine wunderbare Wandlung zurück zur Vernunft (gar zur naturwissenschaftlichen Vernunft) erlaubt, ohne daß gleichzeitig damit auch die Verpflichtung auf den Verstand verbunden wäre. Nur wenige Beispiele zur Illustration:

- Männer können Farben schlechter wahrnehmen als Frauen. Grund: Je höher das männliche Hormon Testosteron, desto farbenblinder.
- Männer sind wehleidiger und nur zu kurzfristigen Spitzenleistungen fähig. Grund: Männer sind von der Evolution nur zum kurzzeitigen Zeugen, Frauen dagegen auf Schwangerschaft und schmerzhafte Geburt programmiert.

- Männer sind nicht in der Lage, ihre Gefühle auszudrücken. Grund: Bei Frauen gibt es eine Verbindung zwischen rechter und linker Gehirnhälfte, bei Männern nicht.
- Männer neigen zum Lösungswahn, während Frauen die Lösungswege suchen. Grund: Genetisch bedingte Zielorientierung bei Männern, Verlaufsorientierung bei Frauen.

Sind Männer also Opfer der Natur? Genetisch zum Nasebohren an der Ampel verurteilt, im Auto, dem letzten Freiheitsbiotop und jederzeit zugänglichen Abenteuerspielplatz für frisch gebliebene Kämpfernaturen? Letztes Reservat einer Natur, die nicht in unsere Zeit paßt? Leider muß man das so sagen, auch als männlicher Autor und begeisterter Autofahrer. Es ist eine schlichte Wahrheit: Nirgends tobt sich das Spießertum ärger aus als auf der Straße. Denn es gibt nichts Spießigeres als Menschen, die aus einem unbeseelten Gegenstand eine Ideologie machen, aus einem Ding einen Lebensinhalt, aus einem Auto einen Fetisch. Und es sind nun einmal in der Regel Männer, die sich so verhalten. Was nicht heißen soll, daß nicht jene Frauen genauso spießig sind, die den alten Spruch nachbeten, daß sie die Beziehung von Männern zu ihren Autos nicht verstehen, ein Auto sei ein Verkehrsmittel, mit dem man von A nach B komme, bla bla bla, dieses wissende Lächeln der guten Menschen im Gesicht, im seligmachenden Alltagswahn des Rechthabens. *Potenzersatz*, hört man sie außerdem rufen. Wo das Sperma schwach wird, muß Benzin her, hört man sie rezitieren. Es sind dieselben Frauen, die nie verstehen, warum zweimal elf Männer hinter einem Ball herlaufen und dazu sagen, daß das einzig Interessante am Fußballspielen die Beine der Männer sind. Aber das ist jetzt nicht das Thema. Sondern der Ausstattungs- und Potenzfetisch Auto. Und die Spießer tun ihnen den Gefallen, die Bullits aus Bebra. Mit dem Fluchtpunkt St. Pölten.

Sechzehn Ventile oder auch vierundzwanzig, hundertzwölf PS aus einskommasechs Litern Hubraum, die gleißende Lichthupe als Faserstrahl. Leider lassen sich die Vorausfahrenden nicht atomisieren wie in *Star Trek*. Das wird wohl noch lange ein Wunschtraum bleiben. Aber ansonsten hetzen sie einander wie Hunde, die ein interessant riechendes Hinterteil erschnuppert haben und darüber in Ekstase geraten. Oder in Aggression und sich in wütendem Gekläffe ergehen. Irgendwie sieht das Ganze denn auch tierisch aus: Tiefergelegt schnüffeln die Geräte über den Asphalt. Breitreifen krallen sich in den Boden, Heckbürzel ragen auf wie Hintertele, die den Überholten beleidigend zur Schau gestellt werden. Auspuffrohre furzen den überholten Schwächling an. Die Geräte sind kosmetisch aufgearbeitet wie ein Papua-Krieger beim Tanz: Niederquerschnitt-Breitreifen; Leichtmetallfelgen oder Radzierblenden; Hochleistungs-Endschalldämpfer mit italienischem Sportwagen-Sound (Werbeaussage: »Seine Stimme ist unwiderstehlich!«); Schriftzug »Racing Team«; Frontspoiler, Heckspoiler; Schweller oder gleich den Areodynamik-Bausatz; Kühlergrill in Indy-Design; Tieferlegungssatz; Sportspiegel; Dachflügel; Scheinwerferblenden; Rennsitze; Überrollbügel; Pedal-Sets aus gelochtem Aluminium; Armaturenbrett aus Wurzelholzimitat oder im Carbon-Fiberglas-Styling; Schaltknauf in Mahagoni; Lederlenkrad und Schaltknaufmanschette in aktuellen Modefarben; Edelstahl-Schaltkulissen in Ferrari-Look; 600-Watt-High-Power-Endstufe mit kombiniertem Subwoofer, Power-Stabilizer, Booster, Kalotten oder Tweeters und Bass-tubes, womit sich derart einschüchternde Töne erzeugen lassen, daß der Nebenmann an der roten Ampel überhaupt gar nicht erst auf die Idee kommt, einen Dragster-Start-Wettbewerb anzuzetteln; akustische Warnanlagen, die auf jede Erschütterung reagieren; Lufterfrischer in Mint, Strawberry, Cherry oder in frivolem »Penthouse Pet«-Design mit Parfumgeruch; Kompressor-Doppelhorn »Big Blast« oder »Mille Miglia« (»Weckt den Italiener in Dir!«) oder die Melodiefanfare »La Cucaracha«; Sonnendach; farbige Zifferblätter und Tachoscheiben; Zusatzinstrumente wie Außenthermometer, Amperemeter, Voltmeter und Neigungswinkelmesser im Spezial-Zusatzcockpit für zwei, drei oder vier Instrumente, die der Hersteller leider vergessen hat; das Rundum-Safety-Paket »Alcatraz« mit integriertem Marderschreck; Sidepipes; Breitstrahler; Lochbremsscheibenattrappe für die trommelgebremsten Hinterräder; Tönungsfolien für Rücklichter und Scheinwerferblenden; Türgriffmulden oder Radkasteneinfassungen in Chrom; Wildwarngerät; Holzkugel-Sitzaufsatz in modischem Teak; Pop-Aufkleber. Dazu schließlich aus der Michael-Schumacher-Collection die Novel-Wheel-Watch im Kreuzspeichen-Design, eine Black-Power-Sonnenbrille, den »Formel 1«-Schlüsselanhänger zur passenden Krawattennadel – und der Fasching kann beginnen. Und der Fasching beginnt, und die Nadeln der Drehzahlmesser touchieren den roten Bereich, den Bereich des letzten Abenteuers. Adrenalinstöße jagen durch den Körper. Das Herz rast vor Jagdfieber, Schweißperlen stehen auf der Stirn. Erfolg ist alles, und der ist meßbar: Am Ende der Jagd stehen sie breitbeinig drei Fahrzeuglängen vor den verdrängten Gegnern im Stau.

Im innerstädtischen Verkehr braucht es andere Taktiken. Spurenwechsel nach einem kreischenden Dragster-Start an der Ampel, Zehntelsekundengewinne durch Ausscheren auf die Busspur, Kolonnenspringen, Abdrängen, Ausbremsen, raffinierte Nutzung der Linksabbiegerspur, um sich blitzschnell wieder vor der geradeaus fahrenden Schlange einzufädeln. Hämisches Lachen, grimmige Mienen, Kino im Kopf, Kribbeln im Bauch, Verstand im Hintern. Ab und an hört man sie lospreschend Zwischengas geben, während die Gänge eingerissen werden – wie damals, als die Autos noch keine synchronisierten Getriebe besaßen.

Offensichtlich haben sie das bei den Motocross-Piloten abgeschaut, die dröhnend, kreischend, sägend wie Zirkusartisten auf dem Hinterrad zur nächsten Ampel pfeilen, um dort erneut mit dem Handgas ein olfaktorisches Inferno zu erzeugen. Denn man liest doch immer, daß die Mädels so was mögen (*Men's Health*: »44 Wege, eine Frau zu beeindrucken«). Sie, die Motorradfahrer, sind – mehr noch als Fußgänger, die den Zebrastreifen nicht in der knapp bemessenen Zeit überwinden, und mehr sogar noch als die Radler – die Feinde des fortgeschrittenen Automobilisten. Sie sind vor allem deshalb die Feinde, weil sie auf Kurzstrecken um einiges geschwinder von der Startlinie kommen und den Autofahrern aus dem röhrenden Auspuff Hohnsalven ins chrombewehrte Antlitz feuern. Vor allem im Stau: Da wedeln sie artistisch durchs Gedränge der zwischengasgebenden, blechgewordenen, leerlaufend blubbernden Frustration und erteilen den Rittern der Überholspur fauchend ihre Lektion.

Wutverzerrt rücken dann, meterweise sich vortastend, die vierrädrigen Kampfwagen so nah an die Reihe der zeitweisen Ruheständler auf dem Parkstreifen und auf den Vordermann, nehmen Kohlenmonoxidstöße in Kauf, um die Fahrbahn zu blockieren, auf daß die Freilüftler sich auch mit der größten Virtuosität nicht mehr dazwischendrängeln können. Das verschafft eine tiefe Befriedigung, Kompensation für den von anderen erzwungenen Stillstand. Kontemplativ und mit dem Ausdruck paradiesischer Zufriedenheit versinken sie ob der gelungenen Aktion in eine sumpfige Wartestellung, und da passiert dann ebenjenes, was die Wissenschaft von den Erbanlagen als Inferioritätsmerkmal von Männern ausgemacht hat: Sie bohren im Rhythmus der baßgeschwängerten Hip-Hop-Klänge der Kommerzkanäle in der Nase.

Wo sind die wirklichen Männer?

Sind es die Machos, die laut *Focus* neuerdings wieder »verzweifelt« gesucht werden? Die Muskeln zeigen und damit »das Parfum der Wildheit«

riechen lassen, wie Eva Kohlrusch in der *Bunten* schreibt? »Gerade souveräne Frauen sind von gewisser Brutalität fasziniert«, hat sie festgestellt.

Nein: Eine große Studie über das Glück in der Beziehung in den alten und neuen Ländern hat es herausgefunden: Sie stehen am Spülstein, am Abwasch. Dort sind sie glücklich. Dazu kommt noch etwas, und das stand bislang nicht in *Men's Health*: Männer, die abwaschen, haben mehr Sex. Und: Es sind mehr Ostmänner, die abwaschen. Was in einem feinsinnigen Syllogismus bedeutet: Ostmänner haben mehr Sex. Untersucht und herausgefunden haben das die evangelische und die katholische Kirche in einer Fragebogenaktion unter 1200 Deutschen. Und weil in Deutschland alles seine Ordnung haben muß, sind bei der Auswertung vier Männer-Typen dingfest gemacht worden:

Für »traditionelle Männer« sind immer noch Frauen für die Hausarbeit zuständig.

Die »neuen Männer« teilen sich ihre Hausarbeit mit ihren Lebensgefährtinnen.

Bei den »pragmatischen Männern« mischen sich die beiden Einstellungen. Mal helfen sie, mal sind sie faul – je nach Beziehungssituation.

Die vierte Gruppe stellen die »Unsicheren«, die sich noch nicht entschieden haben, wie sie sich in einer Partnerschaft verhalten.

Die Verbreitung von Geschirrspülmaschinen in den neuen und den alten Bundesländern ist nicht erfaßt. Es wäre zwar leicht gewesen, das herauszufinden, zum Beispiel aus der jährlichen Untersuchung der »Typologie der Wünsche« des Burda-Verlags oder der »Allensbacher Werbeträger-Analyse«, beides soziologische Bestandsaufnahmen von unschätzbarem Wert.

Aber das wäre wohl doch zu aufwendig gewesen.

Und weniger interessant als dieser seltsame »Hausmänner-Report, Teil 1« über Abwasch und Sex, eine Korrelation, über die hier nicht weiter räsoniert werden soll. Nur eines kommt in diesen seltsamen Analysen der Männerzeitschriften und der kirchlich bewegten Studien über den Abwasch nicht vor – der *Mann*, der wirkliche Mann. Der, der das letzte Abenteuer dieser Gesellschaft besteht – nämlich mit viertausend Mark brutto im Monat seine Familie anständig zu ernähren, die Kinder zu vernünftigen Menschen zu erziehen, ihnen eine Ausbildung zu ermöglichen, und der mit seinen Ängsten fertig wird, vor allem der Angst, den Job zu verlieren; der Mann, der vielleicht trotzdem noch den Humor besitzt, gelegentlich zu lachen oder mit seiner Partnerin unverkrampften und von den Bildern der Illusionsindustrie unbeeinflußten Sex zu haben.

Denn vermutlich ist dieses ganze übersteigerte Sexgeprotze, sind die Ängste, daß man sich die falschen Spurenelemente zuführt oder Opfer irgendwelcher Hormone wird, nichts anderes als Ausdrucksformen der kleinen spießigen Angst vor der Verantwortung – einer Verantwortung, die der durchschnittliche, unprätentiöse, für die Anzeigenwerbung als Typus völlig uninteressante Durchschnittsmann wahrnimmt. Der muß sich, bei all der Aufmerksamkeit, die dem um Sekundenbruchteile verlängerten Orgasmus als Lebensziel zukommt, ein wenig seltsam fühlen.

Achtes Kapitel: Seeeeeex

Die onanierende Quote

Und wenn man das einmal anschauen will? Versuchen Sie an einem Samstagmorgen im Internet diese gewissen Seiten aufzurufen oder auch nur auf eine Sexseite der *Sankt-Pauli-Nachrichten* zu kommen. Das dauert ziemlich lange. Wer ist da eigentlich unterwegs? Dieselbe Frage stellt sich ja bei den sogenannten Sextalks: Wer sieht die eigentlich und warum?

Es ist doch genau dasselbe wie beim Alkohol: Ohne eine übersteigerte Sauferei könnte die Getränkeindustrie gar nicht überleben. In der Werbung ist es natürlich nichts anderes als das gepflegte Pils, der kleine Weinbrand zur Belohnung nach einem harten Tag, das kultivierte Glas Wein. Die Werber sollten sich mal häufiger in den Szenewirtshäusern oder den Eckkneipen der weniger betuchten Stadtviertel umsehen. Oder bei Jugendlichen, deren Alkoholkonsum dramatisch steigt, die man aber andererseits, damit wir zum Thema Sex zurückkommen, aus Gründen des Jugendschutzes vor allem vor dem Anblick nackter Menschen, vor allem vor dem Anblick *nackter Frauen* schützen muß, vor allem in Bayern.

Was ist wirklich mit den zum Teil niveaulosen Ferkeleien in den Talkshows? Allein die Aufzählung der Themen ist schon ein Kabarett für sich. Und daß es sich überhaupt irgendein Fernsehzuschauer gefallen läßt, daß er in *Explosiv* oder anderen Skandalsendungen mit durchsichtigsten Tricks bei der Stange gehalten wird, weil man als letzten Beitrag nach der dritten Werbepause ein nacktes Weib (beziehungsweise Teile desselben) zeigt, spricht nicht für die Quote. Es genügt, einige Wochen Schrowange zu archivieren, um den unendlichen Erfindungsreichtum des deutschen Journalismus genießen zu können, wenn es um Geschichtchen geht, mit deren Hilfe sich weibliche Brüste auf den Bildschirm hieven lassen.

Warum erreichen derartige Sendungen hohe Einschaltquoten? Abgesehen davon, daß kultivierte Manager jede Selbstdisziplin opfern vor dieser Zoten-Quote, und das mit rein betriebswirtschaftlichen Argumenten legitimieren.

Aber diese kultivierten Fernsehmanager (übrigens recht häufig Österreicher) wiegen das Haupt und zucken die Schultern und sagen: Weil es das Publikum so will.

Ja. Das will es wohl.

Das Publikum will Sex.

Ein großer Teil des medienverschlingenden Publikums.

Nur selten werden die Stimmen derer laut, die dagegen opponieren, und man weiß nie ganz genau, ob nicht irgendwelche politischen Spießer dahinterstehen, die auf dieser Hitze des Verdrusses nur ihre trüben Süppchen kochen wollen, um überhaupt alles mögliche zu verbieten. Wie auch immer: Die Einschaltquoten erigieren geradezu, wenn ein besonders schlimmer Film gesendet wird. Das Internet bricht zusammen, wenn die intimen Details aus dem Starr-Report weltweit exhibitioniert werden. Und mittlerweile gibt es keinen Film mehr, auch keinen mehr in den öffentlich-rechtlichen Angeboten, in dem nicht irgendeine Nackt- oder Sexszene vorkommt. Und jeder weiß das, denn tagelang wird darüber geschrieben. Und spekuliert, ob es die Darsteller wirklich miteinander getrieben haben.

Was die rüden Entartungen und dümmlichen Stillosigkeiten des Sex betrifft, sind es wohl in erster Linie erwachsene und gestandene Männer, die sich diesem auf oberflächlichsten Reflexen konstruierten Dreck ergeben und die ihn suchen.

Das ist ein Problem, das den konservativen Gralshütern der Moral ein paar Schwierigkeiten bereiten müßte. Es sind *nicht* in erster Linie Jugendliche, die etwas über die geheimnisvolle Welt des Sex erfahren wollen, wie frühere Generationen aus Lexika und anatomischen Lehrbüchern. Statt zu begreifen, daß nicht der Jugendschutz das Problem ist, sondern die sabbernde Wollust von Erwachsenen. Aber die eilfertigen Moralwächter haben natürlich nichts Besseres zu tun, als Jugendliche vor dem Anblick nackter Menschen zu schützen. Genauer: Wenn ein Jugendlicher sich pornographische Filme anschaut, ist das normal. Es war immer normal. Wenn sich ein Erwachsener gelegentlich pornographische Filme anschaut, ist das auch normal. Aber dieses gelegentliche Anschauen kann es jedenfalls statistisch nicht sein. Dazu gibt es einfach zuviel davon. Und wer das kleine Experiment wagt, sich einen halben Tag einmal als heimlicher Beobachter zu tarnen («Versteckte Kamera«!) und zu sehen, wer denn eigentlich die Sexetablissements aufsucht, die »Solokabinen« mit 164 Programmen, wird bald sehen, daß Jugendschutz sicher nicht das einzige Problem ist.

Sex als Vehikel zur Prominenz

Wenn zum Beispiel, wie Ende November 1998, der Rolling Stone Mick Jagger wieder einmal eine Sexaffäre hinlegt, geht das natürlich erst einmal nicht nur durch alle Gazetten, sondern steht weit oben auf der Seite 1, und das noch vor den neuen Plänen der rot-grünen Koalition, die Mehrwertsteuer noch einmal anzuheben. Und dann steht das noch einmal auf der letzten Seite von *Bild* zum Beispiel, die man ja getrost als eine Projektionsfläche des Publikumsbedürfnisses auffassen darf, seit Axel Springer selbst die kommunikationswissenschaftlich kaum falsifizierbare Analyse geboten hat, daß beim Kauf der Zeitung eine Abstimmung mit den Füßen stattfinde. Und so gibt es Fotos von der jungen Dame, mit der Jagger irgendwelche Händel hatte, aber so steht das natürlich nicht da, und junge Dame steht schon überhaupt nicht da, sondern: »Sexluder«, und es gibt eine Headline vom Sexluder, das sagt: »Wir trieben es sehr schmutzig, Mick liebt das«. Und dann folgen die üblichen Einzelheiten der Andeutungspornographie. Und dann wird ein ehemaliger Sexpartner des Sexluders ausgegraben. Und der wird dann »ab morgen in BILD!« berichten, »welche dunklen Geheimnisse Luciana verbirgt«. So tobte tagelang gewissermaßen als Serie ein Informationsstakkato darüber, daß Mick Jagger mit der jungen Frau »schmutzigen Sex« hatte. Und dann passierte offensichtlich das, was auch bei sauberem Sex passieren kann, die junge Dame wurde schwanger. Nicht, daß sie entsetzt gewesen wäre darüber. Auf jeden Fall scheint es nicht so. Denn in *Bild* vom 9. November gab sie es zu. Aber da man in *Bild* nichts »zugibt«, sondern »gesteht«, gestand sie also. Und da man in *Bild* nicht schreiben kann, eine junge Dame hat eine Nacht mit dem Popstar Mick Jagger verbracht und scheint nun schwanger zu sein, hieß es: »Sexluder gesteht in BILD: Ja, Mick, das Baby ist von Dir!«

Und dann folgt eine recht minutiöse Aufstellung der Praktiken, die ich hier bedauerlicherweise nicht wiedergeben kann, weil ich die meisten nicht verstanden habe, auf jeden Fall kommt sehr häufig der »schmutzige Sex« (»Mick liebt das!«) vor und eine etwas intensivere Beschreibung des Sexluders, das natürlich ein internationales Topmodel ist, in sich »das knisternde Feuer der Copacabana, die Lust vom Zuckerhut im kühlen Norden«, weil das Ganze irgendwie und wieder auf eine Weise, die dem Autor nicht ganz klar wurde, mit Hamburg zu tun hatte, wo man eben auf so was steht: »Ein Körper, der die ganze Sinnlichkeit Brasiliens ausstrahlt, eine Haut, auf der kleine Sexfunken zu blitzen scheinen ...« Das muß einem wirklich erst mal einfallen. Und dann trafen die sich, also der Mick und das Sexluder, im Atlantic in Hamburg (das ist ein Hotel) nach der Stones-Show, auf der 90000 Leute waren, und auch der Autor war dabei (bei dem Konzert). Natürlich ahnte niemand, daß anschließend an diese Show das Sexluder wartete und dann schwanger wurde, aber wir haben ja *Bild*, und *Bild* bildete ein Bild vom Atlantic ab und schrieb drunter »Luciana und Mick – haben sie in dieser Nacht ihr Baby gezeugt?«.

Denn, bitte sehr, so was recherchiert man ja. Und so erfuhren die *Bild*-Leser, die so etwas offensichtlich gern tagelang lesen, mit wem die sexfunkenhäutige, copacabanaheiße, zuckerhutlustige junge Dame namens Sexluder noch gelegentlich in der Horizontalen unterwegs war. Mit Jean-Claude Van Damme und einem Kölner Immobilienmakler zum Beispiel, der sich flugs am zweiten Tag mit der Meldung meldete: Ich auch, und ja, es war schmutzig, und sie hat Tricks drauf, also ich sage euch undsoweiter, und dann in die Einzelheiten ging, so daß man neidisch werden kann, weil man, na ja, lassen wir das, weil, wie gesagt, man das sowieso nicht verstanden hatte, trotz harter Schulung durch Gerti Senger und Konsorten. Es war auch ein Bild von ihm in der Zeitung, und obwohl er einen Balken vor den Augen hatte, der ihn unkenntlich machen sollte, sah man, daß er irgendwie vorn kürzere und hinten längere Haare hatte und einen Schnauzbart.

Aber natürlich sehen wir auch, wie Luciana, so heißt das Sexluder mit Vornamen, aussieht. Es gibt mehrere Bilder, zum Beispiel dieses: Da kniet sie auf dem Boden, stützt sich auf den schmalen Händen ab. Ihre Lippen sind leicht geöffnet. Darunter steht: »Luciana kniet auf dem Boden, stützt sich auf den schmalen Händen ab. Ihre Lippen sind leicht geöffnet.«

Die seriösen Medien sollen sich allerdings nicht so aufregen, wie sie es taten – in ihrer üblichen Art. Denn es gab kaum ein Medium, keine Illustrierte und kein Nachrichtenmagazin, in dem nicht im Zuge der Berichterstattung über den anschließenden Ehekrieg zwischen Mick Jagger und Jerry Hall der Tip des Supermodels erwähnt wurde, wie man sexlüsterne Ehemänner davon abbringt, mit anderen Frauen anzubandeln.

Der Sex-*Spiegel*

Die einen regen sich an.

Die anderen regen sich auf.

Auf jeden Fall reden und schreiben und debattieren alle über Sex. Sex ist das Thema dieser Tage. Und das Schöne an diesem Thema ist, daß auch die genüßlich darüber reden können, die ihn vordergründig als Thema ablehnen. Mittlerweile könnte man es das Kenneth-Starr-Prinzip nennen. Cordt Schnibben, der *Spiegel*-Autor, schrieb dazu im *Spiegel*: »Wie immer gibt es in diesem Skandalspiel die Guten, die sich darüber empören, daß sich die Bösen heuchlerisch über den Tabubruch empören, in Wahrheit aber ermöglichen; und natürlich können die Guten dies nur belegen, indem sie noch mal alle Einzelheiten aufzählen, voller Abscheu selbstverständlich. Und dann gibt es in diesem Schauspiel die Superguten, Superschlauen, die den Guten nachweisen, daß sie nicht besser sind als die Bösen, und dieser Nachweis gelingt natürlich nur – in allen Einzelheiten.« Und »darum unterscheiden sich die Medien letztlich nur dadurch, unter welchem Vorwand, in welcher Abstraktheit und in welcher Menge sie über Sex berichten«.

Schrieb Schnibben also in einer Cover-Story des *Spiegel*, dessen Cover mit dem, ja wie soll man sagen, *Rückenakt* einer Dame von halbrechts hinten aufgenommen Käufer (vielleicht auch Käuferinnen) lockte und in dem hübsch bebildert war, was gemeint war, mit einer Strapsdame zum Beispiel und einer Reihe von Szenenfotos, mit Fotos von nackten Models, von TV-Idolen, ergänzt durch Sexbekenntnisse von goscherten Teenies, deren Auslassungen so spießig und so angepaßt unangepaßt waren, daß sich die Balken bogen und nur deshalb hier nicht in Einzelheiten wiedergegeben werden sollen, um irgendwo einmal die Kette der Berichterstattungsberichterstattung zu durchbrechen und den Sexbericht des *Spiegel*, der Sexberichte in den Medien über Sex in den Medien zum Anlaß nahm, einen Sexbericht zu drucken, nicht zum Anlaß zu nehmen, nun noch einen Beitrag über Medien, die über Sex in den Medien berichten mit allen Einzelheiten zu komponieren, auf daß auch an dieser Stelle Stellen zum Nachlesen aufzufinden seien.

Es wird also hier keine geben.

Denn das wäre dann wieder wie in den fünfziger Jahren, als wir Jungen in die Sexfilme schlichen, in deren Vorspann dann ein »Sprecher« auftrat, der mit sorgenzerfurchter Stirn ankündigte, daß der Film die Niederungen des menschlichen Trieblebens ausleuchte, und da sei *einiges* an Chimären ans Tageslicht oder ins Licht der Kameras zu holen.

Und dann protzte man später damit herum, wie man ins Kino gekommen war. Die erste authentische Nackte, die in einer frei zugänglichen Zeitschrift und natürlich auch in den Tageszeitungen abgebildet war, war ein Model, das damals noch nicht so hieß: Ihr Name war – ja wie hieß sie noch? –, und sie trug einen einteiligen Badeanzug von einem Modeschöpfer namens Rudi Gernreich, eine Kreation, bei der das Oberteil fehlte, und wir lagen alle im Schwimmbad und betrachteten den Vorboten beziehungsweise die Vorbotin einer neuen Zeit.

Der Badeanzug hat sich nicht durchgesetzt.

Zuviel Stoff.

Interessant an der ganzen Geschichte ist nur, daß die sogenannte Aufklärung, wie sie beispielsweise von den automatischen Anrufbeantworterinnen Erika Berger oder Gerti Senger in einer unnachahmlichen akademischen Reserviertheit artig, ja geradezu viktorianisch vorgetragen wurde (und im Falle der Frau Senger noch wird, allerdings war ihre Sendung im Österreichischen Fernsehen so kreuzbrav, daß die Zuschauer sie nicht mehr einschalteten), keinen Deut über das hinausgeht, was ein Jugendlicher um 1958 wußte und was er später von Oswalt Kolle und von einer Dame namens Helga bestätigt bekam. Helga war übrigens die erste Aufklärerin, bei deren sexuellen Aktivitäten selbst Jugendliche einnickten.

Frau Senger hat den Sprung über die Alpen geschafft und informiert nun nicht mehr nur in Österreichs größter Tageszeitung, wo sie dienstags in schonungsloser Offenheit Fragen beantwortet, die aus den erwähnten Gründen hier nicht wiedergegeben werden, und dabei in ihren Antworten total mutig ist, was die Begriffe betrifft, die hier auch nicht wiedergegeben werden, nein. Abgesehen davon ist sie in jedem anderen Medium auch tätig. Sobald es um eine Frage der Körperlichkeit geht, wird die Besetzungsliste für zitable Persönlichkeiten durchgesehen, und da stößt man sofort auf Frau Senger, was dem Journalisten das Problem weiterer Recherche erspart und ihr die Publizität für weitere Publizität schenkt. Sie ist nun auch in der *Hamburger Morgenpost* präsent (samstags, auf plüschig rotem Untergrund).

Das Erstaunliche an dieser ganzen Geschichte der Sexaufklärungen von Ruth Westheimer über *Men's Health* und *Amica* und *Maxi* (»Eine Frau kann auf 14 (!) verschiedene Weisen kommen, der Mann nur auf eine«) bis hin zur Senger Gerti ist, was die Leute alles *nicht* wissen.

Man wundert sich wirklich, daß überhaupt noch Kinder gezeugt werden.

Helga lebt.

Auch im Reihenhaus.

Denn da wird nun der Impuls aufgegriffen, man schreibt.

Pornographie für Frauen. Die Botschaft ist ja: Jede kann schreiben. Und so gibt es Schreibwettbewerbe allerorten. Und alle diese Schreibwettbewerbe haben natürlich ein Thema: »Sex«. Sex im Jahr 3000 zum Beispiel in der *Wienerin.* Schreibwettbewerb kurz darauf in der *petra*: Erotischer Drehbuchwettbewerb. Damit waren nun die Motive wieder einmal zu einem schwarzen Loch geballt: Frauen schreiben. Frauen schreiben Sex. Und das, was sie da schrieben, wurde in einem »Clip« verfilmt und erschien in der *Liebe-Sünde*-Sendung auf Pro 7. Das Motto »Pornos für Frauen«. Wie stellen Sie sich ihren idealen Sexfilm vor? Fünfhundert Einsendungen. In der Jury ein munteres Medienvölkchen in üblich munterer Selbstinszenierung: Mo Asumang *(Liebe Sünde)*, Nachwuchsschauspielerinnen, die Produzentin der ZDF »Erotic Talks«, Schauspielerin Iris Berben und eine Katja Keller, von Beruf Serienstar. Das Thema hieß: »Ungewöhnliche Begegnungen«. Im Siegerporno wird ein Punker von einer Karrierefrau zum Sex verführt.

Mit Weichzeichner. Kitsch der »Wohlfühl«-Gesellschaft unter Einbeziehung einiger Genitalien.

Das Karussell drehte sich im Kreis, und der Schwindel blieb. Er wollte nicht einmal weichen, als die *Bunte* nachlegte und »prominente deutsche Frauen« fragte, wie weit sie gehen würden, es war ja *der* Impuls, als Arabella Kiesbauer meinte, sie mache es für eine Million, es aber dann doch nicht tat. Und so lieferte *Bunte* »Eine Studie über Parfüm, feine Wäsche, Körpersprache«. Eine Studie über Schrowange, Kiesbauer, Ludowig, Eligmann und Konsortinnen, die üblichen Verdächtigen halt. Manche von ihnen hatten für Medienwirbel gesorgt, als sie sich im *Playboy* ablichten ließen, andere hatten schon Autobiographien abgesondert, Wichtige halt, von denen nun auch unbedingt noch bekannt sein mußte, wie weit sie wirklich gehen würden. Sex als Beigabe zu allem Erdenklichen, Sex als bloßes Ornament.

Von Sigmund Freud zu Gerti Senger, was irgendwie auch ein erhellendes Schlaglicht auf die Veränderung der Kultur wirft. Und noch etwas: War zu Freuds Zeiten alles mögliche bis hin zu Hysterie, Genie und Wahnsinn, eine *Sublimierung der verdrängten Sexualität* (also Literatur, Politik, Malerei, jede Menge Krankheiten des Geistes natürlich auch), scheint es heute grad umgekehrt: Die allgegenwärtige *Sexualität ist die Sublimierung* alles anderen, das erfolgreich verdrängt wird (Literatur, Politik, Malerei, jede Menge Krankheiten des Geistes natürlich auch).

Neuntes Kapitel: Angst

Die Sicherheit des Pessimismus

»Das wird das schlimmste Jahr, das ich je erlebt habe«, sagt der Landwirt, der vor der Fülle der besten Ernte seines Lebens steht, »wenn das alles Feuer fängt!« Die einzige Sicherheit liegt im Pessimismus. Egal, ob das Glas halb voll oder halb leer ist, beides ist ein schlechtes Zeichen. Es ist eine Art der Beschwörung, ein magisches Ritual, das um so drängender wird, je größer die Erfahrung der Sicherheit ist. Es gibt tatsächlich so etwas wie eine Dialektik der Sicherheit. Und die führt zu einer eigenartigen Angst in einer Zeit, in der es der Gesellschaft bessergeht als jemals zuvor. Heute, so hat das Institut für Demoskopie in Allensbach herausgefunden, ist der Anteil der Menschen, die nicht glücklich sind, gegenüber den fünfziger Jahren dramatisch gestiegen. Und es ist sicher nicht nur der konservativen Grundhaltung der langjährigen Allensbach-Chefin und grauen Eminenz der Demoskopie, Elisabeth Noelle-Neumann, zuzuschreiben, daß sich diese Befunde mit einem anderen verbinden: daß Herausforderungen gescheut werden.

Doch da dreht sich die Sache im Kreis: Denn das Gefühl des Glücks, so meint die Allensbach-Demoskopin in der *FAZ* im Januar 1999, hat auch damit zu tun, eine Herausforderung bestanden zu haben. Wenn aber jede Herausforderung als potentielle Bedrohung mißverstanden wird, weil Scheitern prinzipiell möglich ist, verliert sich auch das Gefühl des Sieges. Und so ergeht sich ein großer Teil dieser Gesellschaft, auch der Intellektuellen, in der steten Inszenierung des Schreckens. Was wäre, wenn? – das ist die magische Beschwörungsformel, mit der sich alle Lust an der Gestaltung lähmen läßt. Denn im Konjunktiv kann alles sein. Immer schon konnte im Konjunktiv alles sein.

Vor allem die Apokalypse.

Seit wir halbwegs hygienische Zustände haben und das Essen genießbar ist, seit wir nach Australien fliegen können und die Chance, dort auch anzukommen, bei weit mehr als 99 Prozent liegt, seit Unfälle von der Allianz bezahlt werden, Airbags vor großen Schäden bei kleineren Unfällen schützen, haben wir noch mehr Angst. Denn jeder Unfall, der *trotz* der technischen Errungenschaften geschieht, hat etwas vom Titanic-Schick, ist mithin um so spektakulärer. Es ist ja kein Zufall und überhaupt nicht verwunderlich, daß dieser »Mythos« das Jahrhundert durchzieht, sich aber in diesen letzten Jahren des letzten Jahrzehnts vor dem nächsten Jahrtausend zu besonderer Blüte auswächst. Es hätte andere Namen geben können, wenn es denn unbedingt ein Schiff sein muß, das »Narrenschiff« zum Beispiel. Aber die öffentliche Phantasie hat sich aus dem vielfältigen Angebot der Schiffsmetaphern des zwanzigsten Jahrhunderts zur Illustration der Bilanz noch einmal dieses ausgewählt.

Es kennzeichnet das Risiko in jeder Sicherheit.

Dabei ist es gleichgültig, daß nicht die Technik versagt hat, sondern daß es umgekehrt eine geradezu menschliche Genialität war, diesen Dampfer trotz seiner Sicherheit auf den Meeresboden zu befördern. Doch diese Wahrheit ist nicht das, was im öffentlichen Bewußtsein überlebt. Es ist schöner und schauriger, das Risiko in der Sicherheit zu sehen, die Nähe des Untergangs zu spüren, trotz der Behaglichkeit, die gerade herrscht.

»Titanic« – das Motiv hält die archaische Urangst wach –, mit einem Unterschied zur archaischen Urangst: Diese Angst ist modisch und inszeniert.

Sie sucht sich.

Es ist so wie bei dem frischverliebten Paar, das sich ständig versichern muß, daß man einander liebt.

»Liebst du mich noch?«

»Aber ja, Liebling!«

»Wirklich?«

»Aber ja, Liebling!«

»Du sagst immer nur: Aber ja, Liebling! Ich glaube, du liebst mich nicht mehr wirklich!«

»Aber *ich* liebe dich mehr als *du* mich ...«

Und so weiter.

Bis zum Streit. Denn je heftiger diese Versicherung formuliert wird, desto zweifelhafter erscheint ihr Wahrheitsgehalt. Desto ungemütlicher wird die Atmosphäre im trauten Winkel der Zweisamkeit.

Vor lauter Versicherung kommen wir nicht mehr dazu, uns sicher zu fühlen. Vor lauter abverlangten Liebesschwüren kommt man nicht mehr zur Liebe. Und wenn es denn dann doch einmal passiert ist, ergreift den Liebhaber die panische Angst, nicht gut genug gewesen zu sein. Also läßt man es lieber gleich und beschränkt sich auf die narzißtische Zurschaustellung der Potenz und huldigt der Philosophie des Koitus potentialis, aus Angst, es könnten die Versprechungen der körperlichen Perfektion nicht eingelöst werden, weil nun ringsum kein anderes Thema mehr herrscht als die Perfektion des ultimativ ausgeführten Geschlechtsverkehrs, der aber mit irgendeinem der mittlerweile bekannten Probleme in einem spektakulären Schiffbruch enden könnte.

Denn da lauert irgend etwas im Verborgenen, ein Nebenbuhler, eine Maitresse, eine Chimäre, die Fiktion des Möglichen, die das Wirkliche zerstört.

Man faßt nichts mehr an, weil die Angst grassiert, es könnte runterfallen. Man wagt keine Technologie mehr zu entwickeln, weil vielleicht irgendwo ein Risiko auftreten könnte. Denn vor nichts fürchten wir uns mehr als vor einem unkalkulierten Restrisiko. Das ist menschlich. Das Motiv ist alt und zählt zu den Stammweisheiten aller Epochen: »Im Glück sei nicht übermütig und nicht verzagt im Unglück!« warnte vor Urzeiten Diogenes Laertius.

»Dunkel ist des Glückes launenhafter Gang, ein unbegreifbares, unergründlich Rätselspiel«, meinte Euripides. »Zeus, der allmächtige Herrscher selbst, beschied ja den Menschen niemals schmerzlos Glück«, räsonierte Sophokles. »Was schiefgehen kann, geht schief«, faßte publikumswirksam Murphy zusammen.

Diese Unausweichlichkeit des Scheiterns ist das uralte Leitmotiv der Tragödie, die man unfertigen Gymnasiasten der gesamten neueren Bildungsgeschichte als Pflichtlektüre aufzwingt: Was soll dabei anderes herauskommen als Existenzangst? Das ist die eigentliche Botschaft des Ödipus-Dramas: nicht die heimliche Mutterliebe, sondern die verborgene Botschaft, daß alles, was schiefgehen kann, auch schiefgehen wird. So will man die Versicherung, die sofortige, wie das Kind, das nach der Mutter schreit, so lange, bis sie kommt.

Erneut drängt machtvoll das Spießertum in uns ans Tageslicht, das Verlangen nach sofortiger, garantierter Befriedigung ohne Mühe, die unmittelbare Lösung; wir suchen nach Erlösung, nach Ersatz, nach Pillen und, wenn es sein muß, nach Silikoneinlagen, mit denen wir unser Modell der Zukunft ohne weiteres Training mit Sicherheit schaffen können. Wo wir es nicht schaffen, müssen äußere Bedrohungen her, die erklären helfen, *warum* wir es nicht schaffen, und wenn, wie Ende 1998 in weisem Vorgriff auf das Jahr 2000, das lästige Zwischenjahr 1999 zum »Ende des Weltenjahres« erklärt wurde, listig, listig: »Es erfüllen sich die Weissagungen der Propheten. Der nächste Impakt aus dem Weltall bringt das Ende unserer Zivilisation. Vorher jedoch gibt es Revolutionen in Frankreich und Italien, Unruhen in Deutschland und einen neuerlichen Balkankrieg. Die NATO-Osterweiterung löst den Dritten Weltkrieg aus. Dieser wird jedoch nach nur drei Monaten durch einen Kometeneinschlag abrupt beendet.«

Das einzige, das in diesem Szenario noch fehlt, ist ein Piratenüberfall auf den Rostocker Hafen.

Es heißt im Bestseller *Weltenjahr geht zur Neige* ja auch nicht, daß das alles eintritt. Es wird nur alles auf »Plausibilität« geprüft, verspricht der Ankündigungstext dieses Endzeitbuches. »Das bestechende Resultat bleibt, daß ein Großteil der als Vorzeichen für die Endkatastrophe angekündigten Omina bereits eingetroffen ist.« So wie das Blondhaar auf der Schulter des Geliebten nur ein Zeichen für Betrug sein kann, werden nun, unterstützt durch so idiotische Ideen wie den *Bibelcode*, die Zeichen als Sturm gelesen.

Heiligabend und Vollmond

Bereits 1997 sorgte eine einmalige Konstellation für Angst und Schrecken, denn 1997 war an Heiligabend Vollmond. Soweit ich weiß, war außer ein paar Christbaumbränden und den üblichen Verzweiflungstaten nichts Besonderes passiert. Mag sein, daß der eine oder andere herumgemault hat ob der falsch ausgesuchten Geschenke (Dessous für Mutti) und die Partner das auf den Vollmond zurückführten. Aber ansonsten haben Statistiken von Gendarmerien und Krankenhäusern nichts Außergewöhnliches zu melden.

Fehlanzeige.

Die Welt steht noch.

Oder besser gesagt, sie schwebt noch.

Wie überhaupt die Voraussagen für das vorletzte Jahr des letzten Jahrzehnts vor dem neuen Jahrtausend in einer Hinsicht übereinstimmten – sie trafen mit einer Ausnahme nicht ein: Deutschland wird Fußballweltmeister, die Russen greifen Europa an, Helmut Kohl gewinnt die Bundestagswahl, Clinton ist ein Vorbild an Treue (»Er ist zahm und liebt nur eine Frau, nämlich Hillary«, prophezeite eine Augurin namens Liane Reichert). Die für die Moskauer Metro angesagte dramatische Geiselnahme fand nicht statt, und Monaco wurde nicht von einem tragischen Unglücksfall heimgesucht, der dem des Unfalltodes der Fürstin Gracia ähnelte. Von 68 Prognosen, die das »Forum Parawissenschaften« untersuchte, traf nur eine ein: Michael Schumacher wurde nicht Formel-1-Weltmeister.

Trotzdem (und trotz der vielen Beispiele für Fehlprognosen viele Jahre zuvor) sammeln sich die Auguren zur Zukunftsdeutung. Je näher dabei dramatische Daten, desto finsterer werden die Voraussagen und bedrängender die Ängste.

Das ist gut zu erklären. Wenn ein halbes Jahrhundert die Optimismen auf einen Jahreswechsel verschoben werden konnten, der nun wirklich eintritt, allerdings ohne daß das Paradies auf Erden anbräche, erfaßt nun Kleinmut die Herzen. Man hat sich doch so gefreut. Man hat doch so gewartet. Weil nun aber das Heil nicht eintrifft, sichert man sich vorsorglich durch Angst gegen Enttäuschung ab. Denn in der Angst sind wir alle sehr geübt. Nicht zuletzt durch täglich neue Regeln, die man verletzen könnte. Genug Vitamine zugeführt? Wäre es vielleicht doch besser gewesen, einen grünen Tee anstelle des Espresso zu trinken? Sind die Haare vielleicht zum falschen Mondzeitpunkt geschnitten?

Wir lieben diese Ängste.

Und deshalb hat der Aberglaube eine schöne Konjunktur – auch im wissenschaftlichen Gewand. So regieren Ängste und die Faszination an der Apokalypse, die Intellektuelle immer schon in Atem gehalten hatte. Diese abergläubische Beschwörung (eine Art verlogener Zweckpessimismus, mit dem man glaubt, die »unsterblichen Götter« hinters Licht führen zu können) hat immer wieder zu interessanten Entdeckungen geführt.

Erinnert sich noch jemand an diese *Seeschlangen*, namentlich die hochgiftige *Pelamis platurus* (eigentlich männlich), die (oder der) durch den Panamakanal schwimmen und allem atlantischen Leben den Garaus machen sollte?

Was gab es noch?

Fernsehstrahlen!

Sie hatten wie alles Angsterregende eine Eigenschaft: Sie waren, wie der Mondeinfluß, nicht sichtbar. Als das TV aufkam, zu Beginn der fünfziger Jahre, da fürchteten deshalb alle, daß bald der Wellensittich Burli verstrahlt von der Stange stürzen würde, wenn man ihn nicht vor dem Einschalten des Gerätes zudeckte. Das gab sich dann, weil neue Strahlen die Rolle der alten einnahmen: Anfang der siebziger Jahre spielten in den Medien beispielsweise die Ängste vor den Mikrowellen erstmalig ihre Rolle. Eine Reihe von Beobachtungen und Testergebnissen mit Freiwilligen legte nämlich nahe, daß Wellen dieser Art die Konzentration störten und gesundheitliche Schäden (Herzrhythmusstörungen, Sehbehinderungen) verursachten. Vor allem Katzen traf es, die nach der Wäsche zum Trocknen ins Gerät gegeben wurden und daselbst verstrahlten.

Sie und andere hübsche Ängste sind wunderbare Entlastungsstrategien, um sich der wirklichen Realität nicht stellen zu müssen; es sind die Praktiken eines Bauchnabeluniversums, das auf buchhalterischer Introspektion gründet. Jedes Magenknurren wird notiert, der Termin für die Darmspülung ist fest eingetragen, jede noch so winzige Abweichung von der Norm der diätgesteuerten Idealfigur führt zum Reengineering im Fitneßprogramm; jedes Migränchen zu einer Reform der Wohlfühl-Übungen, jeder nur unwirsch hingemurmelte Gruß eines Kollegen oder einer Kollegin zieht eine gruppendynamische Séance nach sich – das ist zynisch, egoman, weil diese Schwelgerei in Luxusängsten die Wirklichkeiten des Alltags überspielt, die Unsicherheit im Beruf, die viele Familien erfaßt hat, die zunehmende Kluft zwischen klassischen Ausbildungen und künftigen Berufsanforderungen.

Und so gelangt man zur gegenwärtigen Lieblingsangst, der »Globalisierung«, die sich als besondere Entartung der Weltwirtschaft und des sogenannten »Turbokapitalismus« hervorragend eignet, die urmenschliche Anfälligkeit für Verschwörungstheorien zu aktualisieren.

Die Globalisierung und Berlin

Bei dieser Angst lohnt es sich, einen Augenblick zu verweilen, denn an ihr läßt sich die eigenartige Logik verdeutlichen, wie aus der Bereitschaft zur Angst das entsteht, was diese Angst begründet. Gabor Steingart beschrieb im *Spiegel* die »neue Ungemütlichkeit«. Das ist ein glänzender Titel zur Beschreibung einer intellektuell saturierten Gesellschaft, einer Gesellschaft, die sich am Ende einer Entwicklung wähnt und Angst davor hat, noch einmal aufbrechen zu müssen, einer Gesellschaft, die sich lieber gemütlich in der Opferrolle einrichtet als forsch an die Lösung der Aufgaben geht, die durch das eigene Verhalten entstanden sind. »Die neue Ungemütlichkeit« ist ein verantwortungsbewußter Essay, an den hier erinnert werden soll, weil er die Weinerlichkeit der Endzeitprognosen kritisiert, jene diffuse Opferstimmung, die sich darin gefällt, die Ausweglosigkeit als Legitimation der Fundamentalkritik und diese als Anlaß zur Resignation zu nehmen. Da sind sie dann alle versammelt, Hans Peter Martin und Harald Schumann mit ihrem Weltbestseller über die *Globalisierungsfalle*, Viviane Forrester mit ihrem *Terror der Ökonomie*, der Österreicher Robert Misik mit seiner Nachempfindung der bereits mehrfach auf dem Markt erfolgreichen Apokalypse des entfesselten weltweiten Wettbewerbs, diesmal unter dem Titel: *Mythos Weltmarkt.* Eine Reihe anderer Titel ließe sich mühelos anfügen, hundertfach in Lehrveranstaltungen der Sozialwissenschaften wiederholt, tausendfach in den Gesprächen der künftigen Intelligenz bestätigt: »Etwas Totalitäres bedroht uns«, so faßt Steingart die Stimmung zusammen und zieht ein erstes Resümee: »Das klingt schön schaurig, hat nur mit einem wenig zu tun: mit der ökonomischen Realität. Denn hinter den Wortschwaden hält sich ein ›Etwas‹ versteckt, das bei genauerem Hingucken aussieht wie Herr und Frau Jedermann. Und sich auch genauso benimmt. – Es joggt in Turnschuhen made in Taiwan, trinkt zum Frühstück Tee aus Sri Lanka oder Kaffee aus Kolumbien. Es sitzt, bekleidet mit US-Jeans und Sakko aus Mailand, vor seinem Computer aus Fernostproduktion, ausgestattet mit der Software aus Seattle. Natürlich besucht es in regelmäßigen Abständen das Kaufhaus, nicht Tante Emma. Denn nur bei Hertie, Horten und Karstadt gibt es die überlebenswichtigen Leckereien – Pasta, Pizza, Pinot Grigio – zu den unschlagbar günstigen Preisen. – Der Kunde und sein aggressiver Zwillingsbruder, der Schnäppchenjäger, sind für den neuen Takt in der Weltwirtschaft mitverantwortlich. Mit ihrer Kaufentscheidung treiben sie die Manager der Konzerne zum Besser, Schneller, Billiger an.«

Ja mehr noch: Sie ergehen sich in asiatischen Heilsideen, die mit entsprechenden Selbstmedikationen verbunden sind, um der Bedrohung durch die westlichen Krisen zu entkommen, abgesichert durch eine Lebensversicherung, die durch ein kleines Aktiendepot aufs anmutigste ergänzt ist, allerdings sind asiatische Werte vor zwei Jahren panisch abgestoßen worden, nachdem man sie kurz zuvor erst auf Anraten des weltweit agierenden Trendforschers John Naisbitt und seiner enthusiastischen Visionen in den *Megatrends Asien* wie verrückt gekauft hatte; während man nun klug in Streubesitz und sicheren Fonds investiert – von den großen Banken verwaltet, und wehe, die machen keinen Gewinn. Steingart zitiert Meinhard Miegel, den Ökonomen, der sagt: »Die Verhältnisse sind, wie sie sind, weil wir sind, wie wir sind.« Und noch ein weiterer Widerspruch wird in diesem klugen Essay ans Tageslicht gefördert. Die Globalisierung könnte Arbeitsplätze für Länder der Dritten Welt schaffen. Dies sei, so Steingart, vor wenigen Jahren noch eine Perspektive der Linken gewesen, die sich nun in fundamentaler Kapitalismuskritik ergehen. Aber die Apokalypse der Autoren Martin und Schumann verdeckt noch etwas: einen egoistischen, geozentrischen Standpunkt, die Sichtweise aus der Betroffenheit der behäbigen Bundesrepublik, der Bundesrepublik, wie sie aus der Perspektive von Bonn erscheint. Wird sich das nun ändern, wenn die bereits marktschreierisch als *Berliner Republik* ausgerufene neue Epoche wirklich einmal beginnt?

Dazu muß sie erst einmal beginnen.

Die Zeichen stehen schlecht.

Denn was immer sich hinter dieser dunklen Metapher verbergen mag, es ist eine Frage der Mentalität. Und diese Mentalität wird provinziell bleiben. Denn schon grassiert eine neue Angst: die Angst vor Berlin. Es ist nicht die Angst der Wiener oder der Pariser, der Hamburger oder der Münchener, die ihre Standortimages bedroht sehen. Es ist die Angst derer, die dort im regierungsamtlichen Auftrag oder als Verbandsfunktionäre arbeiten sollen. Das *manager-magazin*, smarte Tochter des *Spiegel*-Verlags, berichtete in seiner Februarausgabe des Jahres 1999 von einer ganz neuen Angst, von der Angst nämlich, die Abgeordnete und Beschäftigte des Deutschen Bundestages und der Verbände, die sich als Lobbyistengürtel um das Parlament herum angesiedelt haben, befiel, wenn sie an den bevorstehenden Berlinbesuch dachten. Dabei sind die Urteile gegenüber der künftigen Hauptstadt offensichtlich von billigen Krimis und Fernsehinszenierungen geprägt. »Der neuen Hauptstadt hängt im Rheinischen das diffuse Image einer Drogen-, Russenmafia- und Krawallhochburg an. Für viele Bonner sind die Berliner zudem schlicht arrogant und bürokratisch.« Außerdem befürchten die Beamten aus der rheinischen Provinz-Hauptstadt, daß sie pausenlos in der U-Bahn überfallen und ausgeraubt werden. »Vielen Berlinern geht das Jammern bereits auf die Nerven. Den Hauptstädtern leuchtet nicht ein, daß S-Bahn-Fahren zwar für einen Großteil der Berliner zum Alltag gehört, für Verbandsleute aber zu gefährlich ist.«

Wie es sich geziemt für eine Gesellschaft, in der offensichtlich jeder zum Betreuungsfall wird, sind bereits therapeutische Maßnahmen eingeleitet. Das *manager-magazin* informiert: »Zum Standardprogramm der umziehenden Verbände gehören daher Reisen, auf denen die Belegschaft Berlin erkunden kann.« Broschüren informieren darüber, daß »auch Frauen abends unbelästigt mit der S-Bahn fahren können«. In Bonn und Köln sind mehrere »Berlin-Zimmer« eingerichtet worden (ob da Berliner Luft eingeblasen wird, stand nicht im Beitrag, denkbar wäre es). Es würde auch sicher niemanden überraschen, wenn der neue Bundestag und die Verbände nach absolviertem Umzug psychotherapeutische Beratungsstellen einrichten werden. Die werden dann den Kulturschock zu dämpfen suchen, der durch die Veränderung vom Reihenhauswohnzimmer gegenüber dem Grundriß einer Berliner Altbauwohnung hervorgerufen worden sein könnte.

Angstvolle Beobachtung der Mondkonstellationen, Introspektion der Betriebsabläufe im Darm, tägliche Messung der Spurenelemente, Regenwald und Polkappen, Fusionsmöglichkeiten und Shareholder value, billiges Telefonieren und kleinmütige Wachsamkeit gegen jeden auch nur am Horizont der Möglichkeiten aufziehenden Kratzer an der behäbigen Existenz, die den wachsamen Geist des 24 Stunden tätigen Controllers fordern, vor allem für die Suche nach den Schuldigen für den eigenen Opferstatus.

Zehntes Kapitel: Opfer

Die Lust am öffentlichen Leiden

Früher krachten der linke und der rechte Parteiflügel aufeinander, die Exis verachteten die Rocker, und die Rocker vermöbelten die Exis. Das war es dann aber auch schon. Heute ist die Lagersituation in der Bundesrepublik unübersichtlich geworden, schon weil beständig von neuen Möglichkeiten der Zuteilung zu Betroffenheitsriegen die Rede ist. Eine Woche Talkshows, drei bis fünf pro Tag, und es tun sich unendlich viele Möglichkeiten auf, betroffen zu sein. Von irgendwas. Auch die Sendungen über Nachbarschaftsstreitigkeiten bieten ein reiches Feld für potentielle Opfer, die bislang noch gar nicht wahrgenommen haben, daß sie übervorteilt werden. Die Rechtsberatungen tun ein übriges, Anschauungsunterricht. Das Fernsehen (und auch die anderen Medien) betätigt sich als flächendeckende und unerbittliche Suchmaschine für Betroffenheiten. Aus ihnen läßt sich eine existentielle Sinnbestimmung ableiten, ein Distinktionsgewinn, wie der französische Starsoziologe Pierre Bourdieu in seinem Buch über die »feinen Unterschiede« bemerkt. Früher knüpfte man diese feinen Unterschiede an Statussymbole. Zunächst an ein Auto. Dann an Reisen und anderweitige Mobilitätsvorteile.

Nun ist etwas dazugekommen, was im Kapitel über die Prominenz bereits deutlich wurde: Publizität.

Öffentlich wirkungsvoller Opferstatus oder Anwaltschaft von Opfern.

Betroffenheit, Opferstatus oder Anwaltschaft für neu erfundene Minderheiten. Publizitätsgewinn durch öffentlich sichtbare eigene Benachteiligungen, durch die man sich gegen andere Gruppen abhebt. Amerikanisches Modell der Haftungsentschädigung – soziologisch fehlinterpretiert: Die Gesellschaft verspricht das Glück. Aber sie enthält es vor.

So muß ihr der Prozeß gemacht werden.

Öffentlich.

Das ist dann die Entschädigung, das Glück, kompensiert.

Es entsteht eine wahre Opferkultur.

Dabei ist hier nicht von jener dumpfen Abneigung der Politspießer gegen alles Fremde die Rede, gegen »die« Ausländer, gegen die »Überfremdung« Deutschlands, über die man gern in den Strandkneipen auf Mallorca diskutiert, wo sich übrigens die Briten erfrechen, wie selbstverständlich herumzulaufen, so was! Hier geht es nicht um das düstere Potential des faschistoiden Spießertums – was keine Verdrängung darstellt. Denn es wird, Gott sei Dank, ausreichend behandelt und nicht nur in den hochtrabenden Kolumnen, sondern mit massiver Wachsamkeit auch in den Boulevardmedien. Und denselben Göttern sei Dank: Das alltägliche Spießertum teilt nur geringe Schnittmengen mit diesen amorphen Dummköpfen.

Hier geht es um die Subkulturen innerhalb der klassischen Rahmenhandlung Deutschland. Um die Betroffenheitsbiotope, um die Gemeinschaften mit dem vielsagend vorwurfsvollen Blick, wenn sie eine neue Mahagonikommode oder einen Pelzmantel erspähen. Dann spüren sie diese Betroffenheit, die unweigerlich zu irgendwelchen Redeanfällen führt, die mit dem beziehungsvollen gedehnten Du-Wort beginnen.

Betroffenheit: Diese Vokabel ist nicht von ungefähr so bedeutungstriefend, daß man glaubt, ein bittersüßes Bonbon im Munde herumzuwälzen. Sie soll es sein, sie soll die abgründige Tiefe einer Emotion, die Unheilbarkeit einer Wunde, die Verletzung durch etwas, das man nicht beeinflussen konnte, dokumentieren – ohne daß auch nur der Hauch einer präzisen Standortbestimmung notwendig wäre.

Betroffenheit.

Absolutes Unverständnis, wie geschehen konnte, was geschehen ist. Früher, als Erziehung noch kein Gegenstand volksakademischer Theorien war, da gehörte es zum Repertoire hilfloser Eltern, die Betroffenen, die tief Verletzten zu spielen, um das Kind merken zu lassen, welch einer Ungeheuerlichkeit es sich schuldig gemacht hatte. Aber das war gespielt. Die Betroffenheit eines Menschen, der die Fledermäuse im Schweriner Schloß zu retten sucht, das zu einem repräsentativen Regierungsgebäude renoviert werden soll, nimmt dieses Motiv auf: Es ist die Zurschaustellung des Opfertums, das aus dem Engagement im Namen eines noch viel betroffeneren Opfers erwächst. Man hat am amerikanischen Vorbild fleißig gelernt. Dort rollen die Opfer-Dollars. Und nicht nur die irritiert beäugten Bewegungen der Political Correctness schüren eine Mentalität, die aus der argwöhnischen Pflege aller erdenklichen Nachteile besteht. Vor allem sind es pfiffige Anwälte, die die Industrie in die Geiselhaft der Haftungskompensationen zwingt.

Darin gibt sich die Ausdrucksform eines seltsamen und weltweit einmaligen nationalen Charakters zu erkennen, der mittlerweile international wird und den man als *paranoiden Pragmatismus* bezeichnen könnte. Er dokumentiert sich zum Beispiel in Automobilen, die mit Hunderten von Pferdestärken im 55-Meilen-Tempo über gigantisch ausgebaute Highway-Systeme schleichen und in deren Betriebsanleitungen minutiös auf alle erdenklichen Fallen hingewiesen wird und die ständig mit Heul- und Glokkentönen, Piepsern oder gar verbalen Interventionen den Fahrer und die Fahrerin vor Gefährdungen an Leib und Seele warnen. Er besteht in der Betriebsanleitung für ein kleines Hi-Fi-Gerät, deren erste zehn Seiten mit den erschröcklichsten Apokalypsen gefüllt sind und dem neuen Benutzer als ersten Satz fettgedruckt entgegenschleudern: *Bitte öffnen Sie nicht die Rückwand des Gerätes. Im Gerät gibt es keine Teile, die von Ihnen zu warten wären*! Und da man vermutet, daß dieser neue Besitzer nichts Eiligeres zu tun haben wird, als die Kabel so oft zu knicken, bis die Isolierung zerstört ist, oder mit Schraubenziehern im Inneren des Radios herumzustochern oder es so auf den Badewannenrand zu plazieren, daß es zum Gegenstand eines russischen Roulette wird, sind alle Eventualitäten aufgezählt.

Passieren wird dann doch was anderes.

Das steht dann zusätzlich in der nächsten Betriebsanleitung.

Diese Praxis, in jeder erdenklichen Ecke der Alltagsexistenz den potentiellen Untergang zu wittern, liegt nicht etwa in philantropischer Fürsorglichkeit begründet. Es ist Angst, zur Verantwortung gezogen zu werden. Denn wenn sich jemand aus lauter Blödheit den Kofferraumdeckel auf den Schädel haut, wird er sofort einen Anwalt bemühen, um die Autofirma zu verklagen, daß sie ihn nicht vor derlei Gefahren gewarnt habe. Die Prozesse, die Hinterlassene von Lungenkrebsopfern gegen Zigarettenfirmen angestrengt hatten, gingen in die Hunderte, bis man sich dazu entschloß, auf den Packungen Warnungen anzubringen. Das war reiner Selbstschutz der Tabakindustrie.

Offensichtlich hat sich jemand kürzlich in einem Coffeeshop kräftig das Maul verbrüht. Denn nun findet man auch auf den schlanken Styroporbechern, in denen das wäßrig-trübe, dunkelbraune Heißgetränk feilgeboten wird, Hinweise auf unliebsame Überraschungen und Anweisungen zum praktischen Handeln. Sie sind in einen Schutzdeckel eingestanzt, der den Konsumenten vermutlich vor der unmittelbaren Konfrontation schützen soll oder davor, sich die Brühe, während der Blick auf die Fernsehübertragung einer Raummission geheftet ist, versehentlich auf sein Gewand zu gießen. »Be cautious«, steht da zunächst einmal. »May be hot!« Um nun die

Gefahr noch weiter zu minimieren, ist ein kleines Loch in diesen Deckel eingelassen, durch das der Kaffee gewissermaßen angesaugt werden kann. Anmutig im Halbrund um dieses Loch geordnet liest man den Befehl: »Sip here!«

Die Hölle, das sind die anderen

Das sagte Jean-Paul Sartre, wie jeder weiß. Heute wissen wir, daß es stimmt, daß das nicht nur ein literarisches Aperçu war, daß es immer die anderen sind, die einem das Leben schwermachen. Und daß das natürlich offensiv und öffentlich auch dokumentiert werden muß.

So krachen immer deutlicher die Subkulturen im eigenen Land aufeinander, Raucher und Nichtraucher, Vegetarier und Fleischfresser, Veganer und Vegetarier, Sozialpädagogen und Wirtschaftswissenschaftler, Auto- und Radfahrer, Hollandradfahrer und Mountainbiker, Fußgänger und Online-Skater. Singles deklarieren sich als Opfer der Familien, Rentner als Opfer der Jugend, Jugendliche als Opfer der Alten, Radfahrer als Opfer der Autofahrer, Frauen als Opfer der Männer, Männer als Opfer der Frauen, Parteien als Opfer anderer Parteien. Der Osten als Opfer des Westens, der Westen als Opfer des Ostens, Unternehmer als Opfer der Lohnnebenkosten, Wirtschaft als Opfer der Globalisierung, dritte Welt als Opfer des westlichen Kapitalismus, westliche Industrienationen als Opfer der Dumpinglöhne in der dritten Welt, Kinder als Opfer des Fernsehens, öffentlich-rechtliches Fernsehen als Opfer des Kommerzfernsehens, Kommerzfernsehen als Opfer einer Politik, die ihr die technischen Reichweiten nicht zur Verfügung stellt. Diejenigen, die rechtzeitig auf Mallorca gebaut haben, als Opfer derjenigen, die es später auch wollten.

Hunderte von Spezialeinheiten pflegen ihre jeweiligen Sprachkulturen, die sich immer weiter voneinander entfernen. Kulturen der Verweigerung in einer Zeit, in der gesellschaftliche Integration leichter wäre denn je.

Harmonie und Konsens?

Es ginge einfach nur um den Versuch, mal eine gemeinsame Lösung zu probieren, die auf einem Kompromiß, wechselseitigem Verständnis aufbaut. Aber sofort stellt sich jener schöne Ideologieverdacht ein, die anderen könnten falsche Motive haben. Und dann wäre man das Opfer eines Ränkespiels. Allein die Tatsache, daß das denkbar ist, macht einen schon zum Opfer der Umstände. Denn das politisch Korrekte ist ja immer auf der Seite derer, die es gegen andere formulieren. Das heißt: Grundhaltung dieser Gesellschaft ist die Verweigerung der Gemeinschaftlichkeit – die Grundhaltung dieser Gesellschaft ist Provinzialität. Die Unehrlichkeit dieser ganzen Opferkultur, die sich sowohl aus der eigenen Betroffenheit als auch aus der aggressiven Anwaltschaft für Belange anderer nährt, zeigt sich darin, daß es für das gegenwärtig dringendste Problem der Bundesrepublik, Europas, keine Initiative gibt, die machtvoll zur Publizität drängt, sich für wirkliche Opfer einsetzt: nämlich eine für Arbeitslose. Darauf wird dieses Buch später noch zurückkommen.

Der italienische Soziologe Marco D'Eramo hat dieses Gehabe, das im Grunde nichts anderes ist als das Beharren auf dem Status quo, in seinem einzigartigen Buch (*Das Schwein und der Wolkenkratzer*) mutig diagnostiziert – und zwar unter der Überschrift des »Vorteils des Nachteils«: Der Separatismus sichert Machtansprüche und öffentliche Aufmerksamkeit. Wären alle Ziele erreicht, versänke die Minderheit in der Bedeutungslosigkeit der Gleichheit. Die Absonderung sichert letztlich dann auch Arbeitsplätze – Frauenforschung, feministische Schulen, Seminare für »böse Mädchen«, psychologische Selbsterfahrungskurse, Beratungsstellen, Coaching, vor allem aber Beauftragte für alles, was den Alltag so ausmacht. Und wo diese Beauftragten ehrenamtlich arbeiten sollten, wie etwa bei der Ausländerbeauftragten in Hamburg, wird eine Kandidatin gewählt, in diesem Fall von den Grünen. Dann wird eine Kandidatin gefunden, die aber an der Universität in einem Forschungsprojekt arbeitet. Deren Arbeit an der Universität (Erziehungswissenschaften) muß fortgesetzt werden, so daß eine neue Assistentenstelle eingerichtet werden soll, die selbstverständlich im Zuge der Frauenförderung einer Frau zugute kommt. Es ist nicht ungefährlich, derlei Dinge zu schreiben. Denn auch Beauftragte können zu Opfern werden und dann ihren Opferstatus vehement einklagen. Der *Spiegel* berichtete, daß der FDP-Generalsekretär Guido Westerwelle eine anwaltliche Abmahnung erhielt, als er den »Fahrradbeauftragten« als Krönung des idealen rot-grünen Lebenslaufes karikierte. Man setzte Westerwelle in Kenntnis, daß damit eine Diskriminierung der Fahrradbeauftragten der Hansestadt verbunden sei. Es gab eine Schmerzensgeldforderung – berichtet auch der *Spiegel*. So inszeniert sich die Opfermentalität, geboren aus der relativ wichtigen Einsicht, daß Menschen »Opfer ihrer Umgebung«, ihrer Sozialisation, ihrer Umwelt sind. Darauf bezieht sich ja auch der einzige Witz, der über Soziologen im Umlauf ist. Als zwei ihrer Vertreter einen übel zusammengeschlagenen Menschen in der Gosse liegen sehen, sagen sie:

»Der, der das getan hat, braucht unsere Hilfe.« Das Problem bei dieser Überbetonung der Schuld als Opfer der Umstände ist die Tatsache, daß sich eher dunkle Reaktionen bilden und ihrerseits gegen die Rehabilitation von Schuldigen Sturm laufen – mit dem offiziellen Anspruch der Opfer und in ihrem Namen. Durch diese wechselseitigen Reaktionen und die Aufmerksamkeit, die ihnen gewiß sein kann, fasert die Betroffenheit aus und verliert jegliche Kontur.

Clash of subcultures

- In Nordrhein-Westfalen gab es einen Schwulenempfang durch die SPD-Frauen- und Sozialministerin Heidi Merk. Sie wollte damit ein Zeichen setzen, daß die Jahrhunderte umfassende Diskriminierung tatkräftig bekämpft würde. Empört über diese Ungleichbehandlung kündigte ein »Verein für Homosexuelle Emanzipation«, in dem lesbische Frauen sich organisiert haben, einen Protestmarsch an, berichtet *Focus.*
- Der ADFC, der *Allgemeine Deutsche Fahrrad-Club*, kündigte an, gegen die Benutzungspflicht der 1800 Kilometer langen Radwege in der Hansestadt Hamburg zu klagen, weil sie in Breite und Ausführung nicht den gesetzlichen Richtlinien entsprächen. Gleichzeitig (oder um es im Modejargon der Alternativen zu sagen: »zeitgleich«) gab es eine Anzeigenkampagne über die neuen Rechte der Radfahrer.
- Die ehemalige Olympialäuferin und heutige Ärztin Heidi Schüller bezeichnet die Alten als »Zukunftsdiebe« auf Kosten der Jungen.
- In Berlin ist 1997 das »Kunsthaus Tacheles«, ein alternatives Projekt, an der Streitlust der unterschiedlichen Cliquen kaputtgegangen. Jede Benutzergruppe fühlte sich durch die jeweils anderen übervorteilt.
- Die Zeitschrift *Psychologie heute* machte kürzlich mit dem Thema »Sorgen-Management« auf: »Warum jammern hilft«. Man habe gelernt, daß Jammern häufig der erste Schritt zur Sorgenbewältigung sei.

Wo Opfer sind, vor allem selbsternannte, da sind, wie man sieht, auch Schuldige. Je nach Intelligenz und Ausbildung der Opfer ist die Schuldzuweisung differenziert oder grobschlächtig. In jedem Falle aber ist der Kampf um die Definition des Opferstatus immer auch der Kampf um die Abgrenzung gegen die Schuldigen. So entsteht eine Gesellschaft der Alltagsfundamentalisten, und die sogenannte Opferrolle entlarvt sich endgültig als gesellschaftspolitischer Taschenspielertrick. Es ist die Geschichte vom Ablaß. Denn noch steckt das tief in uns: Durch das Leiden in dieser Welt wird man in einer anderen belohnt. Nur glaubt man an diese andere Welt nicht mehr, also muß der Ablaßhandel anders organisiert werden. Durch den Opferstatus erhält man die Legitimation zu einem besonderen Leben neben dem Alltagsleben. Und man erhält den Anspruch auf ein Stück Paradies. Dieses Stück Paradies zählt aber nur, wenn es gleichzeitig auch den Anspruch anderer schmälert.

Schwerter zu Pflugscharen, Autobahnen zu Radwegen.

Flugreisen rationiert.

Quotierungen der männlichen Domänen zugunsten weiblicher Ansprüche. Sprachregelungen, immer wieder Sprachregelungen.

Und wer den schönsten Betroffenheitsstatus vorweisen kann, wird sofort, noch im irdischen Jammertal selbst, belohnt.

Pascal Bruckner hat das bereits in einem in Frankreich außerordentlich gut verkauften Buch *Ich leide, also bin ich*, diagnostiziert, hat allerdings eine Konsequenz nicht gezogen oder nicht ausreichend pointiert – daß das ergötzliche Leiden erst dann eines ist, wenn man die Öffentlichkeit davon unterrichtet hat. So verbindet sich der Opferstatus mit einem geradezu aggressiven Kampf um Publizitätsgewinn. In logischer Konsequenz ist der Markt der intellektuellen Auseinandersetzungen mit dieser Gesellschaft (Bücher, Fernsehsendungen, Zeitungsartikel) daher entweder von Konfrontationen (Heidi Schüller; Ute Ehrhardt) oder selbstverliebten Narzißmen (Dale Carnegie), weinerlichen Diagnosen (Ulrich Wickert) beherrscht. Was Bruckner weiter schuldig bleibt, ist die sozialpolitische Diagnose der Konsequenzen. Die kann nur heißen (die Anspielung an Samuel P. Huntingtons *Clash of civilizations* ist beabsichtigt): »clash of subcultures«.

Die eigene Benachteiligung wird zum allgemeingültigen Anspruch. Daraus entsteht der Kampf gegen das Andere in der eigenen Gesellschaft. Das Spießertum greift um sich, wenn ein Allmachtsanspruch und Definitionsvorbehalt auf die Kultur erhoben wird und der Clan des Wachtelkönigs geradezu dreist die Alltagswelt durchforstet, um seine Religion zu verbreiten und den volkspädagogischen Anspruch durchzusetzen. Und so geschah es, daß 33 Jahre nach der Premiere des Theaterstücks *Dinner for one*, nämlich im Dezember 1997, das Bundesamt für Naturschutz den Zeigefinger erhob und monierte, daß in Miß Sophies Salon ein *Tigerfell* herumliege – über das Butler James so publikumswirksam stolpert und dann auch mal wieder nicht –, egal, auf jeden Fall also sei »das keine gute Anregung für das Publikum«. Der Bürger wird, nachdem er zum Jahreswechsel rituell das *Dinner for one* betrachtet, immer wieder wiehernd, nichts Eiligeres zu tun haben, als das Eßzimmer mit dem Fell einer bedrohten Tierart zu schmükken. Und fortan nur noch mit schlechtem Gewissen jenes Theaterstück betrachten, das uns mehr als ein Jahrzehnt verzückte. Und warten, daß weitere Erregungen formuliert werden.

Elftes Kapitel: Überforderung

Rational overchoice

Darin liegt der Anlaß der Fluchten und der bereitwilligen Akzeptanz der Fluchtwege in die überschaubaren Betroffenheitsbiotope – in der Überforderung mit Problemlösungsansprüchen, in Forderungen nach allseitigen Engagements, im Wissen um die Zusammenhänge in dieser Welt, in der Falsifikation der romantischen Vorstellungen, in der Notwendigkeit politischer Korrektheit in allen Lebenslagen, das heißt in der ständigen intellektuellen Überwachung der eigenen Handlungen und in der Akzeptanz des Bewußtseins, daß alles relativ ist. Wir müssen den an der Wiege verbürgten Grundsatz aufgeben, daß Bildung eine Garantie für Karriere ist, Arbeit Voraussetzung für Erfolg. Da gilt das religiöse Vermächtnis nicht mehr: Der Bibelspruch vom Lohn, der im Schweiße des Angesichts erwirtschaftet wird, kostet viele Aktionäre und Spekulanten nur ein Lächeln. Man erfährt am eigenen Leib, daß auch ein lebenslanges Engagement im Beruf nichts mehr zählt, wenn das Programm, das da absolviert worden ist, durch einen Computer billiger verrichtet wird, daß die Produktionsstätte, die einen Teil der Heimat darstellte, genausogut in Savannah, North Carolina oder in einem tschechischen oder polnischen Ort oder in der österreichischen Steiermark untergebracht sein könnte. Und da nützt es auch wenig zu wissen, daß nicht einmal zehn Prozent der heimischen Arbeitsplätze ins Ausland verlagert worden sind, während gleichzeitig auch die Verlagerung von ausländischen Unternehmen nach Deutschland Arbeitsplätze geschaffen hat. Und es nützt auch nichts, daran zu erinnern, daß wir vor wenigen Jahren noch massiv Gerechtigkeit für die Länder der Dritten Welt gefordert haben, weil der Reichtum der Industrienationen durch die Ausbeutung der Ressourcen dort entstanden sei. Nun haben Irland und Indien die Softwareindustrie und eine zunehmend selbstbewußte Mittelschicht, Korea hat die großen Werften, nun verlagert sich ein großer Teil der bildungsunabhängigen Arbeitsplätze dorthin, nun ist es eine Katastrophe mit dem Namen Globalisierung, obwohl wir doch wollten, daß diese Länder reicher werden.

Die Altersversorgung scheint brüchig, das Gesundheitssystem wird reformiert, allerorten herrscht Geldmangel. Das, was man als technische Revolution bezeichnet, überrollt den Alltag (zwar selten den eigenen, aber irgendwie hat jeder das Gefühl, bald von Robotern und Androiden ersetzt zu werden). Wie es dann aussieht, das wissen wir aus dem »Krieg der Sterne«. Mercedes ist nicht mehr Mercedes. Volkswagen ist Rolls-Royce, oder umgekehrt. Jedenfalls haben wir jetzt den Käfer wieder, aber der heißt jetzt Beetle und wird nicht in Deutschland gebaut. Deutsche Wertarbeit? Was ist ein Facharbeiter in »Zeiten der Globalisierung« noch wert?

Es ändert sich also alles, und alles ändert sich gleichzeitig. Und niemand sieht in den Veränderungen ein System. Die Lehrer können den Eltern nicht mehr sagen, was die Kinder werden sollen. Die Kinder lernen, wenn sie aus der Schule kommen, alte Berufe. Der mittlere Manager sieht, daß er durch »Managementsysteme« recht gut ersetzt werden kann. Die Universitäten konzentrieren sich weder kraft ihrer geisteswissenschaftlichen Potentiale auf die tiefere Einsicht, noch können sie den Fachschulen und Fachhochschulen und nun sogar noch den Privatuniversitäten, ja zu allem Überfluß nicht einmal mehr den von Großunternehmen selbst gegründeten »Universities« an Praxisorientierung folgen (dazu Kapitel 21). Sie wissen also nicht, wohin, und entwerfen halbgare Eliteausbildungen – als Bypass zu den klassischen Massenausbildungen. Es herrscht bildungspolitische Orientierungslosigkeit, wirtschaftspolitische Desorientierung, ein »cultural lag«.

Da helfen auch wohlgemeinte Vorschläge zur *Bürgerarbeit* nichts. Vor allem, weil niemand wirklich weiß, wie das geht.

So sind die Menschen heute aufgerieben zwischen unzählbaren Ansprüchen an ihren Verstand. Die Tragik dabei ist, daß es nicht einen klaren Lösungsweg gibt, sondern viele klare Lösungswege. Die Tragik ist zum Beispiel, daß Frühpensionierungen zwar Jugendarbeitsplätze schaffen könnten, aber gleichzeitig das Sozialsystem belasten, für das die Jugendlichen dann arbeiten müssen; daß verlängerte Lebensarbeitszeit möglicherweise zwar eine geringere Belastung der Sozialsysteme bedeutet – möglicherweise, weil nicht klar ist, ob nicht mit größeren Krankenständen zu rechnen ist –, dafür aber auch weniger Arbeitsplätze für nachrückende Bewerberinnen und Bewerber. Aber es ist ohnehin nicht klar, ob überhaupt eines dieser Kalküle aufgeht, ob nicht die Freisetzung von Arbeitnehmern mittleren Alters einen neuen Rationalisierungsschub auslöst, so daß die einen *keinen* Arbeitsplatz bekommen, die anderen das Sozialsystem *belasten*. So könnte, hört man von wieder anderer Seite, die Wochenarbeitszeit verkürzt werden, damit mehr Menschen sich die Arbeit teilen. Und man verweist dabei auf das holländische System. Gleichzeitig drängt sich aber der Zweifel auf, ob das dem Sozialsystem irgend etwas bringt, weil ja die Arbeit nicht vermehrt, sondern nur neu verteilt wird. Und diejenigen, die gehen, verlassen Arbeitsplätze, auf die man im Zuge der Modernisierung ohne große Not verzichten kann.

Dazu kommen nun die Botschaften der Demographen: Die Gesellschaft wird älter und alt. Für das Jahr 2030 wird die Katastrophe an die Wand menetekelt. Die Jungen, die nun in ihren Ausbildungsphasen sind, die in der Schule, in der Lehre, in Traineeprogrammen sind, rechnen sich bereits mit 15, 18, 22 Jahren aus, daß sie es sind, die dann noch mindestens 10 bis 20 Jahre eine gigantische Last zu tragen haben werden, ohne daß sie selbst einen Anspruch auf einen gerechten Ausgleich besitzen. Ob das alles stimmt, ist eine zweite Frage, denn das Bild des Alters der Zukunft scheint in einer seltsam düsteren Vergangenheitsromantik geprägt vom Bild des Alten von gestern, der auf der Parkbank sitzt und Tauben füttert.

Was aber die Sache so unübersichtlich macht, ist, daß die Politik auch keine Lösungen kennt, jedenfalls keine klaren, nachrechenbaren Lösungen jenseits rentenpolitischer Losungen, die sich natürlich aus parteiopportunistischen Gründen alle widersprechen. So erscheint jeden Tag eine neue Lösung (oder Losung) auf der Bildfläche, keiner kennt sich mehr aus, jeder ist überfordert. Die Exekutive (bestehend aus Politik und Wirtschaft) bietet keine Lösungen, ein Risiko will niemand eingehen. Kaum sinken die Preise für das Benzin, kommt eine Grüne angerannt und meint, den Spielraum könne man für Steuererhöhungen nutzen. Haben die Menschen netto mehr in der Tasche, weil das Bundesverfassungsgericht den Politikern die familienpolitischen Leviten gelesen hat, koppelt der Sozialminister die Rentenentwicklung von der Entwicklung der Nettolöhne ab – ohne die anderen Belastungen durch sogenannte »Ökosteuern« und erhöhte Mehrwertsteuer gegenzurechnen. Politik verkommt zur Flickschusterei. Dazu kommen die anderen – meist emotionalen – Anforderungen, mit denen jeder Mensch im Laufe einer Woche konfrontiert wird, von einer Hungersnot in Gambia bis zu einer Entscheidung bei der Kommunalratswahl, von seinem Verhalten gegenüber Mitmenschen unterschiedlicher sexueller oder ethnischer Ausrichtung bis hin zum Verhalten bei der Erziehung seiner Kinder, die im Fernsehen sehen, daß es doch eigentlich ganz einfach ist, als Model oder Soap-Schauspieler Karriere zu machen.

Was bleibt?

Der Traum.

Der Tagtraum.

Partikulare Kompetenz

Eine Möglichkeit der Reaktion ist die Flucht in Gesamterklärungsmodelle: Horoskope, pseudoreligiöse Steuerungen des Alltags, Gurus, Schamanen, Gesundbeter, auch »Trendforscher« und Psychoberater. Die andere bleibt der Rückzug ins überschaubare Milieu, wo man alles kontrollieren kann, ganz gleich, ob Reihenhaus oder Kreativen-Loft.

Denn auf diesem Gebiet kennt man sich aus.

In der Nachbarschaft, in der Kommune.

In den eigenen kleinen Utopien, mit deren Hilfe sich der unendliche Begründungszusammenhang abbrechen läßt. Da kennt man sich aus.

Ein interessanter Widerspruch: Die Menschen sind prinzipiell informierter geworden, sie verhalten sich selektiver, sie sind »wählerischer«, denken differenzierter und egoistischer. In der Politik entsteht eine wachsende Distanz – gerade durch die zunehmende Kompetenz der Bürgerinnen und Bürger auf den Gebieten, die ihre privaten Utopien betreffen. Diese Kompetenz ist allerdings keine politische im umfassenden Sinne, sondern erwächst aus der Verengung der Bereiche, für die die einzelnen Menschen und die Gruppen, in denen sie leben, noch Interesse aufwenden. Diese Bereiche sind mehr und mehr die überschaubaren regionalen und mentalen »Lebenswelten«, in denen man sich mit Gleichgesinnten bewegt und die zum Teil publizistisch hervorragend repräsentiert sind. Das heißt: Die politische Kompetenz bezieht sich zusehends auf die alltäglichen, »nachbarschaftlichen« Gegebenheiten. Ihre ökologische, kulturelle, regionale Konservierung wurde zum wichtigsten politischen Ziel. Man darf sich nicht täuschen: Die Tatsache, daß die »Umwelt« zu einem globalen politischen Ziel aufgestiegen ist, ist in erster Linie aus dem Rückzug in den überschaubaren Bereich zu verstehen, der zumindest sauber sein soll.

Andere gesellschaftliche Ziele verblassen, mit Ausnahme der Bekenntnisse zur Gleichberechtigung von Frauen, für die Integration von Ausländern und den Umweltschutz. Aber auch diese übergreifenden Ziele sind heute vor allem Sicherungen der individuellen und gruppenegoistischen Bedürfnisse. So entsteht aufgrund des Rationalitätsdrucks, des »rational overchoice« im politischen Bereich, eine »partikulare Kompetenz«.

Sie wird gepflegt, sie wird vor allem aus Betroffenheit gepflegt.

Sie überschreitet selten die Grenzen.

Und wo sie die Grenzen überschreitet, bleibt sie im Schutz einer mediengerechten starken Organisation wie Greenpeace.

Die Formulierung von Interessen richtet sich demnach heute nicht mehr an den quasi-klassenkämpferischen Forderungen oder an integrativen gesellschaftspolitischen Ideen aus, sondern entsteht in unterschiedlichen alltäglichen Kommunikationszusammenhängen. Die Interessen sind also nicht mehr nur und vermutlich nicht einmal mehr hauptsächlich an den Kriterien des Alters, der Bildung, des Einkommens orientiert, sondern an demonstrativen Entwürfen der alltäglichen Kommunikation in immer engeren gesellschaftlichen Segmenten. Die Forscher des renommierten Heidelberger SINUS-Instituts haben es so ausgedrückt: »Die Mitglieder sozialer Milieus suchen Alltagssituationen auf, in denen Kommunikationsmöglichkeiten zu ähnlichen Menschen zu erwarten sind, und sie meiden Situationen, in denen sie den Kommunikationserwartungen von Menschen anderer Milieuzugehörigkeit ausgesetzt wären. Das zerklüftet auf höchst folgenreiche Weise den sozialen Raum.«

Das ist der globale Stadtteil.

In ihm herrscht Einigkeit.

In der Welt ansonsten:

Zuviel des Wahren.

Zuviel des Erklärbaren.

Zuviel »offene Gesellschaft«.

Das ist geistig nur schwer auszuhalten.

Also wird die Erklärung irgendwann einfach abgebrochen, wo es opportun erscheint. So entstehen Widersprüche.

Manche schützenswerte Tierarten fressen nun einmal andere schützenswerte Tierarten. Irgendwann muß ich die Lüneburger Heide, dieses durch Menschenhand zerstörte Waldgebiet, das nun noch als öde Brache darniederliegt, zum schützenswerten Biotop erklären. Irgendwann wird mir das Bild eines Schnitters mit der Sense (natürlich nicht des schwarzgewandeten kapuzentragenden gesichtslosen Schnitters, der immer so unerwartet vor der Tür steht) die heile Welt assoziieren und nicht die agrartechnische Revolution, die die Erfindung der Sense auch war und die sichelschwingenden Knechte und Mägde des 18. und 19. Jahrhunderts arbeitslos machte, weil die Sense gegenüber der Sichel ein Werkzeug der Rationalisierung war. Irgendwann gelten mir die Welt im Kleinen und der Kosmos da draußen als Pole der Existenz, der Stadtteil und das Universum der Gestirne. Irgendwann muß man sich auf Spielregeln einigen. Das haben selbst die rationalistischsten Soziologen und Philosophen gesagt, Karl Popper und Hans Albert, jener Mannheimer Wissenschaftstheoretiker, der als Poppers Sachwalter auf deutschem Gebiet gelten darf. Sie haben es allerdings nicht so gemeint, daß man sich auf esoterische Heilslehren zurückzieht und die Emotionen wuchern läßt. Sie wollten damit ein gesellschaftliches Zeitgespräch begründen. Ihre Theorie gilt als Mahnung vor dem Fundamentalismus und der Aufgabe des Verstandes.

Aber es muß klar bleiben, daß es Spielregeln sind und keine universellen Wahrheiten.

Das hat zwei Konsequenzen – die Relativität des eigenen Anspruchs und die Bereitschaft zur gegenseitigen Hochschätzung: »Geben wir unseren Überzeugungen«, schreibt Albert in einem Buch mit dem Titel *Traktat über kritische Vernunft*, geben wir »damit auch den theoretischen Konstruktionen, in denen sie sich verkörpern, die Gelegenheit, am Widerstand der realen Welt zu scheitern, dann haben wir gleichzeitig die Möglichkeit, ihren Wahrheitsgehalt zu prüfen und durch Korrektur unserer Irrtümer der Wahrheit näher zu kommen. Um das zu können, müssen wir allerdings das der klassischen Lehre zugrunde liegende Streben nach Gewißheit opfern und die permanente Ungewißheit in Kauf nehmen, ob sich unsere Auffassungen auch in Zukunft weiter bewähren und damit aufrechterhalten lassen.« Ein paar Seiten zuvor steht plakativ das Motto dieser Geisteshaltung: »Alle Sicherheiten in der Erkenntnis sind selbstfabriziert und damit für die Erfassung der Wirklichkeit wertlos.«

Der Rückzug in die überschaubaren Bereiche partikularer Kompetenz ist nicht nur die Konsequenz der Vervielfältigung von Medienangeboten und der damit ermöglichten ausgedehnteren wählerischen Nutzung gleichartiger Informationen, nicht nur das *Gefühl*, umfassend informiert zu sein (wie einem die Nachrichtensprecher nach fünfminütiger Parforce durch die Welt, mit Musik untermalt, am Ende ihrer Mitteilungen gern versichern). Er resultiert auch aus der zunehmenden Erfahrung der Unüberschaubarkeit politischer Sachfragen aufgrund ihrer vieldimensionalen Aspekte. Es ist richtig: Irgendwo also muß der Begründungszusammenhang abgebrochen werden.

Aber gleich so, wie es derzeit Mode ist?

In einem rückhaltlosen »rabaissement«?

Ein Ethnologe hat diesen Begriff geprägt, und das ist kein Zufall. Sein Name ist Maxim Gorce, und das Buch, in dem dieser Begriff eingeführt wird, heißt: *Les pré-écritures et l'évolution des civilisations.* Es ist in Paris 1974 erschienen und hat ein ganz einfaches Thema: Kommunikationsrituale bei schriftlosen Völkern. Ihre Mythen. Ihr Glaube an den existenzbeeinflussenden Lauf der Gestirne. Ihre Standortbestimmungen durch Clans. Ihre Magie. Ihre Abhängigkeit von Schamanen. Und ihr Glaube, daß sich die Zeit für alle Ewigkeit im Kreise dreht. Die Rituale der Kommunikation sind die Bestätigungen dieser Kosmologie, die mnemotechnische wechselseitige Versicherung, daß es keine wirkliche Zukunft gibt – eben die Utopie des Stillstandes oder besser: die Bewegung des langsamen Kreislaufs.

Das alles ist faszinierend.

Auch im Zeitalter von Fernsehen und Internet.

Auch in diesem Zeitalter haben Rebirthing-Ideen, wiederkehrende Gestirnskonstellationen und kosmologische Versenkungsmythen eine große Konjunktur. Sie bieten an, was wir im intellektuellen Kreisverkehr bestätigend auszutauschen gedenken.

Also verdichtet man die Welt in Schlagzeilen, Kürzeln, vor allem in einem Modulsystem aus bekannten und variablen Elementen, die das Aufflackern des Kaminfeuers garantieren, aber niemals den Intellekt irritieren – das heißt: nutzen. Statt dessen gibt es eine breite Bewegung der Absenkung des legitimen Niveaus als Entlastung von intellektuellen Pflichten.

Rituelles Rabaissement

Diese Strategie ist die Verheißung der Einfachheit, der Überschaubarkeit. Damit ist offensichtlich eine anthropologische Grundhaltung von Menschen angesprochen, sich selbst in anderen zu überhöhen, um zu verstehen, wer sie eigentlich sind.

Die Unterhaltungsindustrie nutzt diese Tendenz schamlos und entwirft Szenarien zu ihrer unausgesetzten Bestätigung. Jede Menge Regenbogen verheißen goldene Töpfe für die, die das Ende finden. Noch ist nicht ganz klar, wie das geht – aber es ist selten gelungen, kollektiv wirksame Phänomene präzis in den Griff zu bekommen. Wer hat denn schon einen Begriff für das gefunden, was in der selbstverständlich so genannten »Kult«-Serie *GZSZ* abläuft? An schauspielerischem Dilettantismus, an unfaßbaren Konstellationen von seifenblasenartigen Inhalten?

Michaela Ernst, die wortkluge Medienkritikerin des *Kurier* in Wien, hat es zum Beispiel versucht: »Eine Horde sympathischer, aber schrecklich dilettierender Jungschauspieler wankt im Stolperschritt über platte Textstrekken. Und wenn sie nicht gerade stolpert, verstellen zumindest immer einige von ihr wie bestellt und nicht abgeholt das Bild. Trotzdem – an die sechs

Millionen Seher verfolgen die deutsche Diskont-Variante von Aaron Spellings *Beverly Hills 90210*, in der – im Gegensatz zum US-Vorbild – weder Glamour, Pep noch Witz vorkommen, dafür alle Varianten des Spießertums.«

Nah dran.

Aber auch Frau Ernst will es nicht gelingen, die Unbeschreiblichkeit dieser Sendung, dieses Genres und das, wofür sie stehen, in Worten zu erfassen. Es ist insofern auch ein indirekter Angriff auf die Sprache, nicht nur in den gestanzten, immer wiederkehrenden Floskeln (»okay, okay« oder »Is' nich'!«). Diese Unbeschreiblichkeit ist System. Dieses Genre entzieht sich der Kultur, rollt sie von unten auf, macht sie sprachlos. Dabei dient sie allerlei anderen Bereichen zum Vorbild – oder es kann auch anders sein, daß andere Bereiche, die Skandalshows, die billigen kleinen Sexshows in rot dekorierten Studios (denen beharrlich das Etikett »Erotik« aufgeklebt wird), Schützenhilfe bieten. Und die Printmedien ziehen eifrig mit, »promoten« Andreas Elzholz nach seiner Demission aus der Serie zum Model und scheuen auch vor ungewaschenen Füßen und dem süßigkeitenverschmierten Mund nicht zurück.

Trashy.

Aber auch penetrant.

Denn das alles wirkt aufgesetzt, künstlich.

Das alles *ist* aufgesetzt und künstlich. Es ist, wieder einmal, nichts als Pose. Jubel über die »Arschkrampen« des ehemaligen »Frühstyxradios« (kreativer und beziehungsvoller Name!) auf ffn in der Rubrik »Kult-Events« einer mittelmäßigen Frauenzeitschrift, niemand wagt gegen die Quote zu schreiben, daß das Ganze ein unsäglicher Schmarr'n ist, an den seine Urheber auch nicht einen intelligenten Gedanken verschwendet haben. Und schon sind die Trendforscher, diese Spatzen der Minerva, wieder da, geben ihren Senf dazu und sprechen gar von einem »Revival alter Spießersymbole«.

Wir alle wissen also, was sich da abspielt.

Also braucht die Flucht ins Rabaissement eine Legitimation.

Trash ist Kult.

Schon ist Ruhe.

Denn Kult ist Kult.

Und Kult ist das Wort zum *Ritual*, ein ethnologischer Begriff, der die emotionale Versenkung, die trancehafte Verzückung, das Rabaissement des Alltags beschreibt. Kult wird zur in sich selbst zurückkehrenden galaktischen Spirale der ewigen Wiederkehr der simplen Formen der menschlichen Erzählungen über sich. *GZSZ* ist die Amöbenform der *comédie humaine* – endloses Scheitern, dessen Bewältigung zu Hoffnungen führt, aus denen neues Scheitern resultiert, und so fort. Die Suche nach der in sich selbst ruhenden Bestimmung ohne irgendeinen Sinn. *GZSZ* ist in dieser Weise repräsentativ. In Fraktalform erscheint die Serie hundertfach: Was anders als eine weitere Ausdrucksweise dieser stammelnden Hilflosigkeit sind die kleinen einstudierten zwielichtig-doppeldeutigen Sprüchlein der Kuppelshow-Kandidaten und Kandidatinnen?

Proletkultur nennt man so etwas. Proll.

Aber es ist keine Proletkultur, allenfalls ihre Karikatur.

Denn zur Proletkultur gehörte ein politischer Inhalt.

Insofern trifft auch die harsche und leicht verzweifelte Kritik von Cordula Krüger, der Geschäftsführerin von *& Equity*, Deutschlands erster Planning-Agentur, nur halb: »Proll ist toll. Trash ist trendy. Vorbei ist es mit dem heimlichen Vertrag zwischen Werbung und ihrem Publikum: Edel sei die Marke. Schön ihr Konsument. Die Lifestyle-Designer von ehedem arbeiten heutzutage am Sieg des Proletariats über die herrschende Konsumklasse. Die Subkultur frißt die Hochkultur.« Letzteres stimmt, vielleicht. Das mit dem Proletariat stimmt nur, wenn man es im übertragenen Sinne meint. Denn das klassische Proletariat wird sich bedanken, das politische.

Was sich hier vollzieht, ist *nicht* die Revolution der klassischen Arbeiter- und Unterschichten-Ästhetik.

Es ist die Revolution des *Nichts*.

Schäbiger Nihilismus als Absage an jede konstruktive Mitarbeit an der Zukunft. Cordula Krüger, präzisierend: »Werbung kokettiert mit der Kultur des Primitiven, um das Pack zu amüsieren. Und die Elite auch.«

Die klatscht dazu.

Es ist billiger geworden.

Die Tarife fürs Dabeisein sind gesunken.

Vor allem für die Elite.

Vordem noch als »intellektuell« verschrien, beschimpft, ist sie nun die Wetterfahne der Trashkultur. Sie braucht nichts mehr selbst zu machen. Nicht einmal mehr die Theorie zur Gegenkultur. Der *Spiegel*: »Ein besonderer Typ des Intellektuellen hat sich als Schmarotzer der Populärkultur etabliert: der Dandy des Camp, der glaubt, daß es einen guten Geschmack des schlechten Geschmacks gibt.« Schmarotzer, die nicht mehr selber arbeiten, sondern nur noch im intellektuellen Zwischenhandel mit verdorbener Ware tätig sind. Aber über Beschreibungen kommt keiner hinaus, und sei es Susan Sontag, die ja den Begriff des Camp erfand, Trittbrettfahrer der populistischen Konjunkturen, und die auch im *Spiegel* zitiert wird. Sie fassen es alle nicht, weil sie nicht begreifen, was los ist. Weil sie nicht begreifen, daß immer noch gilt, was immer galt: Die Angriffe auf eine differenzierte Kultur der sprachlichen Auseinandersetzung mit der Welt sind Entlastungsangriffe, mit denen sich die Bataillone aus der Verantwortung für die Gestaltung einer höchst komplizierten Zukunft befreien wollen.

Feigheit.

Intellektuelles Spießertum.

Und so hat, um den *Spiegel*-Kommentar weiter zu zitieren, »das Schlichte, leicht Schwiemelige und Ordinäre ... nur mit Unterstützung seiner einstigen Feinde seinen durchschlagenden Erfolg geschafft: der wetterwendischen Kulturelite.«

Sie nimmt sich das Beste aus zwei Welten und erfreut sich an der Pose. Die Intellektuellen entdecken den Charme der Arbeiterviertel, ziehen in Lofts und berichten den Gästen ehrfürchtig, daß hier einst »gearbeitet« wurde. Für sich haben sie den Begriff der Arbeit umdefiniert. Sie sind *Kreative.* Ihre schöpferischen Initiativen richten sich aber nicht auf das Gesamte, auf die Zukunft der Gesellschaft, die ihnen eine Zukunft garantieren soll. Ihre schöpferische Kraft richtet sich auf Design, Gestaltung, Werbung, Film, Fernsehen – sie sind es immerhin, die sich die Plots ausdenken –, damit auch auf jene publizistischen Angebote, mit deren Hilfe sie die intellektuellen Potentiale auf die einfachsten Formen zurechtstutzen, so daß am Ende tatsächlich die Belanglosigkeit der an sich unterhaltsamen Aktionen der Naddel-Guerilla in seriösen Wochenmedien kulturelles Gewicht und Vorbildcharakter erhalten. Ihre Intelligenz rutscht in den Bauch und schmückt sich mit allerlei seltsamen Zusätzen. Mit der Emotionalität zum Beispiel.

Zwölftes Kapitel: Gefühl

Die Wohlfühl-Epidemie

Der Widerspruch fällt offensichtlich niemandem auf – Gefühl soll als Ergebnis konkreter Strategieanweisungen gewissermaßen gezüchtet werden, Gefühl als Substitut, als Lernobjekt, in unsinniger semantischer Verbindung mit der *Intelligenz* oder der mathematischen Metapher des *Quotienten.* Neu ist diese Einsicht nicht, nicht einmal ehrlich ist es, wie Theodor W. Adorno in den fünfziger Jahren belegte, als er noch in den USA lehrte und die Astrologieseite der *Los Angeles Times* untersuchte. »Rational sein bedeutet nicht, irrationale Gegebenheiten in Frage zu stellen, sondern für die persönlichen Belange das Beste daraus zu machen.« Die Spur weist wieder in die Vergangenheit, eine Spur, die aber scheinbar in die Zukunft strebt. Es ist die Täuschung, die wir aus den Karl-May-Romanen kennen, in denen pfiffige Indianer rückwärts gingen, um die Spurenleser im Glauben zu lassen, sie seien in die andere Richtung gegangen. Niels Bohr sagte es einmal so, als er ein Hufeisen über der Tür seines Landhauses annagelte: »Ich habe gehört, daß es auch hilft, wenn man nicht daran glaubt.«

Die Krämerseele des Buchhaltergeistes spürt also noch in den letzten Winkeln der Alltagsintelligenz Restbestände des Menschlichen auf und zwingt sie ins Korsett der Lebensberatung. Letzten Endes dominiert wieder die Flucht vor der Verantwortung, vor dem klaren Wort, vor der Tatsache, daß man einen Beruf hat, in dem Entscheidungen zu treffen sind, Männer offensichtlich besonders. »Neunzig Prozent der Männer sind feige«, gibt Dorothea Michel Vetten im *Stern* zu bedenken. Sie ist Personalberaterin bei Anderson Squires in Frankfurt. »Das sehe ich, wenn sie Führungskräften gegenübersitzen. Da gibt es nur ganz wenige, die Courage zeigen, die ihre eigene Meinung vertreten oder ihren Mitarbeitern Rückendeckung geben.« Aber es ist auch umgekehrt so: »Hierzulande können Chefs weder Mitarbeiter ertragen, die fachlich besser sind, noch einen offenen Dialog.«

Also Suche nach Verlagerung, nach einer Abfederung des Verantwortungsschocks, nach einer Erklärung, die einen mystischen Opferstatus, die Betroffenheit erlaubt, die den Entscheidungsdruck für den Moment aufhebt, weil etwas anderes wichtiger ist, was man nicht können, aber trainieren kann, wozu wieder ein Guru, ein Trainer, ein Moderator, ein Psychiater, ein Berater angeheuert werden kann, und dies in immer schnellerer Folge, weil alle diese bunten Theorien, die mentalen Elixiere, die großen Worte, die Selbsterfahrungstrips, die Versenkung in außerirdische und innermenschliche Mächte nichts bringen.

Trotz aller Gefühlsduselei bleiben die Probleme des Alltags, und sie wollen gelöst werden, auch wenn sich Managerinnen und Manager, wenn sich Väter und Mütter und Lehrerinnen und Lehrer wohl fühlen (das ist ja zu einer dieser schleimigen Vokabeln avanciert: die sich als Kompositum in alle erdenklichen Zusammenhänge schleicht, »Wohlfühl«-Gesellschaft, »Wohlfühl«-Training, »Wohlfühl«-Ernährung, ein Wort wie eine alte Kordhose). So steigt man denn auf der Treppe, die vom Verstand wegführt, weiter hinab in die Innenwelten, wo noch manches zu entdecken ist. Und die Entdecker waren schon da und haben gefunden: die Intuition. Die Trendforscher setzen sich schnellstens drauf, nennen sich selber Gurus und Schamanen und Magier, wie Gerd Gerken, Matthias Horx und Gertrud Höhler.

Und wieder ist es die Unterwerfung unter ein Prinzip, für das sich die Verantwortung nicht klar definieren läßt. Denn die Intuition ist eine tieferliegende, aus den archaischen Vermächtnissen des Menschen heraus wirkende Kraft, die ihre eigene Logik besitzt, die den Menschen krank und gesund machen kann. Die Welt wird mit »Sinnen« erfaßt, die selber nicht faßbar sind. Nicht einmal der Versuch wird unternommen, herauszuarbeiten, was das ist: Intuition. Statt dessen werden im üblichen Bestätigungskreislauf immer wieder Beispiele, neue Spielarten, neue Anwendungsmodalitäten dieses inneren Programms erdacht und erprobt, die immer wieder das bestätigen, was man bestätigt haben will: die Herrschaft einer inneren Macht, die sich mit den äußeren Mächten der Gestirne zu einem Koordinatensystem verbindet, in dem sich der Mensch verlieren darf.

Eine bequeme Einstellung.

Es ist stärker als wir.

Der Herr der Sterne

Diese »intuitive Intelligenz« durchläuft nun die gleiche Konjunktur wie die anderen außerhirnlichen Intelligenzen und wird zum äußerst nuancierten Marktartikel. Hier und da leicht vermischt mit der Esoterik und der »Superintuition«, bei der man den Verstand gänzlich ausschalten solle. Im Grunde werden »dem Intelligenzbegriff einfach Attribute beigegeben«, die »so paßgenau sind wie Tennisschuhe zum Smoking«, meint ein Bildungsberater. Aber manchmal paßt es eben doch ganz gut, wenn auch nur aus Versehen, weil wohl ein verzückter Hamburger Buchhändler nicht ganz auf dem laufenden war, daß die von einem ehemaligen Kritiker des Konzernchefs eingeölte Autobiographie des Daimler/Chrysler-Chefs Schrempp mit dem Titel *Herr der Sterne* in der Astrologieabteilung landete.

Das ist möglicherweise sogar, wenngleich unbeabsichtigt, ein Hinweis auf die logische Verknüpfung der Welten. So, wie sich auf machtvollen Druck hin die Unternehmen von der weltweiten Fusionswelle treiben lassen und sich so in den großen Zusammenhang eines weltumspannenden Prinzips einfügen, fügt sich der einzelne Mensch ins Universum des Unfaßbaren. Das Innerste und das Äußerste fügen sich zusammen in einer bestechenden Kosmologie. Und wenn man aufschaut zum Sternenhimmel, sieht man ein wenig auch sich selbst.

Es ist der Globalisierungsprozeß für das Innenleben des Individuums, eins sein mit der Welt.

Es ist direkt mystisch.

Und dem Mystischen setzt man am ehesten das Mystische entgegen.

So bastelt denn nun der Aspirant auf die Führungsposition wie ein Controller im Betrieb an vermeintlichen Unzulänglichkeiten herum und hakt Testlisten ab, mit denen sich der »EQ«, der Emotionale Quotient, verbessern läßt. Früher nannte man es die Illusion, daß man die fehlenden Weisheiten mit Löffeln fressen könne. Die Psychologin Susanne Hackl-Grümm: »Schon der geniale Dale Carnegie kam in den dreißiger Jahren auf die Idee, daß es doch möglich sein müsse, den Umgang mit Menschen zu lernen. Mit seinen leicht erlernbaren Methoden, die einen gewissen Rezeptcharakter haben, wurden schüchterne Mauerblümchen zu sprühenden Kommunikatoren und zu Verkaufskanonen.« Es ist grad so, als wenn man eine Art Viagra-Pille gegen Unsicherheit nähme. Das ist keine weit hergeholte Analogie. In einer Erhebung fragte Hackl-Grümm vor 15 Jahren, ob man CRPT einnehmen würde, eine fiktive Pille, die kommunikativer macht. »Na klar!«

antworteten 70 Prozent. »Der Anteil für ein Medikament, das den EQ fördert«, mutmaßt die Psychologin, »läge heute sicher ebenso hoch.«

Gesellschaft als Betreuungsfall.

Man muß nur glasklar analytisch und rational darüber nachdenken, was der Markt verlangt. Dann läßt sich auch die Entscheidung aus dem Darm als Strategie zur Bewältigung jeglichen Alltags verkaufen. Nur, wird noch irgend jemand Zeit haben in der Betriebsamkeit der Introspektionen, der Entwicklung der emotionalen, der intuitiven und Beziehungsintelligenzen, der Bereitung von Bachblütenaromen im Rhythmus von vielerlei Gestirnen, neben Luna- und Fingerspitzen-Yoga, dem Zen und Tao und den Reisen ins Ich, der Zufuhr von Kräuterelixieren und der Suche nach altägyptischem Schwarzkümmel, neben Hochland-Heilholunder, der Meditation und den fünf Tibetern auf dem Weg durchs Land der weißen Seelen, nicht zu vergessen die regelmäßigen spirituellen Übungen, die uns um den Verstand bringen. Horoskope, Pendel, Wolfsfrauen, mystisches Gestein, Mondsucht, die inneren Geheimnisse »der« Frau (was vielleicht auch erklären mag, daß man seit einiger Zeit im Fernsehen die Grenzen der Intimität drastisch verschoben hat und eine grassierende Kultur der Menstruationswerbung tobt, wo in Slipeinlagen blaue Flüssigkeiten verschwinden, zauberhaft) – insgesamt eine geradezu tobsüchtige Suche nach der Verleugnung der Vernunft und der Suche nach der Natur.

Es ist im übrigen kein Zufall, daß gerade jetzt eine große Attraktivität in Entdeckungen der inneren Steuerung von Menschen durch die Gene herrscht. Hinter dieser geradezu philosophischen Interpretation einer »Geworfenheit« in die Welt, wie es der alte Heidegger formuliert hat, steckt nämlich ein kleiner, erst auf den zweiten Blick durchschaubarer Trick. Die Tatsache, daß sich der Mensch den Kräften der Gestirne und der Logik der Intuitionen, den Mächten in seinem Inneren und den archaischen Vermächtnissen unterwirft, macht ihn klein und abhängig, im Grunde *unschuldig*. Aber die Tatsache, daß er sich zu einem Teil des großen Planes erhebt, zeigt, wie sehr sich die Welt auch auf ihn konzentrieren kann, sich in ihn zurückwirft, sich in ihm verwirklicht. Es ist der gewendete Existentialismus, das Gefühl einer ungeheuerlichen Erhabenheit, aus der heraus jener Narzißmus entsteht, Spiritualität inmitten der tobsüchtigen Effektivität, ganz gleich, ob sie sich nun politisch, sexuell, religiös tarnt – es geht immer um die Pflege einer Egomanie, die sich durch eine strategische, gezielte Suche nach Betroffenheiten auszeichnet.

Das Problem entstand mitten in den siebziger Jahren, als sich die kritische Attitüde der Achtundsechziger hätte verbinden können und hätte verbinden müssen zu einer Verantwortung für den konstruktiven Dialog der »gesellschaftlich relevanten Kräfte«, wie es so schön heißt: der wirtschaftlichen und der geisteswissenschaftlichen Intelligenz. Doch erstere wurde zurückgestuft auf ein Zuliefersystem für anonyme Strukturen, in deren Hintergrund die Stellvertreter der Shareholder agierten. Und die anderen zerspragelten sich, wie es so schön in der österreichischen Sprache heißt, in tausend Betroffenheiten. So kam nie ein Dialog zustande. Die einen wurden Opfer der Globalisierung und spitzten ihre Intelligenz auf »Best practice« und »Reengineering«-Projekte zu, die anderen suchten weiter nach kosmologischer Überhöhung: Als der Vietnamkrieg vorbei war, war ihnen, schreibt Armistead Maupin, der Sinn genommen. Und er illustriert dieses Gefühl an einer jungen Frau, die eine Zeitlang als Kellnerin in einer Biopizzeria mit dem Namen »The Karmic Anchovy« arbeitete, dann aber weiter suchte und suchte und erst in den Drogen einen vorübergehenden Fluchtpunkt fand. »Der Krieg hat ihr ganzes Leben bestimmt ..., und nachher konnte sie sich nirgends mehr verwirklichen. Sie hat's eine Zeitlang mit den Indianern probiert, dann mit der Ölverschmutzung der Gewässer und mit der Pacific Gas & Electricity, aber das war nichts im Vergleich mit früher. Einfach nichts.« Es folgten dann feministische Therapie, Bioenergetik, Kräuterlehre, transzendentales Volleyball. Aber das alles habe nichts geholfen. Natürlich ist das eher Karikatur, eine feinsinnige Satire. Doch es ist auch die Analyse einer Suche nach Geborgenheit, nach Betreuung, nach der Verschiebung der Verantwortung.

Therapie ist, was man sucht, allerorten. Psycho-, Physio-, Seelentherapie. Was an Gestirnen und Fauna verfügbar ist, wird in den Kosmos des kleinen subjektiven Lebens integriert, das sich damit galaktisch überhöht. Es ist das Heilsversprechen der Religionen, das hier in den Alltag geholt wird. In tausenderlei Form – die Lektüre der Kleinanzeigen in den alternativen Blättern mutet an wie das Angebot einer Volkshochschule auf einem anderen Stern. Was aber eigentlich dahintersteckt, ist der krasse Egoismus einer Gesellschaft, die sich der Verantwortung für ihre eigene Mündigkeit entzieht.

Heilige Mutter!

Und wenn alles nichts hilft, wird sogar die Religion wiederentdeckt, ein *neuer Trend* aus den USA, wie es immer so schön heißt, versetzt mit einem Lebenselixier – dem Wasser von Lourdes. Und es spielt mit die Madonna, die Frau, die Retterin, die amulettartig zu einer Art käuflichem Glücksklee- und Hufeisenersatz herabsteigt. Die Bestellung ist zu richten an eine Firma namens »Lourdes Research Organization« in New York. »Warum bieten wir Ihnen diese authentische Statue der Jungfrau Maria in einer Glaskuppel an, die gefüllt ist mit dem wundertätigen Wasser von Lourdes, und das für 5 Dollar?« fragt eine Anzeige auf der Rückseite einer amerikanischen Zeitschrift. Die Frage wird nicht beantwortet. Dafür wird aber versprochen, daß diese in einer wunderwassergefüllten Glaskuppel stehende Madonna auch noch im Dunkeln leuchtet!

Weil nämlich von hochtalentierten Skulpteuren in Lourdes am Schluß eine »geheimnisvolle phosphoreszierende« Flüssigkeit auf die Figur aufgetragen wird. Und die leuchtet dann im Dunkeln, so daß man immer sieht, wo die Kuppel ist, in der das Wasser ist, in dem die Madonna ist. Das muß wohl auch so sein, denn neben dem etwa dreizehn Zentimeter hohen trüben Schwarzweißfoto der Statue ist winzig klein der Vermerk zu lesen: »Enlarged for details«, vergrößert also, um Details sichtbar zu machen.

Auf jeden Fall versprechen die Hersteller, daß das Lourdes-Wasser seine wundertätige Wirkung an jedem Ort der Welt entfalten wird: »Wohin immer dieses Wasser geht, die wohltätige Kraft von Lourdes wird folgen.« Die Unterzeichner des Coupons verpflichten sich mit der Bestellung, alle wunderbaren und unerwarteten Dinge, die sie nach Erhalt der submarinen Statue erleben, der Lourdes Research mitzuteilen. Und Wunder sind praktisch garantiert: Denn, so der Anbieter, eine große Zahl von Menschen hat mit lediglich ein paar Tropfen von diesem Wasser dauerhafte und glückliche Veränderungen ihrer Lebensbedingungen erfahren – und zwar »Menschen aller Rassen, jeder Herkunft und jeden Glaubens.«

Und das Unglaubliche: »Sogar Nichtgläubige!«

Und die Art der Wunder ist vielfältig.

Und die Art der Wunder ist dergestalt, daß sie in geradezu blasphemischer Art und Weise beleuchten, wie eine zum Aberglauben und zur Esoterik vergewaltigte Religion sich mit dem hart kalkulierenden Verstand verbündet, den sie gleich aber wieder einwickelt, weil er sich zu weit vorgewagt hat. Denn diese Madonna scheint vor allem anderen zunächst einmal ein Geschäftsprinzip zu sein.

Nicht nur für den Hersteller, für den ohnehin.

Nein – in ihrer Wundertätigkeit.

Da waren zum Beispiel welche, die Geld brauchten. Und was passierte unmittelbar nach Erhalt der Statue? »Mr. Michael J.«, zum Beispiel, »bekam mehr als eine halbe Million Dollar, kaum daß er das Wunderwasser von Lourdes erhalten hatte.«

Drei Dinge sind nachzutragen. Erstens: Zu den fünf Dollar kommen drei Dollar Versandkosten hinzu. Zweitens: Der Supply ist, wie die Amerikaner sagen, limited. Denn der Präsident der Lourdes Research hat einige wenige dieser Statuen persönlich von seinem letzten Lourdes-Besuch mitgebracht. Trotzdem sind auf dem Coupon, mit dem man bestellen kann, auch größere Mengen vorgesehen. Bei zwanzig Aquarienmadonnen spart man zum Beispiel sechzig Dollar. Drittens muß sich entweder die Mediaagentur beim Planen getäuscht haben, oder irgend etwas stimmt nicht, denn die Anzeige zierte die Umschlagseite 4 des Sonderheftes einer Film- und Kinozeitschrift mit dem Special issue: »Sex goddesses of the cinema«.

Das ist amerikanischer Pragmatismus.

Dreizehntes Kapitel:
Gin & Yang

Chronisch rezidivierender Gesundheitswahn

Wer in den Stadtparks und Volksgärten die Gespräche der Parkbankbesetzer belauscht, hört die sorgenvollen Berichte über Verdauungszyklen und Vitaminzufuhr, Selenmangel und reißende Armbeugen, wird Ohrenzeuge des Austausches von Blutdruck- und Cholesterinwerten und allerlei anderem Zahlenwerk aus der Buchhaltung des Mediziners, sieht Körper erstehen, die von Mängeln gezeichnet sind, daß den zufälligen Lauscher auf der Nebenbank das Barmen anfallen möchte.

Tut es aber nicht.

Verwunderung ist es eher, die den Lauscher verwirrt.

Denn die da diese Apokalypsen formulieren, sind kerzengerade gewachsene, durchaus ansehnliche junge Menschen im Sportdreß, ein wenig pfeifend, schon. Aber das ist ja nicht verwunderlich, wenn man sich die Innenstadt als Revier für den Waldlauf wählt. Doch die vorgebliche Ausschüttung der Glückshormone, die, dem Bekunden nach, durch heftige Bewegungen gefördert werden soll, scheint nicht stattgefunden zu haben. Statt dessen haben sie Angst, panische Angst, daß ihre ewige Jugend vorübergehe. Der Markt der schönheitsunterstützenden Praktiken und Elixiere boomt entsprechend. Und die Angst vor dem Verlust der Unsterblichkeit auch.

Leider hängt nirgends ein Bild wie bei Dorian Gray, das für den Jüngling altert. Es hängen statt dessen Millionen von Bildern, die niemals altern und gnadenlose Maße setzen. Und doch: Welche Kasteiung sportlicher Art, welche Diät und welche Implantate auch gewählt werden, für alle wird – nur zum Beispiel – der 22. August 2013 der 22. August 2013 sein, egal wie hart man gegen die Zeit vorgeht. Denn die Zeit läßt sich nicht anhalten, sie läßt sich nur verschwenden. Mit hypochondrischen Totalerhebungen des eigenen Zustands zum Beispiel.

Denn es herrschen für Hypochonder, jene angstvollen Egoisten, die das Selbst ständig von finsteren Mächten aus dem Inneren und dem Äußeren bedroht sehen, geradezu paradiesische Zustände. Täglich sind die Zeitungsspalten angefüllt mit wunderbaren Bedrohungen, die, wenn aufgrund irgendeines unentdeckten Leidens die schwarze Phantasie versagt, ein befriedigendes Schrapnell funkelnder Beschreibungen aller erdenklichen Befindlichkeiten liefern. Dabei ist die ausgeklügelte Raffinesse zu betonen, mit der diese Offenbarungen der menschlichen Hinfälligkeit formuliert werden: Sie kommen nicht daher wie die alte, klassische, gestandene Hypochondrie, zu deren Pflege vormalige Generationen das medizinische Standardwerk *Pschyrembel* nutzten, für die jede Blähung nur ein lebensbedrohender Tumor sein konnte und jeder Kopfschmerz die düstere Ankündigung einer Hirnhautentzündung als Folge eines unentdeckten Zeckenbisses.

Nein, die Zeitschriftenartikel beziehen ihre durchschlagende Wirkung aus dem Gegenteil, aus der Beschreibung eines fast schon tobsüchtig gesunden Lebens.

Nichts gegen Gesundheit.

Wirklich nicht.

Wenn sie allerdings zum Wahn wird, wenn sie nicht mehr ein unmerklicher kommoder Zustand ist, sondern Objekt ständiger Beobachtung und angstvoller Überwachung, wird die Sache ungesund. Mit anderen Worten: Allmählich wird die sogenannte Fitneßwelle zu einer Bedrohung der allgemeinen Lebensqualität. Gesundheit ist nicht länger der Zustand, in dem wir nicht leiden. Gesundheit wird zum Zustand, in dem wir uns ständig danach fragen, ob wir nicht noch gesünder werden können. Es reicht nicht aus, sagen wir, am Morgen nach einer fröhlichen Runde im Kreise diskutierfreudiger Freunde nur leichte Kopfschmerzen zu haben und mit einem Lächeln um das umflorte Auge zu sagen: *c'est la vie.*

Nein, es wird Mineralwasser getrunken.

Den ganzen Abend.

In säuerlicher Vorfreude auf die zwei Stunden, in denen man sich in der Früh dann *nicht* unpäßlich fühlt. So abonnieren wir nun also Fitneßzeitschriften, stehen mürrisch eine Stunde früher auf, als es unsere biologische Uhr vorschreibt, um auf dem Hometrainer herumzustrampeln (und keinen Meter weiterzukommen). Toben zu unchristlicher Zeit durch den Grunewald, umsprungen von ausgelassenen und beißfreudigen Kötern, hecheln auf sündteuren Bikes (»Fahrräder« darf man so etwas schon lange nicht mehr nennen) unter unwürdigem Strampeln Serpentinen aufwärts, ohne natürlich die Schönheiten der aufkeimenden Frühlingsnatur überhaupt zu Gesicht zu bekommen. Heben Gewichte, Tonnen, wenn man es zusammenzählt (ohne damit irgend etwas zu bewegen), steppen, wenn es nicht anders geht, auf künstlichen Treppen aufwärts (ohne einen Meter an Höhe zu gewinnen).

Dann treten wir vor den Spiegel. Posing nennen es die Bodybuilder. Natürlich sind wir keine Bodybuilder. Nicht *Masse*, sondern *Definition* ist das Ziel. Definition aller auch nur erdenklichen Muskelpartien, und zwar so, wie es uns die Hochglanzbilder auf den Tiefdruckseiten der Lifestyle- oder Savoir-vivre-Magazine vorschreiben. Schiffer, Schenkenberg und Co.

Die Götter, denen wir ähnlich sein werden. Allerdings im Schweiße unseres Angesichts, wie es damals hieß, sinnigerweise bei der Vertreibung aus dem Paradies.

Aber damit ist die Bedrohung nicht gebannt.

Mittlerweile wissen wir um die konstitutionelle Armut unserer Lebensmittel, um ihre Defizite an wichtigen Spurenelementen (davon gibt es Hunderte, deren jedes einen spezifischen Mangel verursacht, der sich immer in einer Art unspezifischer Müdigkeit äußert – also in jenem Symptom, das man drei Mal am Tag erschreckt bei sich beobachtet). Aber es gibt die Surrogate – die regelmäßige Zufuhr von ungezählten Ersatzstoffen, Spurenelementen und Mineralien zum Beispiel, Magnesium, Zink, Selen, Kalzium, Vitamine das Alphabet rauf und runter, Eisen.

Und doch will sich eine gewisse Unruhe nicht legen, weil es weitere Meldungen gibt, die mentale Bereiche betreffen, die spirituelle Domäne, den Geist und das, was er nicht mehr zu erfassen vermag. Und es wird uns klar, daß wir nicht mehr eins sind mit dieser Welt, daß Brüche bestehen, die trotz aller buchhalterischen Vorsicht bei Ernährung und feinabgestimmter Bewegung zu Mängeln führen können. Wäre nicht ein trostreicher Forschungszweig drauf gekommen, daß ein oder zwei Gläser Rotwein am Tag das HDL-Cholesterin fördern und das LDL-Cholesterin bekämpfen, wäre das Leben ein einziges Yoghurtschlecken.

Aber das ist ja nur ein Teil des Universalprogramms der Unsterblichkeit. Denn da sich trotz der Schinderei die ersehnte »Wohlfühl-Mentalität« nicht einstellen will, da man sich irgendwie leer fühlt, muß ein tieferer Sinn her, eine geistige Überhöhung des Waschbrettbauches sozusagen. Und alsbald ist Tennis nicht mehr Tennis, sondern wird zum mentalen Tennis, flankiert von ostpakistanischer Hochlandmeditation, Akupunktur und Ismagogie, von Ayurvedamedizin, Stretching, den Fünf Tibetern, heterogeschlechtlichem Partner-Yoga, Bachblüten- und Aroma-Thearapien, der Strahlkraft der Steine, Rolfing-Massagen, Urschrei und Rebirthing, New-Age-Atmung, Aquarobic, Schattenboxen, Tai Chi, Unterwasser-Shiatsu, ergänzt durch die reinigende Kraft der Rollgerste, die in Mesopotamien bei zunehmendem Mond von weisen Frauen geerntet worden ist. Zur Unterstützung werden

Kupferstreifen um den Arm getragen, Erdstrahlen und Wasseradern im Schlafzimmer vermessen, der Schreibtisch nach den Ratschlägen eines indianischen Brahmanen aus Santa Fé in die Richtung eines unbekannten Gestirns ausgerichtet, wobei sich hier gelegentlich doch leichte Widersprüche zu den Regeln des Feng Shui ergeben, die den Drachen aus dem Büro fernhalten oder verbieten, daß das Bett zwischen Tür und Fenster steht, weil damit die negativen Energien provoziert werden.

Die negativen Energien kannte übrigens die Großmutter selig auch schon. Sie hatte nur einen anderen Namen dafür: Durchzug.

Ist dann nun endlich die Ruhe erreicht, die Sicherheit, die man sich wünscht, die Vorsorge für ein erfülltes Alter?

Aber nicht doch.

Das ist ja keine einmalige Übung, sondern ein Lebenskonzept.

Fitneß-Controlling und Lean Living

Ständige Introspektion ist lebenswichtig. »Höre auf deinen besten Freund, auf deinen Körper«, meint denn auch die kanadische Bestsellerautorin Lise Bourbeau, die »spirituelle Ursachen von Konflikten, Krankheiten und Unfällen« beschreibt. Woher sie das weiß? »Aus langjähriger Erfahrung mit der Arbeit an sich selbst«! Arbeit an sich selbst. Das Wort Arbeit scheint mittlerweile den gesamten Alltag zu durchsetzen, von der Trauerarbeit bis zur Beziehungsarbeit. Das wäre ja noch schöner, wenn es eine Freizeit gäbe, in der man sich einfach mal gehen läßt. In den Biergarten oder das Weinlokal, zum Heurigen zum Beispiel, um dort *Freudearbeit* zu leisten.

Geschätzte anderthalbtausend Breviere, Traktate, Broschüren, Bücher, Checklisten, wissenschaftliche Erkenntnisse und Ratgeber lagern derzeit in den Buchhandlungen. Wer noch regelmäßig seine Apfelessigbibliothek konsultiert, ist out. Natürlich sind es erhebliche Investitionen gewesen: »Natürlich heilen mit Apfelessig«, »Das große Praxisbuch Apfelessig«, »Apfelessig für Küche, Haushalt und Schönheitspflege«, »Abnehmen mit Apfelessig«, »Apfelessig & Co. Heilkräfte aus der Natur«, alles das und vierzehn weitere einschlägige Werke stehen nun statt Schumanns Barbuchs im Küchenregal.

Reaktionsschnellere Geister haben jedoch längst auf Pampelmusenkernextrakte umgestellt, sind aber auch einen Hauch zurück, die mit dem grünen Tee, der nun gar als Salbe angeboten wird, ohnehin, denn nun gilt: Weizengras. Obwohl: Auch da zeigen sich schon Abnutzungserscheinungen, denn die nächste Welle ist wieder exotisch: Papaya. Nicht als Obst, sondern aufbereitet zur Medizin, auf bestimmte Weise in bestimmten Abständen eingenommen. Und auch das ist nun schon wieder veraltet, denn plötzlich entdeckt man noch ältere Heilmittel, die ebenjenes Bedürfnis erfüllen, das sich mit der gesamten Welle verbindet: die Ganzheitlichkeit. Und so steht uns denn nun als Mittel »mit verblüffender Multiwirkung« der »Powerstoff der Pharaonen« ins Haus: das »Schwarzkümmelöl«. Es ist die »sanfte Waffe gegen Streß und Infekte«. »Nur sechs Wochen täglich drei Gramm«, das wären dreimal täglich ein Teelöffel. Aber Vorsicht: »Nur *ägyptischer* Schwarzkümmel (Nigella sativa) verfügt über die beschriebenen Heilkräfte.« Alles das ist beweiskräftig unterlegt mit »aktuellen Studien«. Wie auch bei der chinesischen Fünf-Elemente-Ernährung, auch der Fünf-Elemente-Ernährung für Mutter und Kind, oder dem Biotrunk Kombucha, von dem wir erfahren, daß auch Sharon Stone, Daryl Hannah, Ronald Reagan (hat der nicht trotzdem Alzheimer?), Linda Evans und Madonna ihn trinken, wie bei der Hildegard-Medizin, den Heilungsgeheimnissen der Naturvölker, der Ölziehkur, der Lichtarbeit, selbstverständlich auch dem grünen Tee, dem Honig und der Bienenwaben-Heilslehre, der Aloe vera, dem Weizengras, dem Ingwer. Das gute alte Sauerkraut wird eben wiederentdeckt – und zwar, weil es sich so schön reimt auf »Powerkraut«, der Ginkgobaum sowieso, aber auch die unerwartete Entdeckung des Nachtkerzenöls.

War das schon alles?

Gemach: Es gibt täglich neue aktuelle Studien. Und es gibt täglich neue aktuelle alte Kräuter meist aus dem Fernen Osten oder aus dem Mittelalter, auf jeden Fall möglichst weit weg von aller Modernität, 16. Jahrhundert (*Die Heilkunst der Philippine Welser*) oder Mittelalter (*Hildegard von Bingen*), eine geradezu mythische Verleugnung der westlichen Errungenschaften. Wozu dann auch all die archaischen Kräfte der Frauen kommen wie zum Beispiel die der Wicca-Priesterinnen und Wolfsfrauen. Man kann verschiedene Rituale absolvieren und Anrufungen ausstoßen, die dann zu größerer Zufriedenheit führen und zum Einklang mit dem Universum da draußen.

Hauptsache, man ist beschäftigt.

Es geht jetzt, um bitte Mißverständnisse von vornherein auszuschließen, nicht gegen die Medizin, die hypernervösen und überlasteten Müttern dreier heranwachsender Kinder ein Medikament auf der Basis des Johanniskrauts verschreibt, damit sie wieder zur Ruhe kommen und die Welt einmal bei klarem Verstand betrachten. Es geht um die Sucht der Selbstmedikation, die nichts anderes bedeutet als die Flucht aus der Verantwortung in eine hypochondrische Welt, in der man, Opfer der Umstände, ständig aufs finsterste bedroht ist. Doch dieses Bauchnabeluniversum, das da als Galaxie aufgebaut ist, ist alles andere als jenes weltvergessene Cocooning, das Einspinnen in eine Alternativwelt – es ist auch das, ja, vor allem aber ist es eine Zurschaustellung des oppositionellen Geistes gegen die Welt der Moderne und eine Zurschaustellung der eigenen unglaublichen Bedeutung. Die neuen Doktorspiele gelten dem ostentativ Anderen, das sich sperrig gegen das Etablierte richtet, weil sich im Etablierten der Unterschied nicht deutlich machen läßt. Die Volksmedizin, die Selbstmedikation, die chinesische Medizin, die Naturmedizin, die Entdeckung von allerlei exotischen Praktiken bis hin zum Schamanismus; jeder wird sein eigener Medizinmann – und die Worte irgendwelcher Gurus aus irgendwelchen Regenwäldern oder mittelamerikanischen Wüsten oder asiatischen Hochländern gelten mehr als die Forschungsanstrengungen der westlichen Medizin. Das alles soll auch den Geist beflügeln. Die Physiologen entschuldigen dieses Gestrampel, diese verbissene Suche nach »functional food«, strengen noch einmal den alten Lateinerspruch an: Mens sana in corpore sano.

Aber stimmt das eigentlich?

Oder: Stimmt es immer?

Wenn man das behauptete, wäre es eine Beleidigung gegenüber dem Genie von Stephen Hawkins und anderen Geistesgrößen, denen die Natur konvex geschwungene Trizepse verweigert hat.

Natürlich ist es individuell und für die Volksgesundheit wichtig, über die Cholesterinwerte informiert zu sein, um Koronarerkrankungen vorzubeugen. Doch die ständige Introspektion macht ihrerseits krank. Und so entsteht die größte Mangelkrankheit, an dieser Zeit leidet: Gelassenheitsdefizit. Denn bei näherer Betrachtung hat vieles von dem, was wir da programmmäßig einnehmen, offensichtlich eher Placebowirkung. Heinrich Kasper, Professor für Innere Medizin an der Universität Würzburg, äußerte sich im *Stern* zum besagten «Essigrausch der Deutschen«, in dem »Österreicher und Schweizer mittorkeln«, es sei »alles Unsinn. Essigsäure hat keinerlei prophylaktischen oder therapeutischen Effekt. Die Säure wird im Dünndarm aufgenommen und dann als Acetat in den Stoffwechsel eingebaut. Damit ist sie weg.« Abgesehen davon: Die mittlere Lebenserwartung der Chinesen liegt vier Jahre unter der eines Mitteleuropäers. Die Japaner werden vier Jahre älter. Dafür ist dort aber die Selbstmordrate signifikant höher als in Westeuropa, auch die der Altersverzweifelten.

Wie schade, daß der rebellische Geist der späten sechziger Jahre hier nicht in den Zeugenstand gerufen wird. Damals nämlich wäre man dem Grund für den Fitneßwahn sehr schnell auf die Spur gekommen: Konkurrenz. Konkurrenz im Wettlauf um die besten Positionen im Karrierespiel. Jawohl. Fitneß wäre als Trick des Systems entlarvt worden, die Menschen von ihren wahren Bedürfnissen abzulenken – und seien es nur die, mit diskutierfreudigen Freunden ab und zu an einem Abend eine Flasche Nuits-Saint-Georges zuviel zu teilen. Und sei es nach einem schweißtreibenden Tag, an dem wir einen Dreitausender bezwungen haben. Das heißt: Es muß nicht unbedingt ein Nuits-Saint-Georges sein. Côte du Rhône geht auch.

Wie die Alten sungen

Der Wein hat übrigens Ausnahmestatus. Natürlich nicht nur zur Freude und Tollerei. Das haben ja nicht einmal die Großväter gesagt. Nein, der Wein wird jetzt als Medizin wiederentdeckt. Das jedenfalls, so liest man, bestätigen übereinstimmend dreißig Studien weltweit, zusammengefaßt im großen Medizinprojekt MONICA. Und er besitzt sogar attraktive Spurenelemente, die jedes populärmedizinische Gespräch auffetten können, Polyphenole zum Beispiel oder Salicylsäure. Das relativ frühe Sterblichkeitsalter von Abstinenzlern und Gewohnheitstrinkern, so liest man weiter, sei vergleichbar niedrig. Zwischen 20 und 39 Gramm Alkohol pro Tag, so das Resümee, wirken lebensverlängernd.

So liegt nun also nicht nur Wahrheit im Wein, sondern auch Gesundheit.

Und es haucht: Du darfst!

Aber das ist nur alter Wein in neuen Schläuchen, der nun nur noch dem ständig schlechten Gewissen mit wissenschaftlicher Akribie schmackhaft gemacht werden muß. Um das zu belegen, genügt ein Blick ins Kochbuch von damals, Abteilung Saucen. Trotzdem sind diese Märchengroßmütter und -väter immer noch in der Werbung die gesundheitsstrotzenden Erblasser einer besseren Welt. Gehen wir der Frage nach, warum sie ohne Ayurveda und Aqua-Jogging so gesund aussahen, ergibt sich eine klare Antwort. Sie hatten auch ihre Elixiere.

Auf daß Appetitlosigkeit sie nicht quäle, griffen sie zu Löwenzahn oder Majoran, gegen Unruhe rupften sie einen Baldrian, Fenchel nahmen sie beim geringsten Räuspern, auf daß kein Husten entstehe, Melisse, Beifuß oder Pfefferminze dienten der Vorbeugung gegen Magendrücken.

Nun ist es nicht so, daß man damals die Kräutlein einfach kaute oder sonstwie roh herunterschlang. Es war im Gegenteil eine komplizierte Wissenschaft, sie so aufzubereiten, daß sie ihren Zweck erfüllten. Weißwein, in dem Salbeistengel gezogen werden, diente, vorausgesetzt, man nahm ihn dreimal täglich »kurmäßig« zu sich, der allgemeinen Stärkung. Beruhigende Wirkung ging, so liest man weiter, von einem Schnaps aus, in dem längere Zeit Melisse gelagert wurde. Ein Glas allabendlich lieferte ruhigen Schlaf. Gebrannter Bergwurz, nach dem Erwachen einzunehmen, verscheuchte die Müdigkeit. Und gegen Leberbeschwerden half ein grünliches Getränk aus Löwenzahn und Pfefferminze, Stiefmütterchen und Rosmarin.

In Weingeist.

Natürlich auch einmal täglich einzunehmen.

Hübscher Trick.

Und der moderne Gesundheitsfanatiker schaut.

Doch die »neuen Werte« sind uralt. Von vielen Zeugen oft beschworen und gelegentlich in einem Konzept der mediterranen, romanischen Kultur verdichtet. Friedrich Sieburg zum Beispiel, Frankreichliebhaber und Schriftsteller, drückte es in den zwanziger Jahren so aus: »Der Franzose verpönt den Rausch, und der Wein leiht sich dazu nicht her, da er das Bewußtsein nicht trübt, sondern verschärft und belebt. Deutschtümler werfen dem Franzosen von Zeit zu Zeit einen Mangel an Trinkliedern vor. Nun wohl, wie soll man zum Wein singen, wenn man reden muß?« Und beim Essen: »Es gilt nicht, ein Gericht zu vertilgen und sich damit die Genugtuung der Sättigung zu verschaffen; die Wonne des Essens liegt in der durchdachten Steigerung einzelner Elemente, an denen nur gekostet wird: Das Menü ist der Ausdruck des französischen Zivilisationsgedankens beim Essen.« Gelassenheit also, um noch einen Zeugen zu zitieren, Ernst Bloch, der in seinem »Prinzip Hoffnung« die einfachen kulinarischen Freuden (auch und gerade die des Alters) beschrieb. Mit anderen Worten: Kann es gesund sein, wenn beständig der durchs schlechte Gewissen geschärfte Kontrollblick auf die Tafel jegliche Freude an der Opulenz eines Festmahls erstickt?

Es hilft nur eines: die funktionale Apologetik. Nicht der Genuß an sich, sondern seine Bedeutung ist von Bedeutung. Das haben uns einige große Geister vorgeführt, alte Geister, augenzwinkernd. Giorgio Manganelli zum Beispiel: »Ich kenne kein Mittel gegen die Angst«, sagt der Schriftsteller, der 1986 den österreichischen Staatspreis für europäische Literatur erhielt, »das dem Peperoncino vergleichbar wäre. ... Zarte unsichere Seelen werden schon nach einfachen, großzügig mit Peperoncino gewürzten, leicht vulgären Spaghetti nahezu keck.... Den Niedergeschlagenen jedweder Art verabreiche man Rotwein; Weißwein den Schwärmern, den Besessenen, den finsteren Geistern. Schlau ist die Zwiebel und lustig und frech; voll Hochmut der Rettich, sublim der Lauch, sie alle taugen für Gehirne, denen Sonette und Terzinen einfallen können.« Manganelli ist 68 Jahre alt geworden. Das ist, gemessen am Ewigkeitswahn der Gesundheitsfanatiker, nicht viel. Aber es waren offensichtlich doch Jahre voller Leben. Und wäre er 80 geworden, wäre er, die Pietätlosigkeit möge man verzeihen, nun auch schon tot.

Vierzehntes Kapitel: Geheimtips

Der Zweitweinrausch

Doch die Gelassenheit sucht man selbst da vergeblich, wo der chronisch rezidivierende Gesundheitswahn sich dem Genuß ergibt, weil man, von psychologischen Studien flankiert, meint, die somatischen Konsequenzen des Wohllebens durch den psychischen Mehrwert kompensieren zu können. Andererseits hat sich um den Wein ein irres Theater entwickelt. Denn der Name ist wichtiger als das Produkt – mittlerweile. Ihn bezahlt man. Die Connaisseurs sehen das nicht gern, sie nennen die, die nur dem Namen nach kaufen, abfällig »Etikettentrinker« oder feinsinniger »parvenus« – Emporkömmlinge. Das ist nun auch etwas verzopft und undemokratisch, ebenso wie das Gejammer über die Asiaten, die jeden Preis für jeden Bordeaux zahlen. Das ist die Art von Globalisierungsfalle, die wir unmittelbar bemerken. Denn diese Entwicklung führt uns einen Widerspruch vor Augen – den der Geheimtips: Wichtig ist es, Geheimtips zu haben. Aber Geheimtips sind nur dann Geheimtips, wenn sie möglichst vielen bekannt sind. Also muß es immer wieder neue Geheimtips geben – und weil die individuelle Phantasie beschränkt ist, sind Geheimtips wesentliche Elemente der Massenpublizistik, dort geadelt durch die Anwesenheit der Prominenz. Die Apotheose der »Geheimtips«, auch der Dinge, die man zufällig vor einigen Jahren noch preiswert gekauft hat und die nun durch internationale Aufmerksamkeit in Ansehen und Preis exorbitant gestiegen sind, sind eben die Bordeauxweine. An ihnen läßt sich die Logik dieses seltsamen Marktes anschaulich demonstrieren, den wir beklagen, obwohl wir ihn selbst produzieren. Es stimmt schon: Die Welt ist so, wie sie ist, weil wir so sind, wie wir sind. Und so explodieren die Preise für alles, auf dem »Bordeaux« steht. Und dann bekommt man trotzdem keinen. Das genau aber ist wichtig. Denn die Tatsache, daß man keinen bekommt, ist die einzige Voraussetzung für einen attraktiven Publizitätsgewinn derer, die trotzdem welchen bekommen. Dieser Zusatznutzen von an sich sehr guten Weinen wird nun zur Hauptsache – das Genußmittel wird zum demonstrativen Gegenstand, allein die Nennung von Namen, die Kenntnis der geheimen Ecken, die Geheimtips, die Akzeptanz auf einer Subskriptionsliste, die eine Lieferung der Ernte 1998 für das Jahr 2001 verspricht, sind immaterielle Optionen.

Bordeauxweine sind also zu einem symbolischen Gut geworden, zu einem unverzichtbaren Bestandteil der Gespräche, die Kennerschaft dokumentieren sollen, zum Accessoire einer Pose, zum ostentativen Gebrauchsgegenstand, zu trinken natürlich an diesem Tisch-der-aus-Frankreich-kommt. Von diesem Symbol aus, das nun ja schon einige hundert Jahre seinen Bestand hat und ein früher Beleg für erfolgreiche Globalisierung darstellt (schon Jefferson hat ja, wie jeder Weinkenner weiß, Latours und Lafites bestellt, kürzlich ist erst wieder eine der Flaschen versteigert worden), entfaltet sich nun wie in einer Girlande, die man auszieht und immer weiter verlängert, die gesamte Welt des Weines. Und irgendwann ist es dann soweit, daß im Konkurrenzkampf auf diesem Terrain der öffentlichen Symbolik das Wort Kult erscheint, »Kultweine«, und dann weiß man, es ist soweit: Entdeckungen sind gefragt, mit deren Hilfe sich Avantgardismus darstellen läßt. Letzte Meldung: Weine aus den amerikanischen Bundesstaaten Texas, Washington und New York. Sie werden demnächst in einer dieser prätentiösen Blindverkostungen auftauchen, bei denen es angeraten ist zu lügen. Bei denen die Gäste genau wissen, daß da irgendein amerikanisches, australisches, chilenisches, texanisches Gewächs unter den Angeboten ist. Es gehört zur Etikette, so wie man der Hausfrau Komplimente macht, diese Weine auf irgendeine Weise mit einem Bordeaux zu vergleichen.

Dazu muß man sich auskennen, was schwer genug ist.

Denn nicht nur die großen Namen sind zu lernen, seit die Weinbauern (also die Konzerne, die die Weingüter besitzen) im Bordelais auf den Boom der bordeauxähnlich ausgebauten Weine genial reagiert haben und die großen Namen durch einen jeweils etwas kleineren Namen (Zweitweine) ergänzt haben. Damit sind zwei Züge auf einmal vollzogen: Konkurrenz zu den bordeauxähnlichen, aber halb so teuren Weinen, die zum Teil schon als »Kultweine« kursieren (»Los Vascos« aus Chile), und die neue Provokation der kleinen Bordeaux – nämlich die Camouflage zu durchschauen, denn die Namen der Zweitweine lassen nur selten erkennen, von welchem großen Gut sie stammen.

Es sind Weine, die von den jüngeren Rebstöcken der Güter stammen und mit den Trauben der großen Lagen verschnitten werden. Weine, in denen die nicht ganz hundertdreißigprozentigen Trauben der großen Lagen landen oder auch Ernteüberschüsse in besonders ertragreichen Jahren.

Auf diese Weise bleiben die Erträge der Erstmarken übersichtlich und auf exzellentem Niveau. Denn jeder Weinkenner weiß ja mittlerweile elegant einzuflechten, wie gering der Ertrag pro Hektar bei diesem oder jenem Weingut ist.

Dafür kosten die Zweitweine im Durchschnitt weniger als die Hälfte, manchmal nur ein Viertel ihrer großen Geschwister. Und sie verursachen beim Trinken kein so schlechtes Gewissen, weil man Grundstock eines lukrativen Warentermingeschäfts hinunterspült.

In vino pecunia.

Bordeaux – eine Bewußtseinsindustrie.

Die haben es also geschafft, daß mittlerweile gestandene Deutsche, Amerikaner, Saudis, Briten, Österreicher und Japaner von Februar bis September den Wetterbericht und die Mikroklimata im Bordelais studieren, weil sie wissen wollen, ob es sich lohnt, »en primeur« zu kaufen. Das ist beileibe nicht dasselbe wie die hübsche Marketingidee mit dem »Beaujolais primeur«, der im Oktober im Wettrennen in die Gastronomien Europas versandt wird. Der Verkauf »en primeur« im Bordelais ist genau das Gegenteil. Man bekommt nämlich zunächst einmal gar nichts. Außer einer Rechnung, auf der ein großer Name und eine große Summe stehen. Das beginnt eben wieder für die 97er Ernte: Ein Cheval Blanc darf pro Flasche mit zirka 260 Mark geordert werden, desgleichen Haut Brion, ein Latour ist nur unwesentlich billiger, der Angélus wird für knapp 200 verramscht. Wie gesagt: Lieferdatum ist 2001. Denn der Wein muß ja noch ein wenig im Faß arbeiten, ehe er in die Flasche kommt. Die darf man dann daheim fünf bis zehn Jahre im Keller stapeln.

Bis er »trinkreif« ist.

Und dann ist er endgültig zu teuer zum Trinken.

Aber nicht zum Herzeigen.

Aber irgendwas muß man ja auch trinken. So hebt die Suche nun von neuem an, nach neuen Namen und Marken und Trauben aus Chile und Australien und Österreich. Und nun, welche Extravaganz, werden gar *deutsche* Weine entdeckt.

Aber auch die frankophilen Wanderer und ihre Wanderinnen haben sich in neue Gegenden aufgemacht, wo sie am Abend weniger Alpträume fürchten müssen. Zum Beispiel am Fuße der rosmarindurchwucherten Corbières im Dreieck zwischen Perpignan, Carcassonne und Narbonne. Auch von dort dringen allmählich Namen in die Spalten der internationalen Weinpresse, die Chateaux Haut Gléon, Castelmaure, Caraguilhes, Tour de Montredon oder auch die altehrwürdige Abbaye de Fontfroide, zehn Minuten von Narbonne. Es ist die Gegend der Syrah-, Carignan- und Grenache-Trauben, die kraftvolle und elegante Weine hervorbringen, Weine, die ihre bäuerliche Herkunft nicht verleugnen. Und man trifft viele Japaner. Und das ist nun wirklich ein sicheres Zeichen, daß da ein neuer Rotweintrend entsteht.

Die Châteaux im Bordelais reagieren indes mit der gewohnten Virtuosität: Auf dem Markt werden nun die ersten *Drittweine* angeboten.

Hobelspäne in Paris

Es ist ein hektisches Geschäft, das vor allem zu bestimmten Jahreszeiten boomt, vor Weihnachten etwa, wenn die Zeitungen voll sind von Angeboten edler Weine, von Kaviar und Trüffeln, die nicht mehr nur Trüffeln sind, sondern gewissermaßen Trüffeln mit Herkunftsnachweis, das Authentische ist entscheidend, und die persönliche Beziehung, weiße Trüffeln aus Alba, schwarze aus dem Périgord.

Das Magazin der *FAZ*, mit dem Kreuzworträtsel für kluge Köpfe, hatte seine Nikolausnummer 1996 dem Essen gewidmet. »Spezial Essen und Trinken« nannte sich die Ausgabe. Sie hätte heißen sollen: »Trüffel satt«. Das begann schon bei der Rubrik »Leute«. Was sie denn kochen würden, um sich selbst einmal zu verwöhnen, wurden einige Halbprominente gefragt. »In dieser Jahreszeit gibt es nur eine Antwort«, flötete eine Kochbuchautorin: »herrliche Nudeln, über die unzählige Scheiben von einer großen weißen Trüffel gehobelt wurden.« Ein Koch ersann ähnliches: »Ein junges Rebhuhn im Weinblatt, weiße Trüffeln mit Nudeln.« Wenige Zeilen weiter ein weiterer Kopf: »Ach«, seufzte eine Prominentenwirtin, »am liebsten zwei Eier mit weißen Trüffeln.« Und das alles auf einer Seite. In diesem Stil ging's weiter. Ein Artikel über Alain Ducasse: Allein darin wurde dreimal »ein bißchen Trüffel drübergehobelt«. Und der halbe Artikel übers Piemont ein paar Seiten weiter galt naturgemäß dem Hobelpilz.

Wer nun versucht, dieser Inflation der Wortmünzen zu entkommen, sollte auf keinen Fall zu einer Zeitschrift greifen, die sich irgendwie mit dem Essen beschäftigt. In jedem Herbst nämlich wird gehobelt, was die Knolle hält. Das Myzel dieses Pilzes durchwuchert die kulinarische Kultur mit einer Intensität, die am Ende nur noch Hohlräume übrigläßt. Denn Gastrokritiker schwärmen seit Jahrzehnten durch die Gegend und haben zwei

Ziele: das Unbekannte zu finden und dem Bekannten neue Elemente abzuringen, das Unbekannte im Bekannten zu finden. Dabei spielen sie feinsinnig auf der Klaviatur der Wiedererkennungen. Es darf nicht allzu neu sein, was als Trend verbreitet werden soll. Die Städtereise, ein immer beliebteres Tourismusangebot, muß schon die Sehenswürdigkeiten enthalten, aber dann auch den einen oder anderen Geheimtip, eingeleitet durch eine Frage, die sich auf die glorreiche Vergangenheit bezieht: St. Germain des Prés, die Existenzialisten, Juliette Gréco, Sartre, das Café Deux Magots, das Haus, in dem die Buchhandlung Shakespeare & Company war, die Straße, in der Gertrude Stein wohnte, ein Bistro, eine Brasserie, in die sich nur selten Touristen verirren, und wenn, dann beklagen sie, daß alles nicht mehr so ist wie früher. Neue Gegenden finden – das wird zum Abenteuer. Und es ist ein hübsches Abenteuer, solange es den eigenen Regeln folgt. Aber der Drang, publizistischen Mehrwert aus der Entdeckung zu ziehen, um sich ins Scheinwerferlicht zu rücken, rückt diesen Spaß in die Nähe des Spießertums – eben weil wieder die Pose zählt, die verbale, der Name einer Straße zum Beispiel, der in aller Bescheidenheit fallengelassen wird und damit jede Bescheidenheit verliert. Es war einmal die Rue Mouffetard. Über die kann man heute nur noch erzählen, daß man sie bereits in den frühen Sechzigern besuchte. So war es zuvor mit St. Germain des Prés. So war es etwas später mit dem Marais. Und so ist es nun mit der Rue Oberkampf (»Hot spot«), die von der *Elle* entdeckt wurde. »Tagsüber ein grauer Fassadenmischmasch aus Altbauten und schmucklosen Sozialwohnungen. ... Nach Einbruch der Dunkelheit verwandelt sich die Rue Oberkampf in das zur Zeit heißeste, aber gleichzeitig noch geheimste Amüsierviertel von Paris.«

Immer hatte sich schon alles geändert.

Der Individualismus, erzeugt durch die modernen Kommunikationsmedien, dezentralisiert die Kultur, sie ermöglicht oder erzeugt auch die Vielfalt der Weltbetrachtungen, die keinen Magnetismus mehr ausüben. Was ist Paris heute? Mein Gott, klagen die Habitués, Paris! Voll von Touristen, die mit dem Bistroführer unter dem Arm nach Geheimtips für Trüffelhobler und Foie gras-Gelagen fahnden. Klagen. Zu allen Zeiten. Und so schrieb der Berliner Flaneur Franz Hessel in seinem *Pariser Tagebuch* schon 1929: »Daß es in den Cafés und auf den Caféterrassen am Boulevard Montparnasse nicht mehr so aussieht wie zu ›unserer Zeit‹, hat man mir schon längst erzählt, und es ist wohl weiter nicht merkwürdig.«

Der »Kult«-Wein der Intellektuellen

Das normale Paris, aus der Perspektive des bürgerlichen Lebens gesehen, findet nicht auf der Ile de la Cité statt. Es hat seine Viertel, Denfert Rochereau zum Beispiel. In der Rue Daguerre zum Beispiel, nahe an der Place Denfert Rochereau. Hier wird eingekauft für den Mittag. Hier ist Paris bei sich. Es ist das Paris der kleinbürgerlichen Freuden, die allerdings großherzig eine Auswahl treffen unter den Gütern dieser Welt und eher auf das Auto als auf das gute Essen verzichten. Es ist überhaupt auffällig, wie wenig großartige Gefährte es in Paris gibt und wie viele Lokale mit großartigem Essen und wie viele Hausfrauen und Hausmänner auf Märkten, die einkaufen, als gelte es, ein Festmenü zu inszenieren. Dabei geht es nur ums Mittagessen. Nirgends läßt sich der Unterschied zwischen dem selbstbewußten Kleinbürgertum, das sein Leben lebt, und der sogenannten Schickeria präziser studieren als hier oder in den angrenzenden Bistros. Name-dropping-Gourmets, die Gourmands der symbolischen Buffets, stellen indes nicht das Essen in den Vordergrund, sondern sich selber und benötigen dazu die großen Namen. Und wenn die großen Namen das nicht mehr mitmachen, läßt man sie fallen. Sie sind weniger wichtig als die lärmende Übereinkunft über Moden. So werden dann neue Quartiere zu Trends erklärt.

Das Motiv ist bekannt: Hier die dumpfe Gräunis, dort plötzlich die Berührung durch den Zauberstab der Publizität, dann ein Geheimtip, und es eröffnet sich eine neue Welt, die nichts anderes ist als Beleg der Schöpferkraft ihrer Entdecker. Die Kontraste sind entscheidend. Die Umgestaltung, die Verwandlung zum Appendix der eigenen Geltungsbedürfnisse: *Gentrification.* Und so werden die Rue Oberkampf wie die Friedensallee in Hamburg oder Prenzlauer Berg in Berlin zu Accessoires, ja weniger noch: zu austauschbaren Symbolen, die beliebig herumgereicht und aus keinem anderen Grund interessant sind als dem, sich künstlich wichtig zu machen.

So geht eine Kunst des Genießens verloren, die auch ein wenig mit unserer neuen Hauptstadt zu tun hat, das Flanieren. Franz Hessels Wanderungen durch Berlin zum Beispiel waren stille Beobachtungen. Unaufdringlich. Kunst, die leider in Vergessenheit geraten ist: das Flanieren. Das ziellose Umherstreifen in den Gassen und Winkeln einer Stadt, ohne vordefiniertes Ziel, mit offenen Sinnen für die Belanglosigkeiten am Rande des Weges, die doch am Ende in ihrer Summe das Abenteuer des Alltags ausmachen.

Für seine mußevolle Hingabe an das wenig Spektakuläre wird er allerdings mitunter über die Maßen belohnt – mit Selbstverständlichkeiten von einer Exotik, daß er niederknien möchte, um seinem Schöpfer für die Gabe zu danken, Dinge wahrzunehmen, die andere nicht sehen, weil sie durchwegs den Trampelpfaden ihrer Gewohnheit folgen. Manches sieht man in den Schaufenstern, manches in den Wohnungsfenstern, in denen, die aus Versehen nicht verhängt sind. Was man dort sieht, ist eine andere Kultur des Flanierens, das Herumgespringe auf Kanälen, ruhelos.

Wobei natürlich auch die sorgfältigste Strategie zur Vermeidung des Spießigen an sich selber scheitern kann. Denn nicht darum geht es, daß man die da drinnen, die vorm Fernseher sitzen und mit dem Space Command herumspielen, bedauert und sich selber in die Pose des Besserwissenden wirft. Es geht um eine Bescheidenheit des Anspruchs, und sei dieser Anspruch noch so hoch, den man mit anderen teilt. Diese Mitteilung zielt auf gemeinsames Genießen, nicht auf die Abgrenzung gegen den Nichtwissenden, den man zum Eingeweihten machen muß, um ihm sein Nichtwissen zu demonstrieren.

Denn diese Frage entsteht schon: Ist es nicht ebenso versnobt, nachts durch Straßen zu laufen und eigenartige Dinge zu finden, die man nicht sucht, und dann darüber zu schreiben? Mitunter keimt sogar das Gefühl auf, es wären die gleichen Mechanismen gewesen, mit denen man sich wechselseitig Insiderstatus (wie das heute heißt) zugeschrieben hat. Zum Beispiel mit Hilfe einer bestimmten Weinsorte. Damals, in den zwanziger Jahren, war es der *Falerner.* Um den uralten Arbeiterwein wurde ein ziemliches Gewese angerichtet. Bei Walter Benjamin zum Beispiel: Falerner mit Stockfisch. Am Ende der Suche nach einem Lokal in Trastevere gelandet, glücklich darüber, daß niemand in diesem Arbeiterlokal von ihm Notiz nimmt, zelebriert er das einfache Essen, die Entdeckung, und trinkt dazu ebendiesen Wein, der schon bei Horaz erwähnt wird. Und zufrieden nimmt Walter Benjamin, der flanierende Freund des Flaneurs Franz Hessel, zur Kenntnis, daß er nicht auffällt. Und dann taucht der Falerner wieder auf, bei Ernst Bloch im *Prinzip Hoffnung,* an der Stelle im dritten Band, wo er über »Französisches Glück und Freude« schreibt. Und hier ist der Bezug zu Horaz, der schon vom Falerner zur «ländlichen Schüssel« schreibt, mit der Freunde empfangen werden, und da keimt schon der kleine amüsierte Verdacht auf, nein die Gewißheit, daß niemand vor der Pose der Selbstgefälligkeit des Entdeckers, vor der Lust an der Inszenierung der Bescheidenheit gefeit ist. Das Ländliche, das Walter Benjamin in seinen atmosphärisch dichten Stücken zum »Essen« (in *Angelus Novus*) beschrieb, bietet dazu die schönste Kulisse, in Berlin und Paris, in München oder in Wien.

Fünfzehntes Kapitel: Ländliches

Butterbrot als Alltagsutopie

Zum Beispiel also Wien: Ein Bewohner Wiens hält es für selbstverständlich, »seinen« Wein aus der hundertfünfzig Kilometer entfernten Südsteiermark zu apportieren – und zwar von »seinem« Weinhändler, den Speck dazu aus dem Waldviertel zu besorgen und den Waldhimbeerbrand aus Tirol. So verbindet sich beides, die immer wieder beschworene »Kleinheit des Landes« und die Größe vergleichbarer Länder, zu einem Minderwertigkeitskomplex, der sich geradezu aggressiv äußert, wiederum aber einer Menge Österreicher eine Menge Impulse geliefert hat, diesen seltsamen aggressiven Nationalcharakter, der sich oft zudem noch mit einer unspezifischen Weinerlichkeit verbindet, der aus zerstörter Größe, sehnsuchtsvoller Liebe zur Monarchie und dem berechtigten Gefühl einer intellektuellen Genialität verbindet, in literarischen Höchstleistungen zu kompensieren. Die Namen der Bernhard, Wolfgruber, Turrini, Gerhard Roth, Jelinek stehen für diese unverständliche Haßliebe auf ein Land, das eines der größten Automobil-Zuliefer-Cluster besitzt, medizinische Spitzenleistungen hervorbringt und auf der anderen Seite die Skurrilität eines Baumeisters, den sie statt bei seinem Nachnamen *Lugner* »Mörtel« nennen und der das flugs als Ehrenbezeichnung akzeptierte und Verona Feldbusch als Attraktion zum Opernball einlud, sie dann aber zur zweiten Wahl degradierte, als Faye Dunaway zusagte, der aber die Show gestohlen wurde, weil ein anderer Geschäftsmann die Pornodarstellerin oder -produzentin Dolly Buster eingeladen hatte. Ein Land im dialektischen Delirium.

Ein Land, wie es gar nicht ländlicher denkbar, bietet sich direkt an für eine Utopie, und das direkt vor den Toren der Stadt, beispielsweise beim Heurigen, oder weiter draußen, beim Weinbauern im Burgenland, in der köstlich toskanisch anmutenden Region der Südsteiermark, in den sanft geschwungenen Hügeln des sogenannten Mostviertels, in dem aus den morgendlichen Nebeln die Blütenträume der Birn- und Apfelbäume auftauchen. Wo man am frühen Abend bei einem vergorenen Birnensaft sitzt und die Welt vergißt und ein paar authentische Lebensmittel mit in die

Stadt heimträgt und sich in diesem kinderzeitlichen Ambiente die Kraft holt für den harten Wettbewerb. Wo weit über 60 Prozent der Menschen für Europa stimmten, wo der Euro freudiger begrüßt wurde als in Deutschland, wo auf der anderen Seite immer noch der Bodensatz des autoritären Denkens sehr dicht unter der Oberfläche des stillen Wassers liegt, doch von einer selbstbewußten Intellektuellenschicht wachsamst beäugt.

Autocluster und Birnenmost.

Die Diskussion über das Ende des Aufführungsverbots von Thomas-Bernhard-Stücken und ob sein Testament damit nicht vergewaltigt wird (Bernhard hatte bekanntlich verfügt, daß keines seiner Stücke irgendwann wieder in Österreich aufgeführt werden dürfte – aber Österreich wäre nicht Österreich, wenn man nicht einen Dreh gefunden hätte, und so gab es Anfang 1999 eine umjubelte Peymann-Inszenierung), diese Diskussion also endet damit, daß jemand im Stammlokal auf die Idee kommt, etwas Außergewöhnliches zu sich zu nehmen – ohne allerdings zu wissen, was. Es soll nichts Spektakuläres sein, im Gegenteil: etwas Einfaches, unverfälscht, ehrlich, authentisch, geschmackvoll – aber eben außergewöhnlich –, eben: ein Paradeiserbrot.

Ein ebenso elementares Problem wie die Kultur.

Doch bei der arglosen Frage der dienstbaren Küchenfee, ob Semmel oder Hausbrot, bricht zunächst ein heftiges Schweigen aus, das aber nur eine kurze Ruhe vor dem Sturm einer erhitzten Debatte darstellt, in deren unübersichtlichem Verlauf keineswegs nur über die kompositorischen Möglichkeiten von schätzungsweise dreiundzwanzig verschiedenen Brotarten räsoniert wird; sie verfängt sich alsbald in den komplexesten Theorien über Art und Herkunft der Früchte, darüber, ob man die großen Fleisch- oder die kleinen Buschparadeiser zu bevorzugen habe, flaschenförmige italienische oder Kirschtomaten (in diesem Falle ja: Tomaten) von den Kanaren; mäandert dann in technische Betrachtungen über allerlei Schnittpraktiken (Scheiben oder Würfel), ufert aus in einen heftigen Streit über die angemessenen Gewürz- und Kräutermischungen und die passenden Begleitgetränke zu den jeweiligen Sorten.

Nach weinerlichen Reminiszenzen an die verlorene Süße der Paradiesäpfel »unserer Kinderzeit« strandet sie kläglich am tiefgreifenden Problem, ob das Brot mit Butter zu bestreichen sei oder nicht. Und dies alles findet in einem Lokal im Inneren der Weltstadt statt, in dem ein chinesischer Koch Erdäpfelgulasch ebenso bereitet wie Chop Suey und Dim Sum, Fisch mit Frühlingszwiebeln und Ingwer ebenso wie Krautrouladen, und beim jährlichen Bauernschnapstournier (einem durch und durch österreichischen Kartenspiel von nicht allzugroßer Komplexität) werden eigens für diesen Anlaß geschaffene Werke der renommiertesten Künstler Attersee, Frohner, Ringl als Preise ausgesetzt.

Sie kommen ja alle, die Kosmopoliten, auch die des Essens (oder die kommen zurück). Siebeck weilte sogar sechs Wochen in Wien, schrieb entzückt sofort ein Buch über die Beisln der Stadt und strengte das kernige Motiv des Butterbrots als Ultima ratio der bewußten Bescheidenheit an (immer wieder: Butterbrot) – in einer Kolumne der Wochenendbeilage der zweitgrößten Tageszeitung des Landes, des *Kurier*, und vergaß selbstverständlich nicht, die Name-dropping-Elemente des kosmopolitischen Geistes einzuflechten, der seine Bescheidenheit aus den Erfahrungen des Überflusses entwickelt hat: »Man schneide von einem großen Poilâne-Brot, 8 Tage alt, 30 cm Durchmesser, aus der Mitte eine Scheibe, maximal 10 mm dick. … die Brotscheibe großzügig mit bretonischer Bauernbutter bestreichen. Eine dicke, frische Knoblauchzehe enthäuten und auf dem Trüffel- oder Käsehobel in hauchdünne Scheiben hobeln. Damit die Brotscheibe dicht belegen. Einen alten Gruyère, ersatzweise einen rassigen Comté mit dem Käsehobel in dünne Scheiben hobeln. Die Käsescheiben in mehreren Schichten auf dem Knoblauch plazieren.« Das Motiv des Butterbrots ist plötzlich, trotz der kitschtriefenden Name-droppings, genial ins Kosmopolitische verlängert.

Bauernromantik für Loftbewohner

So globalisiert sich das Bauernbiedermeier, erfaßt neben den stadtnahen Weinbergen und Wäldern die modischen Utopias, in den Gegen-Genrebildern zu New York, Mallorca zum Beispiel, über das fast so oft berichtet wird wie über Verona Feldbusch (die übrigens mit Dieter Bohlen nach der Scheidung noch einmal auf Mallorca weilte). Wichtig ist allerdings, daß die Stellen von Mallorca erwähnt werden, die noch von keines Touristen Fuß je geschändet worden sind. Aber das läuft jetzt auch aus. Mallorca ist nicht nur touristisch überlaufen, es ist auch in der Berichterstattung der Medien derartig abgegrast, daß es keinerlei Reizwirkung mehr ausübt.

Der literarische Weg führt von – um irgendwo beliebig anzusetzen – Albert Vigoleis Thelens *Insel des zweiten Gesichts* über ein Tierbuch von Alida Gundlach *(Socke und Konsorten)* bis zu einer Zufallsreihe von Romanen, die neuerdings auf der Insel der Deutschen spielen. Das Kalkül ist einfach und klar: Die Leute lesen gern Romane und Kriminalromane, sie fahren gern nach Mallorca, also wird man Romane über Mallorca schreiben, das wird ja dann wohl gehen.

Aber damit wird Mallorca zum Massengegenstand, der sich bald selbst der Geheimtipwelle widersetzen wird. Auf der Insel ist nichts mehr zu entdecken. So wie es in der Toskana nichts mehr zu entdecken gibt. Denn die Toskana ist zum Zerrbild sozialdemokratischer Saturiertheit geworden. Robert Gernhardt hat ein satirisches Stück drüber geschrieben: *Die Toskana-Therapie.* In Umbrien laufen bereits zu viele doppelverdienende Lehrerehepaare herum, neu ist, nun schon in der zweiten Saison – die Provence.

Das Bäuerliche zieht in die Provence, wirkungsvoll und mit den üblichen Ingredienzen versetzt (nämlich Essen und Rezepte und ein wenig Kriminalistisches) inszeniert von Peter Mayle, der geschickt die ersten Anzeichen deutete und sie nun popularisiert. Kaum aber ist Peter Mayles Easy-reading-Führer durch die Provence unters Volk gebracht (fast anderthalb Millionen Bücher allein in Deutschland), kommen die ersten Nachempfindungen, wobei nun gleich die Kochbuchwelle und die Provencewelle verschmolzen werden, und zwar von Alfred P. Walter in den Wunderlich Taschenbüchern, und zwar in einer mutmaßlichen Serie, was daraus zu schließen ist, daß es zwar unterschiedliche Bücher sind, aber alle einen Obertitel haben, nämlich »Bonjour, Charlotte – Mein neues Leben in Südfrankreich«. Diese Charlotte und ihre Familie wollen in einem Bauernhaus leben, und zwar in Südfrankreich. Und weil das nicht so einfach ist, müssen nun Romane drüber geschrieben werden, in denen auch Rezepte abgedruckt sind. Daran mangelt es ja nun wirklich. Der erste heißt: *Sommerträume* und erzählt, daß es nicht so einfach ist, Biowein herzustellen. Der zweite heißt *Der Traum von der Liebe* und mischt die neuen Frauenliteraturgrundelemente ins Provence-, in das bereits das Kochbuchgenre verwoben ist, das dann wieder in Zeitschriften hundertfach variiert, aber so gleichartig mit dem auf Kräutern und Gemüse mit Oliven gegarten Fisch bebildert ist, daß die Provence zu dem Bild paßt, das sich der Betrachter, ohne sie je gesehen zu haben, von ihr macht.

In dieser modischen Provenceliteratur gehen leider ein paar Dinge unter, die wirklich hübsch zu lesen sind, zum Beispiel Ulrich Straeters *Pastis unter Platanen*, seine Frau (oder Schwester?), auf jeden Fall eine nachnamensgleiche Begleiterin hat dazu gemalt (ohne viel Aufhebens). Und natürlich werden die Provenceklassiker in dieses Bild gezwängt, das sie ganz sicher vermeiden wollten. Daudet, Giono, Pagnol verkümmern nun im seichten Kielwasser der neuen Gebrauchsprosa (»dieses Licht, dieser Duft nach Lavendel«) zur Sekundärliteratur; die Bilder der Landschaft stammen derweil aus seichten Fernsehfilmchen, in denen es auch um Beziehungsprobleme geht (Frau schenkt anderer Frau ihren Mann).

Natürlich sind die Protagonisten immer kreativ.

Natürlich sind sie fast immer irgendwie mit Schreiben oder Malen beschäftigt.

Es sind die, die daheim im Loft wohnen.

Wie die Provence in Mode kam

In Mode kam die Provence erst in den 50er Jahren durch das Buch eines Amerikaners. Er hieß Laurence Wylie. Laurence Wylie war Professor für französische Kultur, und als solcher wollte er authentisch studieren, wie der Franzose so lebt. In den fünfziger Jahren reiste er also nach Frankreich, suchte sich das statistisch durchschnittlichste Dorf aus und schrieb ein Buch darüber: *Das Dorf in der Vaucluse – Alltag einer französischen Gemeinde.* Es war eine Art wissenschaftliches Werk, dennoch aber zu lesen und zu verstehen, einfühlsam und wie ein Tagebuch eines Reisenden. Es wurde ein soziologischer Weltbestseller. Es faszinierte die Leserinnen und Leser aber auch wegen der schönen alten Fotos.

Das Dorf heißt im Buch Peyrane.

Aber findige Besserwisserinnen und -wisser kamen bald drauf, daß es das damals noch unbekannte Bergnest Roussillon war. Und dann fuhren sie, akademische Voyeure, hin, und manche blieben gleich dort, in Roussillon oder im Nachbarort Gordes oder in Apt. Damit begann der Aufstieg der Gegend um den roten Felsen. Es ist dieses Buch, das wesentlich zur Entdekkung von Roussillon als Künstlerort beigetragen hat.

Laurence Wylie, von dem man leider kaum mehr weiß als das, was im Vorwort des Buches steht, hat das noch erlebt. Im Nachwort, zehn Jahre nach seinem ersten einjährigen Besuch in Peyrane, schreibt er über die ersten Künstler und Intellektuellen, die sich dort und in benachbarten Orten alte Häuser gekauft hatten und den Provence-Boom lostraten, von dem bis heute die Nachfahren von Pagnol oder Giono zehren, auch jener Peter Mayle, über den die Provence nun zum Gesprächsthema wird wie Venedig durch Donna Leon.

Wie also fing es an? Vielleicht so: »Zweifellos war das dramatischste Ereignis in den letzten fünf Jahren die Invasion der Filmgesellschaft Gaumont in Peyrane. Fast über Nacht kamen Schauspieler, Schauspielerinnen, künstlerische Mitarbeiter und technisches Personal, um einen Film mit dem Titel ›Le paradis retrouvé‹ zu drehen. Für mehrere Wochen gaben die roten Felsen von Peyrane den Hintergrund für eine romantische Geschichte ab.« Filme sind es ja oft, die einen Ort zum modischen Attribut erheben. Oder es sind Filmschauspieler wie Brigitte Bardot für Saint Tropez oder die Künstler für St. Paul de Vence und das Hotel/Restaurant Colombe d'Or. Und so kam die zweite Kohorte der Avantgarde nach Peyrane, 1955 bis 1960. Das Dorf wandelte sich, und Julien Vioncent, der 1950 aus Paris dorthin gekommen war, wurde berühmt für sein *Civet de lièvre du Ventoux* (schreibt Laurence Wylie) und bekam später einen Stern im Michelin.

Doch die Literatur, die die Provence in Frankreich berühmt gemacht hat, entsprach wohl nicht mehr dem Bild der pittoresken Häuser und kochhaubengeschmückten Restaurants. Erst nun, im Zuge der Gebrauchsliteratur, werden sie wieder entdeckt und wieder aufgelegt, Alphonse Daudets *Briefe aus meiner Mühle*, das dann dem Sternekoch Roger Vergé die Matrize lieferte für sein Buch *Fest in meiner Mühle*, eines der vielen Kochbücher – eines der schöneren der vielen Kochbücher, auch auf deutsch.

Die rückwärtsgewandte Utopie von heute richtet sich in der Zukunft von vorgestern ein, allerdings mit der Technologie von morgen. Die *Pastorale* schmettert vom CD-Player in den Innenhof des Vierkanters auf den sanften Hügeln des Waldviertels. Und dieser Vierkanthof war dereinst das Symbol für die Moderne, für die Zerstörung des Vergangenen. Und das steirische Hausmodell war ein Entwurf des Erzherzogs Johann, der den Raubbau der Wälder eindämmen wollte und daher Mauerwerk verordnete. Was ist denn noch die »Finca« auf Mallorca? Die »Keusche« in Kärnten? Die »Bergerie« in der Provence? Es sind Häuser, die ihrer Funktion entkleidet sind, und zwar einer Funktion, die aus harter Arbeit und Entbehrung bestand.

Das beschreibt noch Marcel Pagnol.

Das beschreibt in seinem Übergang Laurence Wylie.

Das beschreibt nicht mehr Peter Mayle.

Das ist das Problem, mit dem wir uns derzeit herumschlagen: die Beliebigkeit. Die Provence wird nun so eingerichtet, wie Jacques Grange und Sir Terence Conran sie sehen. Und dann sitzt man da vor dem flackernden Kaminfeuer, verzichtet »sehr bewußt« aufs Fernsehen und liest die alten Bücher über die alten Bauernexistenzen.

Der Intellektuelle entdeckt die Werte der Milch-und-Boden-Romane, die derzeit aus allerlei Bauernbergdörfern in die Täler herabrollt. Vergessen ist, daß man diese Art von Waggerl-Belletristik *(Brot)* jahrzehntelang für den Urbegriff des Spießigen gehalten hat. Nun folgt die Entdeckung des einfachen Lebens, der cucina vera, ja, der cucina povera, das Butterbrot (wo bleibt eigentlich der Lebertran?). Flucht ins vermeintliche Idyll, getarnt als Aufklärung und Pluralismus. Aber genau das Gegenteil ist der Fall: Es gerät zu einer Flucht vor den Herausforderungen des Pluralismus. In dem Maße, in dem die Wahlmöglichkeiten steigen, nehmen die Fluchtbewegungen zu. Da wird Kraft aufgewendet, um sich die Symbole des Einfachen anzuhängen, statt aus dem unprätentiösen Genuß der einfachen Dinge Kraft zu schöpfen. Österreich, die Provence, die einfachen Leute aus dem Wallis werden zum Personal eines Stückes, das sie nicht selber geschrieben haben. Bis sie eben drauf kommen, daß man nicht nur Milch und Butter und ein Brot vermarkten kann, sondern dazu die Ideologie. Dabei ist das alles nichts anderes als die Annexion eines Anspruchs auf schöpferische Gestaltungskraft, die nicht aus dem Ursprung des Landes entsteht, sondern aus der Suche nach Distinktionsgewinnen des Städters – auf den der Markt natürlich wunderbar reagieren kann. Die Bäuerin also schreibt auf, wie es war, läßt sich vom Verlag einen dieser postmodernen Titel draufkleben, bei denen nicht so ganz klar ist, was sie bedeuten – *Herbstmilch* zum Beispiel. Zur Immunisierung gegen die Kritik wird das alles als Lebensbericht einer Frau verkauft und in Verkaufsständern von ländlicher Anmutung dargeboten oder auf einem rot-weißgewürfelten groben Tischtuch.

Mit *Herbstmilch* fing das an. Und es hört mit Barbara Passrugger noch lange nicht auf. Sie, die Bergbauersfrau, berichtete zunächst in *Hartes Brot* und dann in *Steiler Hang*, wie schwer das Leben war.

In zwei Folgen.

Doch dann brach sie, mit der harten Romantik ihrer eigenen Lebensgeschichte konfrontiert, die eigentlich völlig unromantisch war, aus, zog ins Tal, fuhr wieder Ski, hatte finanzielle Unabhängigkeit und schrieb darüber ein Buch: *Mein neues Leben.* Das ist nichts anderes als eine Doku-Soap, auch wenn sie sich als ambitionierte Oral-history-Forschung tarnt und zur *Kult*-Lektüre avanciert.

Sechzehntes Kapitel: Sprache

Kult entschuldigt alles

Das ist ein guter Trick: Wenn wir etwas zum Gesprächsgegenstand erheben wollen, das uns eigentlich peinlich ist, wird es nur kurzerhand zum »Kult« erklärt, und die Sache ist geadelt. Geheiligt sogar, denn Kult hat ja, wie weiter oben deutlich wurde, etwas Rituelles, vor allem hat Kult den Vorteil, daß man nicht mehr zu erklären braucht, warum etwas attraktiv ist. Es ist attraktiv aus sich heraus, hat seine Legitimation schon bewiesen, weil es *ist.* So kommen wir, die Philosophen würden es so sagen: zu einer Ontologie des Kults: Das Sosein ist gleichzeitig sein Dasein oder so ähnlich. Wahrscheinlich so ähnlich, aber eines ist sicher: Auch Philosophie ist Kult. Jedenfalls seit Jostein Gaarder die Engelchen fliegen läßt und im Windschatten ihrer Flügelschläge ganz ganz viele Bücher erschienen sind, in denen Kindern die Philosophie nahegebracht werden soll – Gaarders Werke sind ja auch eigentlich in letzter Konsequenz Kinderbücher. Aber das ist wieder ein Trick.

Denn es ist vielmehr so, daß diese Bücher nur unter dem Vorwand geschrieben, vertrieben und gekauft werden, sie seien für Kinder. Heimlich lesen sie Erwachsene daheim unter der Bettdecke oder im Zug von Hamburg nach Berlin oder von Salzburg nach Wien, um den Anforderungen des neuen Kults um die Philosophie gewachsen zu sein und Kant in neunzig Minuten zu inhalieren – womit man dann in Linz wäre. Bis Sankt Pölten kriegt man Schopenhauer auf die Reihe, ein weiterer Kultphilosoph, schon wegen seiner notorisch schlechten Laune, denn notorisch schlechte Laune ist etwas Faszinierendes, vor allem, wenn sie von Wirten zur Schau getragen wird, die ihretwegen zu Kultwirten werden und ihre Gäste beschimpfen und schlecht bedienen. Und so wird alles, was man nicht »streng limitieren« kann, zum Kult, und Kult wird das ultimative Stichwort in der Werbung. Aldi-Computer sind Kult, sagt ein junger Mann, der seit drei Uhr in der Früh mit Thermoskanne in der Schlange steht, um einen Billig-Computer beim Billig-Anbieter zu ergattern, von dem man ja sagt, daß sein Champagner so gut wie Champagner, auf jeden Fall aber Kult sei.

Es gibt auch Romane, die Kult sind: »Pulp – die Kult-Krimis aus Frankreich« (Wunderlich Taschenbücher) zum Beispiel. Christian Louboutin fertigt Schuhe, die kapriziöse Kunstwerke und international Kultobjekte sind. »Harald Schmidt war zunächst der Buhmann, mittlerweile ist er Kult.« Sagt Fred Kogel, SAT.1-Programmchef. »Göttin oder Grufti? In jedem Fall Kult. Marianne Rosenberg, 43, wurde auf der Bühne ohnmächtig und mußte ihre Luna-Tournee unterbrechen. Hat sie ihren Zusammenbruch vorausgeahnt?« schrieb die *Bunte.* »Legende, Kult und Spottfigur: Derricks Abschied nach 24 Jahren«, las man allerorten, als der kleinbürgerlichste aller Kommissare abtrat. Daß Derrick zum ultimativen Kult wurde, wie auch Kommissar Rex, verstand sich von selbst. Denn die Trivialität der Figuren war so berückend, daß sie einfach in die Logik unserer Gesellschaft übernommen werden mußte. Als Verona Feldbusch im Januar 1999 einen Werbevertrag mit der Telegate bekam, in dem sie, sich selber karikierend oder perpetuierend in, drehbuchgemäß, falschem Deutsch am Ende der kleinen Geschichtchen den Slogan »Telegate – da werden Sie geholfen« zu stammeln hatte, pries *Bild* das als »kultverdächtig wie Trapattonis ›Ich habe fertig‹.«

Kult ist die Vermeidung des Individuellen, an dem sich andere reiben könnten. Kult begleitet die Sprachzerstörung, ganz gleich, ob es sich um das Deutschgestammel des ehemaligen Bayerntrainers Trapattoni handelt oder um Guildo Horn, um die sogenannten Dialoge (»Is' nich'!«, »Okay, okay!«) in *Gute Zeiten, schlechte Zeiten* oder bei irgendwelchen beliebigen sonstigen Anlässen: Mit enthusiastischem Freudengeheul nimmt man die Impulse auf, verdichtet sie und nimmt der Sprache damit wieder ein wenig Substanz. Was dann an anderer Stelle entweder mit einem betriebswirtschaftlichen Leerformeldeutsch (Vorbild ist nicht mehr Vorbild, sondern *Best practice*) oder mit der Überhöhung der eigenen Bedeutung kompensiert werden muß, die man in der Einzigartigkeit des Namens verankert.

Hans und Erna und die Doppelnamen

Der Name steht nicht mehr für das Erbe einer Familie, er steht für eine gesellschaftspolitische Dokumentation. Der Nachname vor allem. Und vor allem der Nachname bei Frauen. Sie wollen nicht mehr die Namen ihrer Männer tragen, wenn sie heiraten. Gut so. Bleiben sie eben bei ihren eigenen. Aber genau das geschieht nicht. Es werden Doppelnamen konstruiert.

Doppelnamen – die Versicherung der Fortschrittlichkeit. Es muß hier nicht wiederholt werden, was Eckhardt Henscheid schon vor einem Jahrzehnt (in der *Titanic*) einfach auflistete – von Christiane Brasse-Nothdurft über Verena Hruska-Deutelmoser und Siegrid Krähe-Anton bis hin zu Marie Antoinette Stutenbäumer-Hübner und zur wohl allseits bekannten Fernsehpfarrerin Oda Gebine Holze-Stäblein. Das kann in seiner ganzen geballten Satire nachgelesen werden in Henscheids Kolumnensammlung *Hoch lebe Erzbischof Paul Casimir Marcinkus* bei Haffmanns. Was Henscheid hier vorführt, zumindest ist die Vermutung nicht von der Hand zu weisen, ist die Pose, die eine natürliche Substanz vortäuschen soll. Aber selbst wenn Substanz dahintersteckt, ist die Pose unverkennbar. Und jede Pose ist Krampf, das wissen wir seit den Schultagen, da wir Heinrich von Kleists *Marionettentheater* lesen mußten, in dem das Gleichnis vom Dornauszieher vorkommt, und alle in der Turnstunde versuchten, diese elegante Bewegung nachzuahmen und umfielen.

Übrigens ist das Nachnamenproblem vielleicht gar nicht so wichtig. Denn allerorten, wo es um die Frage der Frauen geht, dominieren ja die Vornamen.

Vor allem in den Kolumnen.

Und da wiederum in einer weichgespülten Kuschelphilosophie des neuen Gruppenerlebnisses, das im wesentlichen von der Modernität, von der modischen Inszenierung von Namen mitgetragen wird, was auch – und das ist durchaus zu verstehen – die Verschwisterung der Betroffenen zeigen soll.

Die ganze Böse-Mädchen-Schiene, von Ute Ehrhardt breitestens angelegt – im übrigen allerdings lange zuvor schon wesentlich scharfzüngiger, klarer und konsequenter beispielsweise von Paula Almquist oder Elfriede Hammerl (im *Stern* oder im *Profil*) beschrieben –, besteht ja aus jungen Damen (und Herren), die nur Vornamen tragen. Man wird dabei allerdings das Gefühl nicht los, daß es diese bevornamten Figuren gar nicht gibt. Und genau das wird zum Problem: Der erfundene Vorname zu einer Geschichte, die so hätte sein können, aber ebenfalls erfunden ist, nährt die Skepsis in den Journalismus. Das ist ja in den USA ein erhebliches Problem gewesen, als Janet Cooke, Reporterin bei der *Washington Post*, *Jimmy's World* erfand, die Welt eines achtjährigen heroinabhängigen Jungen. Nun gibt es in den USA, und es gab in den USA zur Zeit der Reportage von Janet Cooke, am 3. Januar 1980 nämlich, sicher eine Menge achtjährige heroinabhängige Jungen, und es mag sogar sein, daß einer Jimmy hieß. Janet Cookes Jimmy gab es allerdings nicht. Den Pulitzerpreis, den die aufrüttelnde Reportage ihr eingebracht hatte, mußte sie zurückgeben. Ihren Job war sie auch los. Die Amerikaner haben es mit der Wahrheit.

In Kolumnen, vor allem in denen der emanzipatorischen Frauenzeitschriften, ist das anders. Nicht, daß sie es nicht mit der Wahrheit hätten. Aber hier sind die Vornamen, die für ganze Zeiterscheinungen stehen, und die Geschichten, die sich um sie entspinnen, sehr beliebt. Die Geschichten von Jonas, Manfred, Klara, Helga und Madeleine zum Beispiel. Oder von Hans. »Hans, mein Hausfreund seit Jugendtagen«, berichtete Elfriede, »wird mir eines dieser sagenhaft praktischen Diktiergeräte besorgen, die es sagenhaft billig bei einem Discounter gibt, zu dem ich selten komme, Hans hingegen häufig.« So wissen wir also schon viel über Hans, den Tausendsassa, der sich auskennt. Wir erfahren dann weiter, daß die Frau von Hans Hanna heißt. Im weiteren Verlauf der dramatischen Inszenierung tauchen dann noch Ingrid, Ida, Ilse und Luise auf.

Um was es geht, ist rasch vergessen.

Das ist auch egal.

Hauptsache, wir wissen, daß Elfriede viele Freunde hat und daß sie im *Stern* (und im *Profil*) über diese Freunde schreiben kann: sechsundachtzig ließen sich bislang ausmachen. Allerdings ist Elke nicht dabei. Elke kennt man aus der *Brigitte*. Und man weiß nun von Elke, daß sie nicht allein in Urlaub fahren wird und daß sie die Freundin von Susanne Mersmann ist. Susanne schreibt nämlich einen Bericht in der *Brigitte* über Frauen, die allein in Urlaub fahren. Daß sie dazu erst einmal ihre Freundin Elke als Zeugin für die entrüstete Ablehnung aufruft, ist ein hübscher journalistischer Kunstgriff: »›Nie würde ich das machen‹, sagt meine Freundin Elke entrüstet«, sagt Susanne in der *Brigitte*. Es hätte auch in der *Freundin* sein können. Oder in der *Wienerin*. Denn auch die *Wienerin* hat viele Freunde und Freundinnen, Markus zum Beispiel, von dem wir erfahren, »daß er viel zu selten dazu kommt, es mit seiner Geliebten zu tun«. Auch Tina, Peter, Martina und Hannes haben Probleme – über Sex zu reden. Die Jungs und Mädels in der *Cosmopolitan* haben offensichtlich weniger Probleme. Bei Jens nämlich, den man schon von Paula (Almquist) kennt – wenn es jener Jens ist, über den sie im *Stern* geschrieben und den sie vielleicht weiterempfohlen hat –, »dauert es selten länger als eine Minute. Bei Renate geht es nur, wenn sie die Beine verschränkt.«

Was um Himmels willen?

Masturbation!

Da versteht man schon, daß nicht der volle Name genannt wird.

Wie auch immer. Sie alle, die aus dem *Stern*, die aus der *Brigitte* und der *Freundin*, der *petra* und der *Wienerin*, kennen wir schon länger. Erinnert ihr euch? Hans zum Beispiel. Hans ging zum Bäcker. Und Marie. Marie fütterte die Katze – im Schulbuch für Erstkläßler. Es ist freudig zu begrüßen, daß die Zeitschriften sich mutig auf dieses Niveau begeben und damit etwas für den Lesernachwuchs tun.

Frauen sprechen anders

Marie spricht später anders als Hans. Kein Wunder, man hat sie auch schon frühzeitig mit Puppen spielen lassen, mit denen sie sprechen konnte, während sich Hans mit Autos beschäftigt und nur »brrrrrrrmmm, brrrrrm« macht. So ist es denn, wenn Männer sprechen, ähnlich wie mit dem Lachen, es ist ungehobelt und ungeschlacht. Beim Sprechen konzentrieren sie sich auf wenige Themen, die alle nur eines repräsentieren: ihren Status als Gockel. Und Frauen? Nachdem es eine Zeitlang darum ging, daß sie gleich waren, sind sie nun anders. Gleicher. Es ist eine beliebte Übung in Frauenmagazinen: Galaxien zu entwerfen, die so weit voneinander entfernt sind, daß sie nur durch Kästen zu überbrücken sind, durch Kästen, in denen sie (Marie) etwas sagt, was er (Hans) falsch versteht. Und nur falsch verstehen kann. Aber, und das ist neu in der Analyse der Geschlechterverhältnisse, er ist nicht böswillig, sondern einfach nicht auf Verständnis programmiert. Dauernd deckt, wie Frauenzeitschriften erkundet haben, »die« Wissenschaft ständig neue Ursachen der Unterschiede auf. Diese Unterschiede werden unabhängig von Alter, Situation, Kultur geordnet. Und dann geht es los:

Männer sind so.

Und Frauen sind anders.

Und seit es wieder modern ist, mit genetischen und biologischen Erklärungen herumzufuchteln, kommen auch hier eine Menge Testosterone, neurologische, physiologische und sonstige Partikel der menschlichen Persönlichkeiten ins Spiel. Zur Illustration nur wenige bahnbrechende Befunde:

Wenn Frauen denken, spielt das obere limbische System eine Rolle. »Dort sitzt das soziale Denken«, sagt die *Wienerin*. Wenn Männer denken, wird das untere limbische System aktiviert. Dort sitzt, wie man sich vorstellen kann, alles andere als ein soziales Empfinden.

Frauen verbringen eine Menge Zeit damit, Probleme zu antizipieren und auf diese Weise zu vermeiden – konsequenterweise erhalten sie kein Lob, weil nichts schiefgeht.

Frauen sind eher teamorientiert als egozentriert, sagen daher häufiger »wir« statt »ich« und bringen sich so um den persönlichen Erfolg ihrer individuellen Leistung.

Frauen formulieren Anweisungen gern als Bitten, um den Gesprächspartnern nicht das Gefühl der Unterlegenheit zu vermitteln. Deshalb möchten gern viele Frauen nicht mehr gut und damit dumm, sondern böse und damit gut sein.

Es gibt also einen Klärungsbedarf.

Und wo ein solcher Bedarf herrscht, finden sich Angebote.

Je einfacher und eingängiger sie sind, desto verbreiteter. Und je verbreiteter, desto häufiger imitiert und nachempfunden, ausdifferenziert und bis ins letzte ausgequetscht, um dann zum Gegenteil überzugehen. So wurde denn auch aus der kleinen Beobachtung, daß Männer und Frauen gelegentlich unterschiedlich reden, ein Markt. Es waren dabei vor allem Frauen, die mit glasklarer Rationalität die Lücke erkannten und füllten. Deborah Tannen zum Beispiel mit dem auch ins Deutsche übergegangenen Begriff des Gender-talk: *You just don't understand* hieß Tannens erstes Buch, ein zwischengeschlechtliches Controlling der Kommunikation. Was kommt raus? Noch größere Mißverständnisse, indem man (oder frau) interpretiert, was man (oder frau) möglicherweise wirklich gemeint hat, während man (oder frau) sich bereits so ausgedrückt hat, daß der Theorie gemäß frau (oder man) die tiefere Bedeutung der Information hätte verstehen müssen. Da aber die Tannen-Gesetze des wechselseitigen Mißverständnisses angenommen werden, wird nun das bereits auf Verständigung angelegte Gespräch vollends fehlinterpretiert. So kommt genau das dabei heraus, was jeder vermeiden wollte, nämlich ein Mißverständnis. Und nicht nur im Privatleben, sondern bestsellertauglich natürlich auch im Beruf. Denn Tannen legte nach: *Talking from 9 to 5.* Titeln können sie ja, die Amerikaner.

Deborah Tannen war nicht die erste.

Ein Robin Lakoff schrieb schon 1975 über *Language and Women's Place*: Frauen sprechen indirekt, zögernd und einvernehmlich. These: Sie setzen sich dadurch in die schwächere Position. John Gray zog dann nach und hatte schon mehr Aufmerksamkeit. Auch sein Titel richtet sich nach dem Markt der Unterschiede: *Men are from Mars, Women are from Venus* (1992, deutsch: *Männer sind anders, Frauen auch*), mehr als eine Million Mal verkauft und dann weltweit verfügbar, auch, wie es hilfreiche Praxis ist, als Workshops für eine sprachungewandte Klientel.

Nach diesem mehrfachen Erfolg der Grundidee brach allerdings eine Lawine los.

In *Frauensprache – Männersprache: Die verschiedenen Kommunikationsstile von Frauen und Männern* (Orell Füssli) kamen 1995 schließlich Katrin Oppermann und Erika Weber auch noch einmal zu den allseits bekannten Ergebnissen: »Männern kommt es mehr auf Informationsvermittlung an – für Frauen ist die Beziehung zu ihrem Gesprächspartner wichtiger –«, während sich die lukrative Geschäftsidee in den USA vorbildhaft verbreiterte und schließlich den Unterschied als Kompetenz verkaufte. *Celebrating diversity*, in Seminarform angeboten von der bekennenden Psychologin Cheril Hetherington. Das wertvolle Gut muß gehätschelt werden, erlaubt es doch die Errichtung einer kleinen Nische. Hetheringtons 28 Übungen zur »intergeschlechtlichen Verständigung« sind nun auch im Internet aufzurufen.

Job-talk – ein überspitztes Problem, das sich in den mittleren und gehobenen Führungsetagen offensichtlich in weit geringerem Maße abspielt als dort, wo es wirklich weh tut: an durchschnittlichen Arbeitsplätzen. Aber das ist eine Welt, die weniger glitzernd ist, vor allem eine, die für den Buch- und Beratungsmarkt kaum von Interesse ist. Deshalb werden dort die Schatten kaum ausgeleuchtet.

So spitzt sich denn das Problem wieder einmal auf eine Gruppe zu, die sich erfolgreich in allen auch nur erdenklichen Facetten als das ultimative Opfer hat legitimieren können – oder anders gesagt: spitzt sich zu auf die publizistischen Speerspitzen einer vermeintlichen Gruppe, die man zum eigenen Nutzen zu Opfern erklärt. Damit vollzieht sich jene bereits mehrfach angedeutete Strategie der Kumulation der Benachteiligungen, aus der sich ein Gewinn ziehen läßt – der Gewinn an Präsenz. Andere Gruppen (oder verstreute Individuen), die nicht in der Lage sind, dieselben Defizite publizitätsgerecht für sich zu reklamieren, verlieren ihre Ansprüche. Gerade auf dem Gebiet der Sprache gab es ja in den sechziger und siebziger Jahren ein breitangelegtes Forschungsgebiet der »schichtenspezifischen Sprachsozialisation«, die dann später etwas griffiger als Forschung über den unterschiedlichen Sprachgebrauch verschiedener Milieus betrieben wurde. Diese Suche nach den Barrieren gesellschaftlicher Teilhabe betraf die Menschen im Alltag, generell. Es ging darum festzustellen, wie Menschen in einem von der offiziellen Hochsprache geprägten Alltag im Hinblick auf berufliche und bürokratische Herausforderungen ihre Chancen wahrnehmen konnten, alle Menschen, unabhängig von Rasse und Alter und ohne Ansehen ihrer Herkunft. Dabei widmete sich ein Teil dieser Forschung auch der sogenannten geschlechtsspezifischen Sozialisation, also der unterschiedlichen Erziehung von Mädchen und Jungen. Daraus nun ist das weit angelegte und alle anderen verdrängende Thema des Gender-talk geworden. Die Benachteiligung bestimmter Milieus ist kein Thema mehr, jedenfalls kein öffentliches. Menschen sind uninteressant, wenn sie nicht das publikationsträchtige Kriterium der jeweiligen Moden erfüllen.

Siebzehntes Kapitel: Wissenschaft

Regentänze und Stammesrituale

Die Theorie der schichtenspezifischen Sozialisation und mit ihr eine ungeheure Schwemme an Arbeiten über die subkulturellen Definitionskämpfe über die gesellschaftliche Norm ist nun mehr als dreißig Jahre alt. Dreißig Jahre Analyse und ihr kümmerliches Ergebnis, das ist die Diagnose, die auch durch große Worte nicht zu beschönigen ist: Pädagogik, Soziologie, Kommunikationswissenschaft – alles akademische Forschung, die akademisch blieb und kaum Effekte auf die Wirklichkeit hatte. Selbst die Wirtschaftswissenschaft tappt im Nebel herum und weiß nicht, welches Rezept sie gegen die derzeitigen Turbulenzen empfehlen soll. Das ist nun sogar aktenkundig durch einschlägige Forschungen, die Theorien und Wirklichkeiten miteinander verglichen haben. Da es hier aber um Alltagskultur geht, bleiben ihre Bemühungen zunächst einmal ausgespart, und die Konzentration verengt sich auf Geistes- und Kulturwissenschaften. Und da es in diesem Buch sehr oft um die Rolle der Medien geht, rückt nun die Wissenschaft, die sich mit den Medien beschäftigt, ins Zentrum: die Publizistik- und Kommunikationswissenschaft.

Doch zunächst sind einige Vorbemerkungen notwendig, die eine Reihe von Mißverständnissen ausschließen: Es geht nicht darum, die beliebte Kritik am akademischen Jargon mit spitzem Mund nachzuflöten. Wo sich Wissenschaftler in der klaren und sezierenden Sprache ihres Faches miteinander unterhalten, sind sogenannte Fremdworte sicher angebracht (wiewohl man darüber streiten kann, ob es unbedingt notwendig ist, statt Bedeutsamkeit *Relevanz* zu sagen). Denn wie jede Fachsprache hat auch das wissenschaftliche Vokabular das Ziel der Unzweideutigkeit.

Nicht aber den Sinn der Unverständlichkeit.

Auch nicht den Sinn des rituellen Nachvollzugs akademischer Initiationsriten und semantischer Stammestänze. Und schon überhaupt nicht den Sinn eines Regentanzes, des Tanzes um den warmen Regen der Drittmittelbezuschussung nämlich, die keinen anderen Sinn hat als sich selbst.

Aber wichtiger als das ist die Tatsache, daß zum Jargon und damit zur posenhaften Attitüde die Wissenschaftssprache erst wird, wenn sie in das eintritt, was sie selber den »öffentlichen Diskurs« nennt. Was natürlich keiner versteht, und was auch nicht stimmt. Denn niemand weiß, daß der Diskurs die Bemühung um eine gemeinsame Präzisierung von Fragestellungen darstellt, die alle Beteiligten gleichermaßen und natürlicherweise angeht. Insofern ist der Diskurs keine Diskussion, in der es um den Austausch unterschiedlicher Positionen und ihre Pointierung geht, und er ist noch weniger eine Debatte, in der es um die kämpferische Durchsetzung von Positionen geht.

Kompliziert.

Und für das öffentliche Zeitgespräch völlig uninteressant.

Die Leute, aus deren Belangen sich die Wissenschaft legitimiert, wollen schlicht und einfach wissen, was gesagt wird und was gemeint ist. Das wollen sie von denen wissen, die dafür bezahlt werden, den Wissenschaftlern. Sie wollen es von Leuten wissen, die sich im weitesten Sinne Pädagogen nennen, Hochschullehrerinnen und Hochschullehrer. Die also mit diesen Selbstbildern behaupten, sich in unterschiedlichen Sprachformen ausdrükken zu können.

Das können sie aber nicht.

Oder sie wollen es nicht.

Jedenfalls mehrheitlich nicht.

Akademische Bürokratie des Geistes

Sie verbürokratisieren das Selbstverständliche sprachlich so lange, bis nur noch sie selbst die Verwaltungsakte intellektueller Einsichten kontrollieren können. Und dann hört ohnehin keiner mehr zu, denn diese Bürokratie besitzt keine hoheitlichen Rechte. So liest man denn statt Aufrüttelndes über die Wirklichkeit Sätze wie diese: »Treten … nun zwei Menschen kommunikativ zueinander in Beziehung, dann beeinflussen dieses normativ (vor)geprägte Verhältnis, das sie zueinander haben (oder zu haben glauben), und die sich daraus ergebende – wechselseitig (in der Regel) vorweg bereits definierte – Kommunikationssituation ihr jeweiliges kommunikatives Handeln, hier: die Wahl und die Interpretation gesetzter Sprechakte.«

Dazu gibt es dann Zeichnungen, weil auch beim besten Willen nicht klar werden will, was der Satz eigentlich ausdrückt, obwohl dieser Schriftakt doch dazu angetan sein soll, die Geheimnisse der Kommunikation zu enträtseln – und zwar in einem Grundlagenbuch der Kommunikationswissenschaft von Roland Burkart: *Kommunikationswissenschaft* (Böhlau Verlag). Wäre das nicht ernsthafte Wissenschaft, könnte es als kabarettistische Unterhaltung durchgehen. Es ist interessant, wie sich die These der aufklärerischen Wissenschaft, wie sich das Vermächtnis auch der kritischen Wissenschaft gegen sich selber richtet.

Die Zeichnung macht es übrigens auch nicht deutlicher.

Das Testament dieser Wissenschaft hatte ja Adorno formuliert und in eine charmante hegelianisch dunkle Sprache gekleidet, die an Unverständlichkeit später nur noch vom Trendguru Gerd Gerken übertroffen wurde. Der Unterschied zwischen Adorno und Gerken bestand und besteht allerdings darin, daß Adorno (und seine Epigonen) sich mühten, komplizierte Sachverhalte sprachlich zu fassen, während Gerkens Bemühen darin liegt, von der simplen Charakteristik seiner Einsichten durch Wortnebel abzulenken.

Nur ist es bei den Epigonen der Epigonen Adornos und seiner Nachfolger nicht mehr sicher, ob nicht auch hier nur noch Wortnebel produziert wurden, die nicht mehr dem Gegenstand, sondern dem akademischen Qualifikationsritual gelten und damit nichts anderes bedeuten als eine Währung, die man in diesem System wechselseitig akzeptiert.

Und da macht sich das Sprachritual bemerkbar. Es behindert die freie Sicht auf die Dinge. Es setzt das Standesbewußtsein an die Stelle der Vorurteilsfreiheit, die Theorie an die Stelle einer ungezügelten Beschreibung, die ihr, der Theorie, erst einmal vorauseilen müßte. Zugang zum wissenschaftlichen Abenteuer steht jedoch nicht jedem zu. Denn in der Scientific community gibt es, wie in jedem anderen Netzwerk, einen festen Besetzungsplan für die Rollen dieser Commedia dell'arte. Wer witzig und originell sein darf, wer von den kodifizierten Sprachregelungen abweichen darf, bestimmt das Protokoll. Versucht es jemand anderer, redet er sich um Kopf und Kragen, das heißt in diesem Falle um die Gunst von Berufungskommissionen. Für Frauen gilt das. Sie unterwerfen sich dem System der akademischen Rituale, ohne sie fundamental zu ändern, obwohl sie kommunikative Kompetenzen für sich in Anspruch nehmen. Zwänge allerorten, die dazu führen, daß der Gegenstand nicht an sich, sondern für die herrschenden Theorien zugerüstet wird.

Wie in den *Überlegungen zu einer Theorie der Unterhaltung* der Fribourger Kommunikationswissenschaftler Louis Bosshart: »Es gehörte zu den Topoi der vergangenen zwanzig Jahre, beim Reden und Schreiben über Medienunterhaltung immer wieder einen Mangel an einschlägigen Arbeiten und eine für weite Kreise fehlende Kultursignifikanz des Untersuchungsobjektes zu beklagen. Mittlerweile ist vorab im deutschsprachigen Raum eine erhebliche Anzahl unterhaltungs-orientierter Forschungsobjekte abgeschlossen und publiziert worden. Höchste Zeit also, die Frage zu stellen, inwieweit die vorab empirisch gewonnenen Einzelbeobachtungen einer Zusammenschau aus einer übergeordneten Perspektive, also einer Theorie, zugeführt werden können.« Denn das wäre ja noch schöner, wenn da irgendwo Ergebnisse herummarodierten, die sich nicht in den Kanon der wechselseitigen professionellen Verständigung überführen ließen. Und dann kommt am Ende dieses Aufsatzes das Ergebnis: »Wesentliche Ziele vermittelter und unvermittelter menschlicher Unterhaltung dürften die Aufrechterhaltung eines ausgeglichenen, animierten Spannungszustandes oder bei verzerrten, respektive ver-rückten sowie reduzierten Spannungszuständen deren harmonische Wiederherstellung sein. Es ist anzunehmen, daß in industrialisierten, materiell ausreichend abgesicherten Gesellschaften Anregung durch Unterhaltung die Norm ist.«

Ist es vielleicht doch den weiblichen Wissenschaftlern vorbehalten, in etwas eleganterer und gleichzeitig originellerer Weise zum Kern des Unterhaltungsproblems vorzustoßen? Der erste Eindruck enttäuscht. Die rituelle Unlustsprache dringt auch hier durch, zum Beispiel in der Einleitung einer Analyse zum schleichenden Gift der Aufklärung; dem »Infotainment«. Es schreibt Heidemarie Schumacher: »Infotainment, ein jüngeres Schlagwort der Medienkritik, bezieht sich auf eine Verschränkung stilistischer Mittel aus den Bereichen ›Information‹ und ›entertainment‹: Nicht gemeint sind hier die allgemeine Unterhaltsamkeit und Nützlichkeit medialer Information, wie sie Rhetoriker immer schon als klassische Wirkungsfunktionen der Rede (im Sinne des podesse et delectare) beschrieben haben. Auch auf einen dramaturgischen Einsatz unterhaltender Programmgestaltung mittels Glosse, Sketch, Cartoon etc. in Informationssendungen wird hier nicht Bezug genommen. Gemeint ist eine bestimmte Tendenz, die in bildästhetischer Hinsicht (bezogen auf Montagerhythmik und Bildrhetorik), in der Zeitökonomie (Beschleunigungstendenz) sowie im Sendungsdesign alte Genregrenzen überschreitet und Elemente unterschiedlicher Programmangebote vermischt.« Womit eine wunderbar wortreiche Tautologie entworfen ist, die sich auch im Ergebnis niederschlägt: »Information wird durch diese Entwicklung auf das einfachste Modell reduziert, das Kybernetiker beschreiben: auf einen Sendeimpuls oder einfachen Reiz, der auf einen Empfänger trifft.«

Dritter Versuch, formuliert von Protagonisten der Theorie des »uses & gratifications approach«, hier eingedeutscht. »In der bisherigen Nutzen- und Belohnungsforschung sind zahlreiche Persönlichkeitsmerkmale und ihr Zusammenhang zu Nutzungsprozessen untersucht worden, ohne daß die Befunde in einen theoretischen Kontext eingebettet wurden. Um einen solchen Kontext herzustellen, wurde in der vorliegenden Untersuchung das Eysencksche Persönlichkeitsmodell mit seinen Dimensionen Neurotizismus, Psychotizismus und Extraversion verwendet. Wir gehen davon aus, daß die Bedürfnisse und Motive der Mediennutzung zum Teil Manifestationen der zugrundeliegenden Persönlichkeitsstruktur der Rezipienten sind.« Was kommt diesmal heraus? »Obwohl diese Untersuchung beträchtlichen Einblick in die Beziehung zwischen Persönlichkeitsmerkmalen und Medienpräferenzen gebracht hat, bleiben kritische Fragen über die kognitiven und psychologischen Mechanismen, die den beobachteten Trends zugrunde liegen, offen.«

Noch weiter, aus einem Vortrag eines Klaus Kocks an der Westfälischen Wilhelms-Universität Münster am 14. Dezember 1998: »Wir glauben, daß es sich bei den jeweils allerneuesten Geschichten um Phänotexte kulturkonstitutiver Genotexte handelt.«

Das glauben wir. Es stimmt aber nicht!

»Die unmittelbaren Themen, die täglichen Sensationen, sind Phänotexte der mittelbaren, jener Genotexte, die in ihrer Gesamtheit eine bestimmte Kultur ausmachen.« Was heißt?

Was heißt, daß alles schon dagewesen ist.

So hätte man das auch ausdrücken können. Aber das wäre keine Wissenschaft.

Die Frage ist nur, ob man die hehre Wissenschaft eigentlich braucht, wenn sie sich selber dazu degradiert, Kalendersprüche in eine Art technizistische Logensprache zu verklausulieren. Es ist die alte Abscheu der Intellektuellen vor der Berührung mit ihrem »Objekt«, dem einfachen Menschen. Warum ist ein einzelner Begriff von Hans Magnus Enzensberger, nämlich der des Fernsehens als »Nullmedium«, so unvergleichlich wirkungsvoller gewesen als die Befunde aus tausend Untersuchungen?

Es ist ganz einfach: Es ist die Verleugnung der unterhaltsamen Präsentation (was etwas anderes ist als eine Trivialisierung) der wissenschaftlichen Ergebnisse. Vielleicht sollten Professorinnen und Professoren des Journalismus tatsächlich, bevor sie das lehren, erst einmal lernen, zu schreiben. Dann wäre möglicherweise auch die im vorletzten Jahr weithin hörbare und bis heute nachhallende Klage überflüssig gewesen, daß niemand auf das hört, was auf wissenschaftlichen Kongressen verhandelt wird. Es setzte ja schiere Verzweiflung ein, eine weinerliche Kompensationsneurose, als der listige Störenfried und *agent provocateur* Alphons Silbermann in der *Zeit* einen Artikel publizierte, der den »Un-Sinn der modernen Kommunikationswissenschaft« anprangerte.

Zunächst also erwuchs aus dieser Ungeheuerlichkeit eine Diskussion, für die die *Zeit* auf der Wissenschaftsseite in mehrwöchiger Folge ein paar Zeilen zur Verfügung stellte. Dann setzte das Ritual ein: Parallel dazu wurde eine Diskussion im Verbandsheft der Kommunikationswissenschaftler – *Aviso* – eingerichtet. Und da zeigte sich erhebliche Irritation.

Schon im Editorial des 19. *Aviso* vom Mai 1997, als die Selbstverständigung über die Provokation beginnt, wimmelt es von besitzanzeigenden Fürwörtern, von Beschwörungen des disziplinären Kommunitarismus: Nahezu jeder Satz enthält die Beschwörung des gemeinschaftlichen Geistes (woanders nennt man es »Stallgeruch«): Ob eine derartige Diskussion der Sache wohl diene, fragten »wir uns«; und wie es denn käme, daß die »Kritiker an unserem Fach« sowenig über »unser Fach« wissen wollen, wo doch »wir Kommunikationsexperten« soviel Mühe aufwenden. Eine wahrhaft rasende Sehnsucht nach Heimeligkeit der Insider – sie war es ja auch, die in den Kritiken am Silbermann-Pamphlet die Hauptrolle spielte: Da erfrecht sich einer, der nie wirklich zum Fach (zu »unserem« Fach) gehört hat, dieses Fach zu kritisieren! Und so geht es weiter in Selbstdefinitionen »gegenüber« der Medienöffentlichkeit und kulminiert schließlich in der Frage des Herausgebers des *Praktischen Journalismus*, des Münchener Professors Heinz Pürer: »Werden wir nicht verstanden?«

Wer ist das: »wir«?

Sind es diejenigen, die sich in Büchern wechselseitig zitieren? Sind es diejenigen, die sich in der *Zeit* in einem nationalen Forum fühlen, weil dort die Ausschreibungen der Stellen stehen, mit denen neue Mitglieder der Großfamilie kooptiert werden? Auf jeden Fall ist da diese unglaubliche

Sehnsucht nach öffentlicher Anerkennung. Da werden ein paar leserbriefartige Bemerkungen zu einer »*Zeit*-Kontroverse« (wie der Leipziger Kommunikationswissenschaftler Haller sich ausdrückt) gemästet, und der Berliner Kommunikationswissenschaftler Stephan Ruß-Mohl spricht sogar von einem »nationalen Forum«, nachdem in geradezu verzückter Verkennung der medienstatistischen Tatsachen mehrfach der unglaubliche Status der *Zeit* beschworen worden ist, was ja alles sein mag, aber nichts daran ändert, daß wir es mit einem Zielgruppenmedium zu tun haben, das sich neu zu orientieren sucht, weil es an Bedeutung verliert und, was die Sache noch amüsanter macht: Zielgruppenmedium derjenigen ist, die sich hier in ihrer Selbstfindung vor einem nationalen Forum wähnen. Man darf an die Auflage und die Reichweite und die Markt-Kennziffern der *Zeit* erinnern. Dann darf man daran erinnern, daß diese Seite vor allem von denen gelesen wird, die im Thema involviert sind, und dies wiederum, wie gesagt, weil sie die akademischen Stellenanzeigen lesen, so daß selbst bei großzügiger Berechnung eine Reichweite von 25000 Personen zustande kommt, deren meiste zum Umkreis derer gehören, die sich da äußern.

Wie ausgehungert muß dieses Fach sein, wenn es eine derartige kleine Aufmerksamkeit zu einer nationalen Auseinandersetzung hochspielt, zu einer Dreyfuss-Affäre der Kommunikationswissenschaft?

Es fehle die Öffentlichkeitsarbeit, heißt es dann. Das sei verwunderlich, wo man sich doch wissenschaftlich gerade mit ihr so intensiv beschäftige.

Aber dann wird nicht etwa eine Agentur beauftragt, die das kann.

Die Heimwerker legen selbst Hand an, um »eine bessere Transferleistung zu erbringen«. Das methodische Rüstzeug haben sie selber erfunden: Es heißt »Intereffikation«. Was immer das bedeuten mag.

Nur, was wird da eigentlich zum Gegenstand der Öffentlichkeitsarbeit erhoben?

Daß man immer noch nichts über die Wirkung von Gewaltdarstellungen weiß?

Daß ein Hamburger Anwalt mit einer einzigen Klage mehr Diskussion über die Ethik der Massenmedien erreicht hat als ein ganzes Fach, das die Gesellschaft immerhin jährlich Millionen kostet, in einem Vierteljahrhundert? Man kann ja wohl auch so etwas verlangen wie eine inhaltliche Effizienz. Zumindest kann man doch wohl von Kommunikationswissenschaftlern verlangen, daß sie neben ihren wissenschaftlichen Jargons auch in der Lage sind, sich in den gesellschaftlichen Diskurs einzumischen.

Wenige Ausnahmen kennzeichnen die Szene. Und interessanterweise sind es die, die sich beiden Systemen gegenüber distanziert verhalten.

So bleibt die muntere Kritik, die sich weder dem System der Wissenschaftssprache noch dem der Medien, noch überhaupt irgendeinem System unterordnen will, Sache ambitionierter Einzelpersonen, wieder einmal. Die werden natürlich am ehesten gehört, wenn sie selber prominent sind. Aber wie kann jemand im heutigen Mediensystem prominent werden, ohne die Schule der Anpassung durchlaufen zu haben? Wie im Wissenschaftssystem? Es fordert Mut und bedeutet Risiko. Natürlich fallen Namen ein, fallen Namen auf, die immer wieder zitiert werden. Es sind die auf der Besetzungsliste als Ausnahmen bereits approbierten Personen. Es sind Ulrich Beck, Horst-Eberhard Richter, Hartmut von Hentig in der Wissenschaft. Es sind Journalistinnen wie Barbara Sichtermann, Cora Stephan, die leider schon verstorbene Franca Magnani und Journalisten wie Cordt Schnibben.

Die dürfen das.

Und dem Himmel sei Dank: Sie können das auch.

Doch es sind zu wenige, um die vielfältigen Bedürfnisse nach verständlichen Erklärungen der Wirklichkeit zu befriedigen.

Statt dessen überläßt man dieses Terrain den Scharlatanen, TV-Talk-Stars und Interpreten, die sich auch Psychologen nennen und »emotionale« und »intuitive« und andere außerhirnliche Intelligenzen predigen, die dann von Journalisten, die sich ausdrücken können, in Medien, die massenhaft verschlungen werden, verbreitet werden, ganz simpel. O ja, ich höre es schon: Wieder einer, der nicht so richtig, der vielleicht gar nicht dazugehört. Mit welcher Legitimation mäkelt jetzt der auch noch? Der mäkelt gar nicht. Der gibt nur die Erfahrungen wieder, die Erfahrungen aus der sogenannten »Praxis«, der Welt da draußen, wo nach Erfolg bezahlt wird und nicht nach Gehaltsstufen, wo die vier Kriterien für Forschungsaufträge Präzision, Zeitkongruenz von Finanzierung und Ertrag, Verwertbarkeit und Originalität sind. Und ein fünftes dazukommt: Verständlichkeit. Wo wirkliche Journalisten einen Alltag bestehen müssen, der auch *wirtschaftlicher* Natur ist.

Aber eines ist irritierend: Die meisten Journalisten haben heute ein Diplom, das sie an einer Universität erworben haben, mit wichtigen und kritischen Arbeiten über die Kulturindustrie zum Beispiel. Trotzdem wird nichts besser. Die Verführbarkeit der frischen Journalisten ist offensichtlich zu groß. Sie lernen zwar an den Hochschulen jede Menge Ethik. Dann aber kommt der Berufsalltag, dann lockt die Karriere. Und dann entsteht das, was man eine »buckelförmige statistische Verteilung« nennt: Während des

Studiums steigt die Progressivität, ein Luxus, der dann aber kurz nach Berufseintritt wieder schwindet.

Eine Scheinschwangerschaft.

Das hat übrigens eine Kommunikationswissenschaftlerin herausgefunden: Cecilia von Studnitz.

Da ähneln Journalisten, das ist wissenschaftlich erwiesen, sehr stark den Lehrern, obwohl die in den Journalisten und den Medien natürliche und angsteinflößende Feinde erkennen.

Achtzehntes Kapitel: Pädagogen

Geliebte Verschwörungstheorie

Die Angst der Pädagogen vor den Medien resultiert in erster Linie aus der Tatsache, daß die Medien unterhaltsam sind und damit vieles, was Pädagogen über Didaktik lernen, als wirkungslos diskreditieren. Statt nun aber Unterhaltsamkeit mit didaktischem Geschick zu verbinden und eine neue Qualität des Unterrichtens zu entwickeln, die Lust der erkennenden gegen den Wust der verschleiernden Sprache zu setzen, werden finstere Verschwörungstheorien in die Welt gesetzt. Die Medien manipulieren die jungen Seelen, wobei es eine klare Identifikationskette gibt: Die Medien sind das Fernsehen, und das Fernsehen ist die Werbung. Diese Strategie der Kausalkettenverkürzung hat in der kritischen Literatur zu den Medien eine lange Tradition. Und sie hat ihren immergrünen Kernbegriff: »Geheime Verführung«, abgeleitet aus einem Bestseller des Amerikaners Vance Packard. Da entsteht die Assoziation der Vertreibung aus dem Paradies. Eine derart mythische Idee hält sich beharrlich und ohne viel Modifikation über Jahrzehnte. Das Bild ist sehr eindringlich: Ein Angelhaken, an dem ein verführerisch roter Apfel befestigt ist – das war das Titelbild dieses bis heute meistverkauften Buches über die Werbung. Auf der vierten Umschlagseite des Buches wurden alarmierende Hinweise auf den Inhalt formuliert: »Dieser Nummer-1-Bestseller ist eine entlarvende, oft schockierende Erklärung der neuen Forschungstechniken und Methoden der Überredung. Es zeigt, warum Ihre Frau im Supermarkt 35 Prozent mehr einkauft, als sie eigentlich vorhatte, warum Ihre Kinder Getreideprodukte lieben, die knistern und knirschen, warum fast jede Frau daran scheitert, sich das Kleid zu kaufen, das sie eigentlich möchte, warum sich so viele von uns vor Banken fürchten, warum die Kleidung von Männern immer weiblicher wird, warum Männer an eine Geliebte denken, wenn sie ein Cabriolet im Schaufenster sehen, warum Männer selbst dann, wenn sie es könnten, nicht aufgeben, sich zu rasieren. In diesem Buch werden Sie eine Welt von Psychologieprofessoren entdecken, die Kaufleute geworden sind. Sie werden ihre Vorgehensweise kennenlernen, was sie über Sie und Ihre Nachbarn wissen, und wie sie dieses Wissen anwenden, um Ihnen Kuchenmischungen, Zigaretten, Autos, Seife und sogar Ideen zu verkaufen.« Ein Jahr später, 1958, wurde eine deutsche Ausgabe aufgelegt unter dem Titel *Die geheimen Verführer: Der Griff nach dem Unbewußten in jedermann.*

Das Buch wurde und ist weiterhin ein populärwissenschaftlicher Führer durch die irritierende Welt dessen, was die Wissenschaft unnötig kompliziert die »persuasive Kommunikation« nennt. Die Wirkung Packards resultiert zu weiten Teilen aus der Verständlichkeit seiner Sprache. Die Konjunktur für Publikationen über diese irgendwie außerirdisch anmutende Infiltration menschlichen Geistes war groß. Das damals noch junge Medium Fernsehen erzeugte vor allem bei Pädagogen und Eltern beträchtliche Irritationen (nicht nur wegen der wellensichttichmordenden Strahlen). Die Konsumwünsche der Wirtschaftswunderjahre bescherten der Werbung erste große Erfolge, die Konzentration auf den Erwerb des Standardpakets alltäglicher Besitztümer weckte moralische Zweifel. In einer solchen Situation konnten Werke, die sich fundamental mit den neuen, unbewältigten Zeiterscheinungen auseinandersetzten, mit breiter öffentlicher Resonanz rechnen. Die Leser solcher Bücher fühlten sich ertappt, weil die Totalität der Schilderungen keine Handlungsweise des Alltags ausließ und mit allumfassenden Manipulationstheorien arbeitete. Eine Reihe von kritischen bis apokalyptischen Prognosen verdeutlicht in der Rückschau heute noch die irritierte Wahrnehmung der vermeintlich geheimnisvollen Mächte, die in die traditionelle Kommunikation einbrachen – dies vielleicht auch deshalb, weil der unheimliche Erfolg der Propaganda des Dritten Reiches die Erinnerungen noch belastete.

Die Titel, oft in düsteren Farben gehalten, umschrieben die »Macht des Bildschirms«, beschworen wortgewandt mit der Attitüde von Predigern und Propheten des nahenden Untergangs die Gefahr, die von »heimlichen« oder von »unheimlichen Miterziehern« ausging und die familiäre Harmonie zersetzte.

Auch wenn kreative Forscher wie Dieter Baacke, ein der Konsumverherrlichung wirklich unverdächtiger Professor aus Bielefeld, in einer 1992 für das Bundesministerium für Frauen und Jugend erarbeiteten Studie über »Kinder und Werbung« keine devastierenden Folgen feststellen – die Mär von der zersetzenden Wirkung »der« Werbung hält sich beharrlich. Konsum ist der Erbfeind der Pädagogik, Werbung sein Adjutant, seine Fünfte Kolonne, besser gesagt. Manchmal beschleicht den Beobachter der pädagogischen Kultur das Gefühl, ein Leben ohne diesen Erbfeind sei nicht lebenswert, denn er bietet ja immerhin eine Existenzberechtigung. Zu allem Überfluß weist nun auch noch ein Pädagoge – Jan Uwe Rogge – nach, daß Kinder Ängste brauchen (nachdem schon Bruno Bettelheim konvertiert war und geschrieben hatte, daß Kinder das Fernsehen brauchen): Und so findet sich gelegentlich, wenn besonders apokalyptische Einzelbefunde über die zersetzende Wirkung der Medien zu berichten sind, dieses wissende Lächeln, diese apokalyptische Freude, daß sich die mephistophelische Chimäre in wieder einer neuen Verkleidung hat entlarven lassen. Ob sich da ein junger Werther nach einer Fernsehproduktion über den Selbstmord eines Jugendlichen vor den Zug wirft – wobei die Kausalkette sehr eng geknüpft wird – oder ein besonders brutaler Mord nach den minutiösen Vorgaben eines Schockers vollzogen wurde, ob es um Sex oder Drogen geht. Ursache: Wirkung der Medien. Die einzelnen Stimmen der Pioniere, die sich der herrschenden Meinung nicht unterordnen wollen, wiegen offensichtlich zu leicht.

Heilige Kühe

Aber das alles ist nichts gegen die Meldung, die im vorletzten Jahr durch alle Medien ging, daß Kinder in einer deutschen Schule, aufgefordert, eine Kuh zu malen, diese Kuh lila anlegten. Ha, sagten die Pädagogen, da seht ihr's, das Fernsehen und die Werbung! Nun meinen die Kinder, die Kühe seien lila! Die Werbung, auch wenn sie so schöne Dinge bewirbt wie Schokolade und so schöne Farben verwendet wie dieses Mauve mourant, das sogar einen vor-utopischen Touch der frühen Feminismus-Romantik besitzt und daher allerehrenhafteste Assoziationen weckt, diese Werbung also ist Gift für die unverdorbenen Seelen. Und so ging der Aufschrei durchs Land. Denn wenn irgendwas der Pädagogik auf die Nerven geht, dann daß die Kinder in der Stadt nicht mehr wissen, wie Rindviecher aussehen.

Es gibt keine lila Kühe!

Bis eben auf die Werbekuh, in bezug auf die sich übrigens schon Tierschützer erkundigt haben, ob ihr die Einfärbung auch nicht geschadet habe. Das ist alles sehr lustig, weil die andere Fraktion der Fürsorger unserer Umwelt vor einigen Jahren dahintergekommen ist, daß die Fürze von Kühen, weltweit summiert natürlich, Ozonlöcher in die Atmosphäre reißen. Dagegen ist die Bemalung einer Kuh als Werbekunstwerk vernachlässigbar, wie sie wohl sagen würden.

Aber auch darum geht es nicht, sagen wiederum die, die sich über die lila Kühe im Unterricht aufgeregt haben. Es gibt keine lila Kühe, und die Kinder sollen die Kühe so malen, wie sie sind, braun oder rotbunt oder schwarzbunt, allenfalls in Weiß, wie die heiligen Kühe der Inder.

Ein wenig verzopft, diese Kunsttheorie.

Ein wenig gestrig.

Es wird nämlich ziemliche Schwierigkeiten geben, wenn der Kunstlehrer, der die lila Kühe mit Entsetzen als Beleg der Fernsehdebilität seiner Schüler an die Presse weitergegeben hat – es werden wohl Kunstlehrer gewesen sein, denn es ist schwerlich anzunehmen, daß man im Mathematikunterricht Kühe hat malen lassen –, irgendwann einmal die Maler des Expressionismus zu vermitteln haben wird.

Blaue Pferde!

Pferde in allen erdenklichen Farben, auch Karmesinrot und Violett darunter!

Gelbe Kühe mit lila Flecken.

Wo haben die das her, die Mackes, Marcs und Kirchners, die ja immerhin zu den Künstlern gehörten, deren Viecher man noch halbwegs erkennen konnte? Franz Marc sagte einmal auf den Einwurf eines Kritikers, daß seine Pferde ja blau seien und daß es keine blauen Pferde gebe: »Ich male keine Pferde, ich male Bilder.«

Eine lila Kuh, so wie die Kinder sie gemalt haben, wäre in den Ateliers der zwanziger Jahre überhaupt nicht aufgefallen.

Die Kinder sahen die Sache denn auch weniger verkrampft. Und die blauen oder die violetten Pferde des Herrn Marc waren ihnen völlig wurscht. Die Wahrheit liegt ganz woanders, wie jetzt in einem eilig einberufenen akademischen und von der Deutschen Forschungsgemeinschaft finanzierten Projekt – sie erkennen schnell die Konjunkturen, unsere Forscher, o ja – der Universität Bielefeld über Kinder und Werbung offenkundig wurde: »Natürlich wissen wir«, sagen die Kinder, die schon zu Naturkundelegasthenikern erklärt worden waren, »wie richtige Kühe aussehen. Es gibt rotbunte und schwarzbunte, Falben und Braune. Aber uns war es einfach zu langweilig, richtige Kühe zu malen!« Vielleicht haben sie auch feinsinnig geahnt, womit sie ihrem Lehrer eine Freude machen können.

Gelernte Hilflosigkeit

Und doch konnte sich die Pädagogik wieder einmal als Opfer der Umstände feiern, Opfer der Werbung, was ja noch schlimmer ist. Dies, obwohl in der besagten Baacke-Studie (die viele andere Studien auf ihre Aussagekraft hin überprüft hat) die wesentliche Schlußfolgerung lautete: »Zu warnen ist zunächst vor falschen Aufgeregtheiten und allzu raschen, kurzschlüssigen Schlußfolgerungen.« Denn: »Nicht nur die Werbung produziert zunehmend Mythen, sondern die Mythenproduktion der Wissenschaft und der öffentlichen Meinung über die Werbung nimmt ebenfalls erheblich zu.« Die Studie wurde nicht öffentlich gemacht.

Diese überschnelle Reaktion zeigt, daß das grundsätzliche Erklärungsmuster der erlernten Opferrolle (»gelernte Hilflosigkeit«) zu einem Kernbestand der Kultur geworden ist. Die Verknüpfung von Wirkungen und Ursachen läuft geradlinig auf einen anonymen, mächtigen Verursacher zu. Andererseits fügt sich dieses Bild in die Angst vor den Medien ein, die der klassischen Pädagogik ihr Terrain streitig macht. Und selbst angesichts relativierender Studien, die eindeutig belegen, daß Anfälligkeiten für Sex & Crime & Konsumwahn eher in der häuslichen Erziehung liegen als in der unmittelbaren Wirkung durch irgendwelche Medien, bleibt die gänsehautverursachende Faszination gegenüber den außerpädagogischen »heimlichen Miterziehern«, den unverstandenen, weil unbegreiflicherweise wirkungsvolleren »Sozialisationsagenturen«.

Betrachtet man aber die Zahlen zum Gebrauch von Fernsehen, dann entschärft sich die Situation sichtlich. Sie wird auch erklärlich. Denn die angstvolle Faszination der traditionellen Pädagogik vor den geheimen Verführern entpuppt sich als Trugschluß und möglicherweise auch als Unverständnis, weil sich hier eine klassische Situation umkehrt – es stellt sich sozusagen das Baconsche Paradox ein: Zwerge, die auf den Schultern von Riesen stehen, sehen weiter als die Riesen. Die Zwerge vor dem Fernseher und vor dem Computer dirigieren ihre Geister mit Fernbedienung und Mausklicks so virtuos, daß eine große Schar von Lehrerinnen und Lehrern, ohnehin von Burnout-Symptomen geschüttelt, sie offensichtlich nicht mehr versteht.

Aber wenn man alles zusammenrechnet, kommt man beim Fernsehen auf ein durchschnittliches Nutzungsintervall von 12 Minuten und 8 Sekunden pro Kanal pro Tag. Das ist natürlich nur ein Mittelwert. Die Streuung liegt zwischen 100 Sekunden und 100 Minuten. Auf jeden Fall sehen Fernsehzuschauer in zunehmendem Maße (so das Hamburger Hans Bredow Institut für Rundfunk und Fernsehen) wirklich Fernsehstücke und nicht Sendungen und schon gar nicht einen durchkomponierten Abend. Sie konsumieren Ausschnitte aus einem träge dahinfließenden relativ gleichartigen Fernsehfluß. Michael Buß von der ARD-Fernsehforschung hatte sich zuvor schon die Sehgewohnheiten etwas näher angeschaut und war darauf gekommen, daß nur ein Zehntel der Zuschauer eine Sendung ganz sieht (unabhängig davon, ob Werbung eingeschaltet ist oder nicht). Dabei werden nun einige liebgewordene Vorurteile zertrümmert. Denn die Zuschauer bleiben am längsten bei Kriminalfilmen und am kürzesten bei Sexfilmen. Was die Medien wirklich vermitteln, findet sich in keiner wissenschaftlichen Theorie – nicht einmal in Ansätzen. Offensichtlich aber spürt die Pädagogik, daß mehr hinter der Maschinerie steckt als ein wenig Sex & Crime.

Sie hat recht.

Es ist nämlich jene bereits entlarvte, heimliche Botschaft, daß man alles erreichen kann, ohne irgend etwas zu können. Models, Serienschauspieler, Popstars. In diesem Zusammenhang muß die Frage nach der Wirkung der Werbung, nach der Wirkung der Medien insgesamt gestellt werden. Aber auch die Frage nach den Defiziten der Pädagogik. Denn offensichtlich gelingt es ihr nicht, ein Bild von der Wirtschaft, von der künftigen Situation der Arbeitswelt, vom Strukturwandel, von der Globalisierung und vor allem von den Chancen und von der Verantwortung junger Menschen in dieser neuen Szenerie zu vermitteln. Und am allerwenigsten gelingt es ihr, die Lust an der Zukunft zu vermitteln. Wie sollte das auch gehen, wenn der pädagogische Fundamentalismus mittlerweile sogar dazu tendiert, den Kindern das Spielzeug wegzunehmen, um die Einübung in die Konsumwelt zu unterbinden; wenn man mutmaßt, daß damit mehr Kreativität erzeugt wird, mehr »Lebenskompetenz« und höhere »Ökosensibilität« sowie Annäherung der Kinder untereinander, was auch unter frauenpolitischen Gesichtspunkten und die Ausländerfrage betreffend langfristig wirksam würde. Jede Mutter, jeder Vater wird die Antwort darauf kennen: Die Kinder werden dieser Pädagogik was husten und sich, wo immer es möglich ist, vor dem Kamin versammeln, um in die Flammen zu starren.

Zwar entsteht dieser jakobinische Kindergarten-Gulag aus dem guten Motiv, die Kleinen vor den Unbilden einer Welt zu schützen, die man als feindlich erlebt, doch er produziert genau das, was die Pädagogik vermeiden möchte: Lebensuntauglichkeit.

Da diese Formen der »Pädagogik« nicht selten sind, hat sich eine Reihe von Fachleuten zu Wort gemeldet. Am weitesten wagt sich dabei Hans Mogel vor, der an der Universität Passau lehrt. In erfrischender und vielleicht bajuwarisch direkter Art sagt er, was von derlei Dingen zu halten ist: »Eine Form von Kindesmißhandlung.«

Das Gegenmodell ist die »Spaßschule«, wie sie von der derzeitigen Fraktionssprecherin der Grünen, Gunda Röstel, gefordert wird, die, wie die meisten ihrer Parteikolleginnen, als Erzieherin tätig war. Da sollten dann die Noten abgeschafft werden. Auch hier geht es gleich um das fundamentale Gesamtkonzept, ohne Netz, um die Flucht aus einer Verantwortung für die tätige Gestaltung der Zukunft in einer Gemeinschaft. Die Zukunft wagen – das ist ja das Motto der Ausbildung – gilt hier nicht. Ohne eine tiefgreifende Reform der Lehrerausbildung sei das Schulsystem nicht zu ändern, heißt es. Das ist Unsinn. Kapitel 20 wird darauf zurückkommen: Sicher ist eine Bildungsreform notwendig. Aber so notwendig, daß ohne sie nichts mehr geht, ist sie keineswegs. Jeder Lehrer, jeder Professor, jede Lehrerin und jede Professorin kann in dieser Stunde noch damit beginnen, Inhalte und Formen so zu verändern, daß die Modernisierung der Bildung beginnt.

Jetzt.

Denn die Verschiebung der Verantwortung auf den sogenannten Reformstau ist meist nichts anderes als die Scheu vor der Initiative.

Da müßten aber andere Personen antreten, nicht diejenigen, die Angst vor allen anderen Berufen haben und sich in die pädagogische Kuschelecke flüchten, weil sie die ja schon vom Kindergarten her kennen. Die Bildungsanstalten bestehen die Konkurrenz offensichtlich nicht, weil die Mehrzahl ihrer Insassen oder die Mehrzahl ihrer Institutionen in rituellen Zwängen und Ängsten verfangen ist, in denen sie sich goutierlich leidend bis zur Frühpensionierung eingerichtet hat und bis dahin die eigene Angst vor der Wirtschaft mit »Kapitalismuskritik« tarnt.

Neunzehntes Kapitel: Achtundsechziger

Frühpensionierte Revolution

»Kapitalismuskritik« – das ist etwas, das niemals in Vergessenheit geraten ist, weil sich eine ambitionierte Interessengruppe von Veteranen mit allen Mitteln gegen das Vergessen wehrt und in unzähligen romantischen Lageberichten das Ereignis pflegt, das sich mit dem Begriff aufs engste verbindet und mit einer Jahreszahl in die Geschichte eingehen sollte: 1968. Seinerzeit, soviel nur zur Erinnerung, gingen Studenten in Heidelberg, Berlin, Frankfurt, Hamburg und ein wenig später auch in Wien auf die Straße und demonstrierten. Der lodernde Charakter einer wirklichen Revolte wurde den Aufständen erst zuteil, als es im Mai auf den Pariser Barrikaden zur Sache ging und mit den Studierenden auch Arbeiter gegen den Kapitalismus über die Prachtboulevards zogen. Herrschaften, das waren Zeiten!

Nichts weniger als die »Gesellschaft« stand damals zur Disposition, die kleinbürgerliche Saturiertheit, das bornierte »Bürgertum«. Kein ärgerer Bannstrahl konnte einen Studenten treffen als das Verdikt, »bürgerlich« zu sein. Die Studenten entdeckten die alten Kämpen des Sozialismus neu, Erich Fromm, Herbert Marcuse, Wilhelm Reich und seine »Theorie des Orgasmus«. Und die fünfunddreißigbändige *MEW*-Ausgabe (für Nachkömmlinge: Marx/Engels-Werke) zählte zu den innenarchitektonischen Pflichtbestandteilen jeder Studentenbude. Die in der DDR produzierte Gesamtausgabe war blau und so billig, daß auch Studenten sie sich leisten konnten.

Apropos Studentenbude: Kurz nach 68 und der ganzen Aufregung in den konservativen Gazetten des Bürgertums wurde es Pflicht, in Wohngemeinschaften zu kampieren. Das war eine Aktion der Befreiung, ein Schlag gegen die repressive Sexualmoral der Bourgeoisie. Was den einzelnen wiederum aber nicht aus der Pflicht nahm, zumindest die fünfunddreißig *MEW*-Bände im Orangenkisten-Regal zu plazieren und ein Che-Guevara-Plakat an der Wand zu befestigen, so wie spätere Generationen von den Fußballspielern Herzog, Polster oder Klinsmann. Aber Che Guevara, sagen jedenfalls die Revolutionärinnen von damals, sah besser aus. Er war ja auch Südamerikaner. Dem hatten bläßliche Euro-Revolutionäre wenig entgegenzusetzen.

Heute kommt Che Guevara übrigens als Ikone wieder zu Ehren – er war Zigarrenraucher. Und die Zigarre ist zu einem Symbol trotziger Konsumlust und gleichzeitig zum Zeichen weiblicher Emanzipation avanciert, egal, ob Anja Kruse oder Sharon Stone, Gerti Senger oder die Tochter des Bundesinnenministers Schily, ob die Models in einer Werbung für Hemden oder die Frauen bei Siemens oder bei den mittlerweile nicht mehr zu zählenden Ereignissen (»Events«) mit dem Namen »Lady & Zigarre« oder so ähnlich, die Zigarre, meist phallisch aufragend, ist zu einer unverzichtbaren Beigabe geworden. Und so kommt also auch der alte Revolutionär Guevara wieder zu Ehren und aufs Bild.

Doch damals war das alles anders.

Damals war alles Teil eines aufbrechenden gesellschaftlichen Bewußtseins.

Zehntausende standen Schlange, wenn es ans Immatrikulieren in Soziologie, Politologie, Philosophie ging.

Und was ist daraus geworden? Was ist geblieben? Da sitzen nun an den Universitäten, gut endgelagert, Sozialwissenschaftler, reden immer noch im Jargon Adornos mit dem postponierten Reflexivum und kritisieren immer noch den Kapitalismus, obwohl ihnen längst keiner mehr zuhört. Mittlerweile geziert mit den neuen Insignien der alten Ideologie (Halbglatze und Karl-Marx-Bart), geistert in ihren Seminaren und Vorlesungen weiterhin ein geschmäcklerischer Antiamerikanismus herum, daß es selbst Sozialdemokraten graust – wie etwa Helmut Schmidt.

Verweigerte Synthese

Denn eines hat ein beträchtlicher Teil dieser Generation versäumt: Obwohl sie die Dialektik auf ihre rhetorischen und intellektuellen (Druck-)Fahnen schrieben, haben nur wenige den Mut gehabt, nach der Formulierung der Antithese zur bürgerlichen Gesellschaft der fünfziger Jahre auch den konstruktiven Dialog zu bestreiten und den gemeinsamen Lösungsweg mit dem zunächst heftig angegriffenen Klassenfeind zu suchen. Dialektik blieb den meisten ein Prinzip der Verneinung und nicht ein Strategieprinzip zur Entwicklung der Gesellschaft aus demokratisch erwirkten Synthesen. Sie blieben bei Adorno, der trotzig die »negative Dialektik« verkündet hatte, den Widerspruch, der nicht aufzuheben sei.

Das Problem liegt in der Weigerung einer Generation, die tatsächlich an die Schalthebel der intellektuellen Machtpositionen geraten ist, den Gedanken der Kapitalismuskritik konsequent fortzuführen und in einem konstruktiven Konzept für die »nachindustrielle Gesellschaft« zu vollenden.

Die Strafe ist Belanglosigkeit.

Dennoch – missen möchten die alten Kämpen diese Zeit nicht. Denn sie war Teil einer beneidenswerten biographischen Konstellation, wie sie sich nur ein gütiger Gott ausdenken konnte, der eine ganze Generation bei der Hand nahm und ihre Kinder durch eine gute Geschichte führte:

- Sie, die kurz nach dem Krieg geboren wurden, konnten ihre Pubertät austoben, als auch die Republik noch in der Pubertät ihrer fünfziger Jahre lag und im Wirtschaftswachstum schwelgte.
- Sie durften sich dann, als sie Mitte der Sechziger die Elternhäuser verließen, zeitgerecht ein bissel rebellisch geben, mit roten Fahnen wedeln und sich in Wohngemeinschaften (»Kommunen«) in der Rolle des Bürgerschrecks üben.
- Sie konnten, was das beste war, die freie Liebe praktizieren, denn wenige Jahre zuvor war zeitgerecht die Pille erfunden worden – und nach kurzer Suche fand man bei Wilhelm Reich auch noch eine passende Theorie dazu, die es als revolutionären Akt geradezu verlangte.
- Sie wurden zusätzlich mit Bildungschancen verwöhnt. Denn nachdem die Russen der ganzen westlichen Welt 1957 mit dem Sputnik einen gehörigen Schrecken eingejagt hatte, war schon ein Jahrzehnt lang massiv in die Universitäten investiert worden.
- Und dann kamen die Siebziger, das Jahrzehnt der Tendenzwende, und da konnten sie mit dem Diplom in der Tasche Karriere machen. Und als sei das noch nicht ausreichend, kam als *deus ex machina*, und zwar im Wortsinne, die Computertechnik auf diese Generation nieder, mit ihr viele aufregende neue Wirtschaftszweige.

»Diese Generation«, sagt ein Spitzenmanager der Werbeindustrie und Kreativchef, in den Jahren um 68 nach eigenem Bekunden zwar eher Mitläufer, aber »fasziniert und aufgeregt über die Erläuterungen der Revolution« und heftig engagiert gegen Rechtsextremisten, »hat offensichtlich für jeden ihrer eigenen Lebensabschnitte die Regeln aufgestellt. Von ›Trau keinem über dreißig‹ über die ›erfolgreichen neuen Manager in ihren Dreißigern‹ zu den ›junggebliebenen Vierzigern‹, die mit ihren Kindern in dieselben Popkonzerte gehen, bis zu der ›nicht alt werden wollenden Generation der aufgeschlossenen Fünfziger‹.« Sie waren die Begünstigten, leben davon noch heute.

Sie sehen es durchaus, und zwar dankbar. Und noch mindestens anderthalb Jahrzehnte. Ergraute pragmatisierte Bildungsrevolutionäre an den Universitäten. Alerte Banker, Rechtsanwälte, Werber. Sie hatten ihre Chance, Genie und Institutionenmarsch wunderbar zu synchronisieren und Probeläufe ihrer Macht zu inszenieren. »Denn«, so der Kreative, »Ironie und feiner Zynismus einiger der Köpfe der 68er waren sensationell.«

In der Tat, läßt man die Slogans auf den Transparenten von damals noch einmal vor dem geistigen Auge vorüberziehen, zeigt sich die geschmeidige Virtuosität. Gab es je bessere Werbung?

- Wer zweimal mit derselben pennt, gehört schon zum Establishment!
- Komm herunter vom Balkon, unterstütz den Vietcong!
- Unter den Talaren Muff von tausend Jahren!
- Trau keinem über dreißig!
- Ho-Ho-Ho-Chi-Minh!

Auch die Models waren so übel nicht – Rainer Langhans und Uschi Obermaier etwa, die heute noch immer wieder vor die Kameras geholt werden.

Aber die Werbung war nur eines der großen Exerzierfelder für den Marsch durch die Institutionen. Es war die Atmosphäre der Auseinandersetzung mit der Wirtschaft generell, es waren die Strategiezirkel, die Machtdemonstrationen. »Wer die politischen Sit-ins von 1968 durchgehalten hat, der mußte zwangsläufig auch in Vorstandsetagen reüssieren«, resümiert lachend ein ehemaliger Funktionär. »Natürlich waren unsere Aktivitäten damals eine hervorragende Vorschule der Karriere – das analytische Denken, aber auch, und das halte ich fast für das wichtigste, eine disziplinierte Arbeit an Veränderungen.«

Roman Storm, Mitglied der nächsten Generation, selbständiger Kommunikationsmanager und damit in einem der wenigen Bereiche tätig, die als Tätigkeitsgebiete für eine jüngere Generation noch blieben, weil sie erst nach 1968 entdeckt wurden: »Diese Chancen sind es, worum man die 68er wirklich beneiden muß – sie hatten die Zeit zum Philosophieren und Ausprobieren. Unsere Zeit ist da viel kurzlebiger.«

Ausprobieren, wie weit man gehen konnte, ja. Und da man sich »Chancengleichheit« auf die Fahnen geschrieben hatte, war man höchst sensibel, sie auch zu sehen und wahrzunehmen.

»Ach, ihr Achtundsechziger!« seufzt heute der Vorstandssprecher der deutschen »Stiftung für die Rechte zukünftiger Generationen«, Jürg Tremmel, in der eben erscheinenden Aufsatzsammlung »30 Jahre 68er – Warum wir sie nicht mehr brauchen« (Verlag Rasch & Röhring). Es sei doch alles nur »wohlfeiles Geschwätz in haschgeschwängerten Früchteteezirkeln« gewesen. Von der Solidarität, der Verwirklichung der Chancengleichheit für andere weit und breit keine Spur mehr. Verstaubte Raubdrucke in angegammelten Kartons auf dem Dachboden.

Die Kritik der alten Damen

Was bleibt tatsächlich für die nachfolgenden Generationen? Ein zweifelhaftes Etikett, »Generation X«. Verlorene Generation. Tragikumwittert. Statt Wirtschaftwachstums, Bildungsoffensive, freier Liebe und Karriere: Rezession, Beschränkung, Bildungsabbau, McJobs und Aids. Die »Xer« seien, so der amerikanische Trenddeuter und Managementberater Paul Tucan, die idealen Arbeitskräfte der Zukunft, »die sich hervorragend für die wirtschaftliche Organisationsform von heute eignen«. Sie seien flexibel, wechselnden Anforderungen angepaßt, dächten unternehmerisch und scheuten auch den Jobwechsel nicht.

Nur eines wird in dieser Aufzählung wunderbarer Helotentugenden nicht erwähnt: daß die Chefs die Revolutionäre und die Blumenkinder von einst sind. Wollen die gebürtigen Achtundsechziger sich dem nicht fügen, bleibt ihnen nur die Selbständigkeit. Aber da knebelt die Politik, verantwortet von ehemaligen Achtundsechzigern, sie auch noch mit 630-Mark-Regelungen, die ihnen selbst die letzten Chancen einer differenziellen Karriere verbauen, nämlich verschiedene Dinge gleichzeitig zu tun und sich erst einmal das Terrain für die Selbständigkeit zu erarbeiten.

Nur eine Erfahrung teilen sie mit ihren Vätern und Müttern: Sie stoßen wie sie auf ein wirtschaftlich sattelfestes Establishment, das noch auf Jahre die besten Positionen in Wirtschaft, Werbung und Politik besetzt halten wird.

Trotz allem fallen die Urteile der Jüngeren milde aus, fast weise. »Nein, wir nehmen es unseren Vätern und Müttern nicht übel, daß sie einst auf das Establishment gepfiffen haben, um dann anschließend Teil dieses Systems zu werden«, sagt eine dreiundzwanzigjährige Mitarbeiterin der Marketingabteilung eines großen Verlags. »Nur, wenn uns heute eine paar Flower-Power-Ladys weismachen wollen, sie hätten damals die Frauenbewegung gegründet, muß man schon sagen, daß wir uns eher an den Frauen der 20er Jahre orientieren. Die Achtundsechziger haben in unserer Generation kaum Spuren hinterlassen.« Zurückhaltend in seinem Urteil auch Roman Storm: »Ich glaube gar nicht einmal, daß viele aus der 68er-Zeit zielstrebig und bewußt eine Top-Karriere angestrebt haben. Im Gegensatz zu meiner Generation und der heutigen Zeit generell.« Denn heute herrscht nicht mehr der Karrieredruck, die Ideologie der Aufwärtsbewegung. Heute geht es um das blanke materielle Überleben. Und das ist keineswegs eine unpolitische Haltung, wie man oft unterstellt.

Aber das ist nicht einmal die wirkliche Tragik der 68er-Bewegung, sondern daß sie es nicht über sich brachte, eine intellektuelle Entwicklung zu durchlaufen, die am Ende ihren eigenen Ansprüchen genügen würde: Pluralismus. Entweder agieren ihre Protagonisten als vergreiste Erben ihrer selbst und verzehren die Substanz und murmeln hier und da die alten Formeln. Doch es hört keiner mehr zu, und das aus einem Grund, den man schon historisch-tragisch nennen könnte, wenn er nicht so amüsant wäre: Denn die Kapitalismuskritik ist wieder lebendig. Nur wird sie heute von Leuten inszeniert, denen die Achtundsechziger schon 68 nicht trauten, weil sie schon 68 über dreißig waren, ältere Damen wie Viviane Forrester und Gräfin Dönhoff. Und so formiert sich, seltsam genug, aus den Reihen jener Autoren, die vor wenigen Monaten noch feurige Verfechter des Reengineering waren, denen Vokabeln wie Personalabbau, Narrowing-down, Downsizing, Outsourcing elegant von der Lippe perlten, Zweifel an der Unmenschlichkeit der Rationalisierungskonzepte. Dieser Zweifel, wie mit Menschen umzugehen sei, entlädt sich zunächst einmal in wirtschaftlicher Literatur zum Personalmanagement. Da wird der Mensch wiederentdeckt, da werden jene Gesetze wiederentdeckt, die man bei der Rationalisierung gleich mit planiert hat, die »unwritten rules«, die informelle Kommunikation im Betrieb, die Traditionen, die Eigenheiten des Personals, die mangelnde Übereinstimmung von Konzepten und Menschen. Das sei es, was zum Scheitern der seelenlosen Konzepte führen mußte.

In diese neue Kapitalismuskritik ist etwas eingebunden, was von der Lehre des Adam Smith überlebt hat und leider so oft falsch zitiert wird: Eigennutz und Gemeinwohl sind untrennbare Bezugspunkte. Modern gewendet: Das betriebswirtschaftliche Denken ist am Ende. Es gibt keine betriebswirtschaftliche Entscheidung mehr, die sich nicht auf die Volkswirtschaft auswirkt. Und es gibt keine volkswirtschaftliche Konsequenz, die nicht wieder auf den einzelnen Betrieb zurückwirkt. Das begreifen nun amerikanische Autoren, die auch ihre Zeit gebraucht haben, um ihre Beobachtungen der neuen Tendenzen von Fusionen, Globalisierung, Managementlehren und Wirtschaftsdarwinismus zu einem Ergebnis zu bringen. Das Ergebnis dieser Nachdenklichkeit birgt einige Überraschungen. Da werden bald aus dem Mutter- oder Vaterland des Kapitalismus Anmerkungen zur modernen Wirtschaft auf uns zukommen, die anders als die essayistischen Auseinandersetzungen von Viviane Forrester oder Marion Gräfin Dönhoff mit den Entgleisungen des Kapitalismus voll pragmatischer Hinweise auf Änderungen im Alltag der Unternehmen sind. Die, um zum Eingangsthema zurückzukommen, den Dialog aufnehmen.

Die Weltwirtschaft und mit ihr die Unternehmen stehen vor der Aufgabe, die Grundregeln neu zu definieren, weil das bisherige Wirtschaften Wachstum, Arbeitsplätze und Kaufkraft kostet. Und nun, man glaubt es nicht, kommt noch George Soros dazu. Das Buch ist zwar von einer enttäuschenden Belanglosigkeit, und es ist geschrieben, bevor Soros erstmals einige Milliarden Dollar in den Sand setzte. Aber es ist auf der anderen Seite auch bezeichnend, wo sich die neue Kritik formiert. So gesehen, ist das Erbe der Achtundsechziger keineswegs verschleudert. Es existiert noch. Nur wird es mittlerweile nicht mehr von denen verwaltet, die es begründet haben.

Zwanzigstes Kapitel: Bildung

»Das System ist im Kern verrottet!«

Die Tatsache, daß das Image von Pädagogen derzeit eher von Meldungen über eine neue Bildungskatastrophe, von Statistiken über Burnout-Syndrome bei Dreißigjährigen und Technikangst geprägt ist, heißt nicht, daß Lehrer, Erwachsenenbildner, Medienpädagogen nicht eigentlich zu den wichtigsten Vermittlern von Tradition und Innovation in dieser Gesellschaft zählten. Doch die gängige Ausbildung, die ja nun seit einigen Jahrzehnten an vielen Universitäten stattfindet, ist geprägt durch die Einübung didaktischer Routine und angstvoller Distanz zur Modernisierung, vor allem von angstvoller Distanz zur Wirtschaft, die man aller Bösartigkeiten verdächtigt.

Das verändert sich jetzt zwar, aber nur dank der Initiative einer Reihe von Pionieren, die den klassischen Strukturen neue Inhalte verpassen. Es geht wohl nicht anders, wenn Systeme reformiert werden sollen.

Die Analyse des Problems der Beharrung vor allem in den Geisteswissenschaften resultiert zum großen Teil aus den Rekrutierungspraktiken beim wissenschaftlichen Personal der einschlägigen Universitätsabteilungen. In ihm zeigt sich ein fortwährender Prozeß der kontinuierlichen Pflege der immer gleichen Kompetenzen. Die in den späten sechziger Jahren angelegte »strukturelle Distanz« zu den »harten« Domänen dieser Gesellschaft lebt in den Vermächtnissen der nun vergreisten und in den überholten Ideen ihrer Studienjahre dahindämmernden Alt-Achtundsechziger. Mittlerweile wird diese Beharrlichkeit allerorten öffentlich kritisiert. Roman Herzog sprach es aus: »Es gibt keine Bildung ohne Anstrengung. Die Pflichtwerte gewinnen wieder an Bedeutung gegenüber dem, was die Soziologen so schön die ›Selbstverwirklichungswerte‹ nennen.« Helmut Schmidt brandmarkt die Ideologie dieser Jahre in seinem Buch über die neue Moral als Fehltritt. *Der Campus* von Dietrich Schwanitz räumt zur allgemeinen Begeisterung gnadenlos mit der Mentalität auf, die sich an der Universität breitgemacht hat. Die lebendige und pfiffige Kritik von damals müßte nun, da allerorten die untrennbaren Verknüpfungen der gesellschaftlichen Bereiche mehr als deutlich werden, endlich als verantwortlicher Impuls formuliert werden. Als Angebot einer konsultativen Kooperation, in der die Stärken beider Systeme, der akademischen Kompetenzen und der wirtschaftlichen Anforderungen, miteinander verknüpft werden können. Statt dessen wird von vielen Staatsbediensteten seit dreißig Jahren die Rente einer halbfertigen Ideologie verzehrt.

O ja, da schallen die wohlfeilen Sprüche von Bildungsbürokraten, die immer schon eine Abneigung auf die professoralen Freiheiten hegten, der Freizeitanalytiker und Journalisten durch die Debatte: Professoren nach Leistung bezahlen, von den Studenten bewerten lassen und so weiter. Neuerdings wird dieses undurchdachte Wortgeklingel mit betriebswirtschaftlichen Vokabeln garniert, auf daß es sich möglichst effektiv anhöre: Auch hier feiert man den Begriff des *best practice.* Der Kern des Problems wird aber nicht einmal berührt, daß nämlich damit kein Mittel gefunden ist, wie Akademiker beides erreichen können: kritische Distanz bewahren, aus der heraus dialektische Lösungen mit den anderen Systemen entwickelt werden können, und die Voraussetzung dafür zu schaffen: nämlich diese anderen Bereiche der Gesellschaft auch zu kennen. Denn eines kann man der Mehrzahl von Professorinnen und Professoren sicher nicht vorwerfen – daß sie zuwenig arbeiten. Es kostet ungeheuer viel Zeit, die Logik der Gremienarbeit zu verstehen und sich in ihr bewegen zu können. Es kostet viele Publikationen über Spezialgebiete, um überhaupt vom Forschungsassistenten zum Lebenszeitbeamten aufzusteigen, dann womöglich einen der Lehrstühle oder eine Professur zu erreichen, es sei denn, man ist in die Gnade einer in den siebziger Jahren vollzogenen bildungspolitischen Massenamnestie geraten, in der junge Wissenschaftler per Dekret zu lebenszeitlich verbeamteten Professorinnen und Professoren umetikettiert wurden.

Die sind bis zur Pension dankbar für diesen Etikettenschwindel.

Beide Wege können müde machen, das weiß man aus der Leistungsforschung. Ein Segen ist nur, daß die innovativen Geister trotz der konservativen Grundstimmung der Universitäten versuchen, an der geistigen und berufspolitischen Modernisierung des Landes mitzuarbeiten.

Was tun sie?

Sie wagen sich *raus*, sie bewegen sich außerhalb der Mauern der Universität, denn in der Konfrontation der Ideen einer unabhängigen Wissenschaft und der Herausforderungen der Alltagspraxis liegt das elementare Potential der modernen höheren Bildung. Professorinnen und Professoren müssen Kontakte pflegen. Aber nicht als Bittsteller um Drittmittel, sondern als kompetente und lebenserfahrene Partnerinnen und Partner eines Dialoges, als Berater, die etwas zu *bieten* haben und die von draußen ihren Studentinnen und Studentinnen etwas *mitbringen.*

Schon aber jaulen die Kritiker wieder auf, die jenes wunderbare Schauermärchen vom »faulen Professor« intonieren, der nur an drei Tagen in der Woche anwesend ist. Gibt es, sicher. Aber es gibt auch den, der immer da ist, pflichteifrigst das Standardrepertoire seiner Seminare abwickelt, das wichtigste Ritual der akademischen Bildung pflegend, die beiden Referate, die – jeweils 45 Minuten – die anderthalb Zeitstunden eines Seminars ausfüllen, dreizehn- bis vierzehnmal pro Semester, und eine schläfrige Studentenschar hinterlassen. Solche Wissenschaftler werden belohnt, weil sie immer da sind und tunlichst jede Berührung mit der Wirtschaft und der Berufspraxis meiden.

Und das ein paar Jahrzehnte lang.

Ist es da ein Wunder, wenn alle müde sind?

Es ist zu beobachten, daß die akademische Lehre und die Kultur, die sie repräsentiert, immer mehr und immer drastischer in die Kritik geraten. Die wesentlichen Punkte dieser Kritik sind wieder die Weltfremdheit und verbeamtete Selbstbezogenheit der Lehrenden und die mangelnde Flexibilität der Ausbildungsinhalte und ökonomische Ineffektivität. Dieser letztere Vorwurf bezieht sich vor allem auf die ständische Repräsentation der Interessen, die grundsätzlich traditional ausgerichtet ist und Innovation verhindert. In einer glossenhaften Auseinandersetzung mit dem akademischen Ritual der »Habilitation« beleuchtet die Wissenschaftsjournalistin der *Zeit*, Sabine Etzold, das System: »... Favorit ist bei uns nach wie vor der akademische Hamster, der rastlos in seinem Rädchen strampelt. Abitur, Diplom, Promotion, Habilitation, Pension – das sind immer noch die Wachstumsstufen in einem deutschen Gelehrtendasein.« Die Kritik verdichtete sich dann noch einmal in der drastischen Formulierung des ehemaligen Wissenschaftssenators und Bildungspolitikers Peter Glotz: Die deutsche Universität sei »im Kern verrottet«.

Das System ist nicht verrottet

Jeder nimmt es also als gegeben hin, daß das System verrottet sei. Die Wahrheit zeigt sich aber da, wo einzelne Menschen sich den Konventionen widersetzen und phantasievolle Reformen einfach verwirklichen. Es geht. Also kann das System gar nicht verrottet sein. Offensichtlich ist es nur die

Bequemlichkeit der Mehrzahl seiner Nutznießer. Man könnte sogar so weit gehen und sagen: Das System ist zukunftsoffen, wie es zukunftsoffener gar nicht sein kann – denn es erlaubt Innovationen; was reformiert werden muß, sind die seltsamen Auswüchse der Selbstverwaltung. Was reformiert werden muß, ist die Mentalität von Studierenden, die in der Mehrzahl klassische Sicherheit anstreben. Was reformiert werden muß, sind ein paar allzu festgezurrte Studienordnungen. Was reformiert werden muß, sind die uralten Ideen in den Köpfen von Professoren, die mit Büchern aus dem Jahr 1985 arbeiten. Und wenn das alles nicht reformiert wird, das sieht man ja, reformiert es sich eben selbst: Studenten greifen ebenso zur Selbsthilfe wie Unternehmen.

Die Erlösung sei nahe, hört man: die Pensionierungswelle. Und so setzt die jüngere Generation, nun setzen auch die Politiker auf diese sogenannte Pensionierungswelle und erzeugen damit dasselbe Problem, das derzeit beklagt wird, zeitverschoben noch einmal, und zwar verschärft. Denn diejenigen, die in absehbarer Zeit die Alten ersetzen werden, werden in spätestens einem Jahrzehnt als Phalanx mit gleichartiger Ausrichtung die nächste Monokultur der Bildung verbreiten, dann in den Wachschlaf der Gewöhnung übergehen, um als nächste überalterte Ausbildergeneration neidisch von den dann Jungen beäugt werden, die auf die nächste Pensionierungswelle hoffen. Man sitzt am Ufer des Flusses, trocknet die Tränen und wartet, daß die Strukturen einen erlösen.

Denn in weiten Teilen des akademischen und pädagogischen Nachwuchses herrscht vor allem eine Ideologie – die der geistigen Frühpension, möglichst schon mit dem Eintritt ins Studium, um jene beneidenswerte Situation zu erreichen, in der die Vorgänger waren: beamtete Kritiker zu sein und ein wunderbar verantwortungsfreies Leben zu führen.

Sie setzen auf Nummer Sicher, wie Christiane Grefe in der *Tageszeitung* schrieb. Sie berichtet von einer Tagung, auf der sich *Experten* – auch so eine Geißel – über die Probleme der angepaßten Generation ausließen. Sie berichtet, daß der häufigste Satz, der zu hören gewesen sei, dieser war: »Wir haben Angst ...!«

Sie haben Angst vor dem, was ihnen die Experten einflüstern, die nichts mehr zu verlieren haben, weil sie längst im Zuge ihres Marsches durch die Institutionen ihre Pensionsberechtigung erworben haben.

Umweltkatastrophen.

Globalisierung.

Arbeitslosigkeit.

Wettbewerb.

Leistungsgesellschaft.

Unkorrigierbare Fehler.

»Woher rührt diese Befindlichkeit?« fragt die *taz*-Autorin. »Wer sie genau anschaut, blickt in den Spiegel. Und sieht darin eine mittlere und ältere Generation, die selber zittert vor Angst: Von der Klimakatastrophe bis zur Weltwirtschaftskrise hat sie alle Gefahren sorgfältig analysiert. ...Lösungen zu finden, schiebt diese eigentliche Spaßgeneration auf ›die Jugend‹ ab, und da auch noch anbiedernd: mit dem ... geradezu mythisch verklärten ›Innovationsauftrag‹. Und verweigert ihr damit die Autorität eines Lebens- und Wissensvorsprungs; die Zukunftsorientierung; schlicht den Ernst inhaltlich-sachlicher Reibungsflächen. Dabei lechzen die Schüler, ihren wirklichkeitsfernen Kinder- und Klassenzimmerghettos wenigstens für ein Wochenende zu entkommen ...«

Für die, die das Glück haben, der Betulichkeit der gesicherten Generation entkommen zu können, gibt es nun die Mutprobe: private Bildung, Eliteuniversitäten, Studiengänge für Zukunftsberufe. Für sie werden Bypässe gelegt, statt die klassischen Bildungsinstitutionen zu modernisieren. Sie werden keine Intellektuellen mehr sein, sondern funktionieren. Das klassische Ideal, das die Kritik der Achtundsechziger hochhielt, ist ihnen vollkommen gleichgültig. Daß das passieren konnte, so schnell, ist auch denen anzulasten, die sich aus Bequemlichkeit von ihren Apfelsinenkisten-Regalen nicht mehr wegbewegt haben.

»Jetzt kann man natürlich einwenden, ob es denn die Aufgabe der Universität sei, Studenten außerfachliche Fähigkeiten zu vermitteln«, sagt Jürgen Herget, Chef der gleichnamigen Unternehmensberatung. »Sicherlich kann es nicht die alleinige Aufgabe der Hochschulen sein, die ohnehin unter einer schwierigen personellen und finanziellen Situation leiden. Auf jeden Fall ist hier die tatkräftige Unterstützung durch die Wirtschaft gefragt. Aber grundsätzlich eignet sich die Institution Universität sehr gut zum Beispiel, Schlüsselqualifikationen zusammen mit dem Lehrstoff zu vermitteln.« Grundsätzlich, so muß man diese Bemerkung zuspitzen, eignen sich *gerade* bildungs- und erziehungswissenschaftliche Studiengänge für diese Aufgabe sehr gut, weil die sogenannten Schlüsselqualifikationen in diesen Disziplinen zu den Kernkompetenzen zählen. Dabei bleibt dieser Begriff seltsam nebulös – er menschelt irgendwie. In kaum einem Seminar wird klar, was denn diese ominösen Schlüsselqualifikationen eigentlich sind.

Das hat allerdings wiederum damit zu tun, daß sich diejenigen, die sie vermitteln sollen, dort nicht auskennen, wo sie ihre praktische Bewährung zu bestehen hätten. So geht alles durcheinander, ohne daß deutlich wird, daß die vielgerühmten Persönlichkeitseigenschaften, die unter diesem Begriff kursieren, nur einen Bruchteil der Kompetenzen ausmachen, die in der Praxis gefordert sind – und das nicht nur in der Wirtschaft. Es wird sehr schnell deutlich, welche Mühe aufgewendet werden müßte, um Schlüsselqualifikationen zu trainieren, wenn man sich die Anforderungen eines modernen Unternehmens anschaut, ganz gleich, ob es sich dabei um Führungs- und Koordinationsaufgaben in einem Chemiekonzern oder im Management einer karitativen Non-profit-Organisation oder eben auch der Gestaltung des Lernens an einer Universität handelt. Überall sind drei Arten sogenannter soft skills notwendig:

- die persönlichen Eigenschaften, die nicht nur im Beruf von Bedeutung sind,
- die Managementfähigkeiten für die Gestaltung von Teamarbeit, die für eine reibungslose Organisation des Arbeitsalltags unerläßlich sind,
- die organisatorischen Fähigkeiten, mit deren Hilfe der spätere Tätigkeitsbereich kompetent gestaltet wird.

Es handelt sich also um persönliche, zwischenmenschliche und organisationstechnische Aspekte, die keine klassischen Lehrinhalte der Wirtschaftswissenschaften sind. So werden derzeit in Hunderten von Schulungen durch eigens trainierte Wirtschaftswissenschaftler und -praktiker (oder in eigenen Abteilungen der Unternehmen, von denen noch die Rede sein wird) diese Qualifikationen nachgereicht, weil die Disziplinen, in denen sie selbstverständliche Lehrinhalte sind, die Geisteswissenschaften, sich versperren. Oder versagen, weil ihre Hochschullehrer und -lehrerinnen die praktischen Anforderungen nicht kennen. Doch scheint es eher Unsicherheit zu sein: Liest man die Prüfungsordnungen pädagogischer Studiengänge, insbesondere in der Lehrerbildung, dann erwächst aus den Formulierungen eher der Geist der Betroffenheit und der angstvollen Frage nach den Schrecknissen des Wandels als die mutige Aufforderung, neue Verantwortung zu übernehmen. Es ist eine Welt, wie von John Grisham erdacht. Mittelständische Unternehmen kommen nicht vor.

Noch einmal wird also deutlich, daß die Impulse zur Vermittlung nur von den akademischen Lehrern kommen können. Damit verstärkt sich die Notwendigkeit, daß sie ihre Kontakte nach außen pflegen, ihre Beratungstätigkeit für nicht-universitäre Bereiche ausdehnen, um die Erfahrungen und aktuellen Probleme in die universitäre Ausbildung zurückzuverlagern. Das wohlfeile Argument, daß sich die Professoren draußen ein erhebliches Zusatzeinkommen verdienen, mag auf den ersten Blick richtig sein. Es sticht aber nur dann als Kritik, wenn diese Verdienste zu Lasten der Ausbildung gehen und gleichzeitig Studierende und universitäre Ressourcen für egoistische Zwecke ausgenutzt werden. Hochschullehrerinnen und Hochschullehrer allerdings, die in der Lage sind, ihre Positionen der Öffentlichkeit in einer Sprache mitzuteilen, die verstanden wird, die weithin gelesene Bücher schreiben, die bedeutende Vorträge halten, die auch außerhalb der Scientific community diskutiert werden, weil sie die Grenzüberschreitung gewagt haben, solche Hochschullehrerinnen und Hochschullehrer bereichern die akademische Ausbildung. Aber das bedeutet Arbeit.

Anwesenheit ist oft bequemer.

Drinnen ist es nämlich schön warm.

Der Mut der Pioniere

Auf der anderen Seite findet sich der Mut der Pioniere, gerade in diesem Bereich, in dem die Berührung mit der Welt draußen oft als Verrat an der Ideologie verschrien ist: An einer Reihe von Schulen in Niedersachsen ist Wirtschaftsunterricht eingeführt worden, und je mehr Pioniere es tun, desto mehr Gefolgschaft gibt es, weil man plötzlich sieht, daß es geht.

Es ist übrigens weniger das Defizit an wirtschaftsnahen oder überhaupt nur wirtschaftsorientierten Ausbildungselementen, das die seltsam abweisende Mentalität der Schüler erklären könnte (seltsam deswegen, weil das Motiv ihrer Ausbildung ja auch eine persönlich erfüllende wirtschaftliche Zukunft umfaßt). Es sind viel eher die – Theaterdeutsch ausgedrückt – beiseite gesprochenen Selbstverständlichkeiten, die sich im Deutsch- oder Englischunterricht, ja sogar im Mathematikunterricht einschleichen, die Beispiele. Die Politik assistiert. Der damalige niedersächsische Kultusminister und jetzige Präsident des Landtags Niedersachsen Wernstedt äußerte sich im Kreise der Kollegen auf der Kultusministerkonferenz laut *Wirtschaftswoche* so: »Seit 1989 kann sich der Kapitalismus ungehemmter entfalten als jemals zuvor. Es wird sich die Frage stellen, inwieweit unsere Bildungsvorstellungen standhaft genug sind, sich dem Beschleunigungstakt der Verwertung von Kapital, Information und Konsumgütern entgegenzustemmen.« Gleichzeitig wird den Schülern heute schon – und Gott sei Dank – in jungen Jahren beigebracht, daß ihre Altersvorsorge nicht mehr allein und kaum noch ausreichend durch den Staat bewerkstelligt werden könne, und man redet von allerlei Säulenmodellen, bei denen nur immer eines herauskommt:

Private Vorsorge wird unerläßlich.

Das bedeutet also Geldanlage.

Das bedeutet also – im Sinne einer vulgärtheoretischen Interpretation: Kapitalismus.

Man will mehr rauskriegen, als man eingezahlt hat, weil irgend jemand mit dem Geld arbeiten konnte und somit eine gemeinsame Gewinnerwartung besteht. Auf diese Weise soll der Staat, soll das Gemeinwesen entlastet werden. Diejenigen, die das zu bewerkstelligen haben, Lebensversicherer und Banken, stehen im öffentlichen Image und nicht nur bei Jugendlichen 1998 ganz unten.

Offensichtlich leiden manche Pädagogen vor allem an einem: an ihrem Leiden. Einzelne von ihnen, auch Gruppen, ändern das nun. Die Modelle sind nicht besonders vielfältig und manchmal naiv: Sie gründen mit ihren Schülern Firmen und Aktiengesellschaften. In Hamburg haben Sechzehnjährige die »Light Society« gegründet, die aus Altmaterialien Lampen herstellt und vertreibt. Im Rahmen des Projekts »Junior« des Instituts der Deutschen Wirtschaft werden derzeit zahlreiche Initiativen dieser Art in der Bundesrepublik aus der Taufe gehoben. Das Klassenzimmer wird zum Unternehmen. Die Schüler sind begeistert und setzen ihre Kreativität in den Nachvollzug der großen Wirtschaftswelt, hecken Geschäftsideen aus, suchen Sponsoren und Werbepartner, kupfern hier und da auch etwas ab und gehen an die Börse. Naiv ist das oft deshalb, weil eine Einseitigkeit durch eine andere ersetzt wird: Das Problem besteht darin, daß sich plötzlich und ganz unerwartet die Konventionalität des vordergründigen Gewinnstrebens durchsetzt (jene buckelförmige Verteilung) und die bildungspolitisch notwendige Distanz zu den herrschenden Konventionen der Wirtschaftswelt aufgegeben wird. Es scheint, daß die Lust an der Wirtschaft zunächst nur die Lust am Geldverdienen darstellt und nicht an der wirtschaftlichen Verantwortung für ein Gemeinwesen, das Optionen und Chancen verteilt. Eine Einseitigkeit wird durch die andere ersetzt. Optionen und Chancen werden aus der individuellen Gewinnperspektive beurteilt, nicht aus dem Beitrag für das Gemeinwesen, aus dem heraus der doppelte Gewinn für den einzelnen und seine (soziale) Umwelt entsteht.

Das ist ein selten berichtetes, aber immerhin bemerkenswertes Ergebnis, das sich allerdings in ernsthaften empirischen Erhebungen des Münchener Pädagogikprofessors Mandl auch für die Erwachsenen zeigt: Relativ schnell verlieren zum Beispiel die geisteswissenschaftlich Studierenden in wirtschaftlichen Planspielen das Gefühl für die Distanz, die bislang als ideologischer Bestandteil ihres studentischen Selbstverständnisses galt. Mit dem Eintritt in einen kommerziellen Beruf entwickelt sich offensichtlich so etwas wie eine »segmentierte« Moral. Was erlaubt und nicht erlaubt ist, wird je nach Handlungsbereich definiert. Solche Tendenzen zeigen sich (gemäß eigenen Erfahrungen aus Projekten des Autors) auch immer dann, wenn Studierende der Geisteswissenschaften gebeten werden, ihre Möglichkeiten in der Wirtschaft darzulegen: Die Statements übernehmen relativ unkritisch die Qualifikationsanforderungen und Moralvorstellungen der Außenwelt. So lauert denn auch hier wieder ein Problem – daß nämlich im Enthusiasmus des Pionierstatus bei der Entdeckung jener weißen Flecken auf der Landkarte der Pädagogik ihr pädagogisches Ethos (unter dem Deckmantel des »Praxisbezugs«) dem blinden Praktizismus geopfert wird. Der pendelt nun zum anderen Extrem. Und das bringt auch keinen Erkenntnisgewinn im Sinne einer unabhängigen Wissenschaft, die sich weder den Interessen der Gesellschaftskritik noch den Interessen ärmlicher Kommerzialisierungen unterordnet. So entwickelt sich eine Entwertung der Geisteswissenschaft in einer Zeit, in der sie eigentlich einen selbstbewußten Beitrag zum Strukturwandel leisten muß, ohne in der Attitüde der intellektuellen Kapitalistenfresser zu verharren.

Einundzwanzigstes Kapitel: Weiter-Bildung

Neue Elfenbeintürme

Wenn diese Modernisierung der Bildungseinrichtungen vernachlässigt wird, reagieren die Unternehmen selber – und zwar ihrerseits auf einen weltweiten Bildungsdruck, der durch die aufstrebenden Mittelschichten ehemaliger Länder der dritten Welt oder ehemaliger Schwellenländer ausgelöst wird, beispielsweise in Indien. So entstehen zusätzliche private oder universitäre Bildungseinrichtungen, in denen die klar erkennbaren Defizite kompensiert werden sollen. Nur wenige Beispiele:

- Die Deutsche Ausgleichsbank stiftete im Wintersemester 1997/98 in Zusammenarbeit mit dem Bundesministerium für Wirtschaft einen Lehrstuhl für Unternehmensgründung an der European Business School, einer privatrechtlichen Hochschule.
- In Hannover können sich Studierende der Geisteswissenschaften in einem höchst ambitionierten Hochschullehrgang unter dem Titel »Mit Leibniz zu Bahlsen« ihre wirtschaftliche Kompetenz erweitern, um in der neuen Beschäftigungssituation der Zukunft größere Chancen zu haben.
- Eine entsprechende Initiative in München, wie in Hannover übrigens in Kooperation mit der Hochschulabteilung des Arbeitsamtes, nennt sich »Mit Kant und Kafka in die Wirtschaft«. Interessant sind die Namengebungen beider Initiativen auch vor dem Hintergrund jener dubiosen Beratungs- und Aufklärungsliteratur, die sich in der Zerstückelung der philosophischen Klassiker für die Lesebedürfnisse von Managern erschöpft.
- Mittlerweile gibt es zehn Privatuniversitäten in der Bundesrepublik. Manche traditionellen Bildungsstätten weichen zur Weiterentwicklung auf Post-graduate-Studiengänge aus, wie die Universität Hamburg oder die Technische Universität in Hamburg-Harburg.
- VIAG, BMW, Siemens, Versicherungsfirmen gründen ein Zusatzstudienangebot für hochbegabte Studierende. Langfristig soll, wenn sich

das Modell bewährt, ein Stiftungsvermögen von 50 Millionen Mark zur Verfügung gestellt werden.

- Für wirtschaftswissenschaftliche Ausbildung entstehen immer mehr Business Schools. Auch die Großunternehmen reagieren. Sie gründen ihrerseits Bildungseinrichtungen, die seit einiger Zeit nicht mehr verschämt als Forschungsstellen deklariert werden, sondern als selbstbewußte Modernisierung mit dem Namen Universität: »Corporate Universities«. Diese Bypass-Operationen, die das »normale« Studium letztlich zu einer durchschnittlichen Massenveranstaltung degradieren, führen auf neuen Wegen die klassische Elitebildung wieder ein.
- 1998 gründete die Deutsche Lufthansa ihre Corporate University. Thomas Sattelberger, der sich als Führungskräfte-Coach und Autor in renommierten Fachzeitschriften sowie mit Büchern über das unternehmerische Lernen einen Namen gemacht hat, knüpft die Steigerung des Unternehmenswertes unmittelbar an gut ausgebildetes Personal. Die Begriffe sind: Kulturveränderung, Mental Change; die Strategien: Management-Kurse, Nachwuchsentwicklung; das Ziel: Kompetenz und Employability. Nicht nur für Konzernangehörige. Die Lufthansa CU ist ein Geschäft, ein Profit Center, das sein Know-how auch an andere Unternehmen verkauft und dabei pädagogische Kompetenzen vermittelt.
- Kurz nach der spektakulären Fusion des deutschen Nobelautobauers Daimler mit Chrysler setzte auch der Vorstandsvorsitzende Jürgen Schrempp einen einschlägigen Akzent im Rahmen des konsequenten Globalisierungsprogramms und gründete die Daimler Benz Corporate University. Anders als bei der Lufthansa zielt das Programm (zunächst) nur auf die Aus- und Weiterbildung des eigenen Managements. Im Jahr 1999 folgten dann die Deutsche Bank und Bertelsmann.

Internationale Vorbilder gab und gibt es ausreichend. Bereits in den fünfziger Jahren baute General Electric das erste Modul der heutigen Corporate University. Ralph Cordiner, damals Chairman, strebte die Dezentralisierung des Unternehmens an, um eine effektivere Entscheidungsstruktur durchzusetzen. Die Manager der mittleren Etagen konnten sich plötzlich nicht mehr auf Anweisungen von oben berufen, mußten selber Verantwortung übernehmen. Das aber setzt erhebliche Ausbildungsanstrengungen voraus. So entstand in Crotonville der weltweit berühmte Campus. Hier wurden die Strategien erfunden, die mittlerweile als »Management by objectives« und als »strategische Planung« in die Top-Etagen dieser Welt eingezogen sind.

Im Jahr 1981 zog Motorola nach, gründete die Motorola University: 14 regionale Campus-Universitäten, in denen Mitarbeiter, Kunden, Partnerunternehmen und Lieferanten mit den Motorola-Entwicklungen vertraut gemacht werden. Was immer an neuen Managementlehren auf dem Markt erscheint – hier wird es in »Rekordzeit« umgesetzt. »Ein eigenes Zentrum für Learning, Development und Research widmet sich ausschließlich der Kurs- und Designentwicklung sowie der Erforschung von Lerninnovationen. Jeder der 120000 Mitarbeiter erhält mindestens eine Trainingswoche pro Jahr«, berichtet Roland Deiser, Dozent für Politikwissenschaften und Gründer des namhaften Beratungsnetzwerks Change Associates, das sich intensiv mit den Corporate Universities beschäftigt.

General Motors: Der Konzern hat sich in den letzten sieben Jahren ein krasses Change-Management-Programm zugemutet. Im Zuge dieser Umstrukturierung zu einem globalen Anbieter von Privat- und Nutzfahrzeugen und einschlägigen Dienstleistungen wurde auch das Aus- und Weiterbildungsprogramm unter die Lupe genommen. Man sah, daß es unkoordiniert war, daß viele Kurse doppelt angeboten wurden, es gab keine Best-practice-Systeme und überhaupt viel Durcheinander.

GM entwickelte ein System von Fallstudien, die weltweit die Kernkompetenzen, Ziele und ethischen Grundlagen des Konzerns dokumentierten. Auf einer eigens dazu einberufenen Tagung in Orlando 1996 wurden 3500 Manager zusammengezogen, um diese Strategie umzusetzen. Jeder Vorsitzende referierte über eine Kernkompetenz des Unternehmens. Sie dokumentierten damit, daß die Aus- und Weiterbildung im Konzern Sache der Führung ist. Richard LaFauve, der Präsident der GMU, ist Mitglied des Vorstands.

Das ist besonders wichtig. Denn eine Corporate University kann nur funktionieren, wenn sie nicht in die Kompetenzturbulenzen der mittleren Controlling-Etagen gerät. Jack Welch zum Beispiel führte bei General Motors das Gesetz ein, nach dem eine Idee, die aus den Seminaren der Corporate University stammt, vom Linienmanagement nur bei Vorliegen gravierender Gründe abgelehnt werden kann: Neinsager müssen umfangreiche Begründungen liefern. Dazu gibt es die sogenannten »Road-Blockbusters«, Spitzenmanager, die den Projektgruppen machtvoll zur Seite stehen, wenn sie auf die Vorbehalte in den Abteilungen stoßen. Killer-Killer. Weltweit sind die Präsidenten, die Leiterinnen, die Executives, die Knowledge-Manager der CUs, oder wie immer sie sich nennen, Mitglieder des Vorstandes.

Auch bei Disney. Wer den Namen Disney University hört, denkt an eine Donald-Duck-Einrichtung. Aber sie ist alles andere als die Alma mater von Entenhausen. Sie ist das Trainingszentrum für alle Angestellten, die auf die Philosophie des Konzerns eingeschworen werden: Vom Kartenabreißer im Themenpark über den Animationsgraphiker im Studio bis hin zum Sales Manager für die weltweite Vermarktung der Maus und ihrer tierischen Verwandten, der gesamte »Disney Cast« wird an der Disney University in Hunderten von Kursen unterrichtet. Es herrscht kein akademischer Anspruch wie vielleicht an einigen anderen Einrichtungen dieser Art. Aber, meint CU-Forscher Roland Deiser, eine zentrale Bildungseinrichtung eignet sich auch und hervorragend zur »kulturellen Standardisierung«, zur Pflege der »immateriellen Bestandteile« des Unternehmens, der Marke.

Auch die »Hamburger University« wird zunächst ein kleines Lächeln provozieren. Aber McDonalds meint es ernst. In Oak Brook, Illinois, dem unternehmenseigenen Campus, hat man in 35 Jahren mehr als 50 000 Angestellte »graduiert«. Dreißig festangestellte »Professoren« arbeiten an der Hamburger University. Und sie stellen sicher, schreibt der bekannte Management-Autor Stuart Crainer, daß »dort mehr vermittelt wird als die Kunst des Fritierens«. Das zeigt sich in den Satelliten, die mittlerweile rund um den Globus geschossen worden sind: Heute existieren neben Oak Brook zehn internationale Trainingszentren, in Großbritannien, Japan, Deutschland und Australien, die selbstverständlich miteinander vernetzt sind. Moderne Technologie ermöglicht es, daß alle Kurse in 22 verschiedenen Sprachen verfügbar sind.

Andersen Consulting, das weltgrößte und in absoluten Zahlen raschestwachsende Beratungsunternehmen, blickt auf gut 80 Jahre professioneller Erfahrung zurück. Dieser Erfahrungsschatz ist seit März dieses Jahres in einer Corporate University ganz eigener Art verdichtet worden: dem Arthur Andersen's Virtual Learning Network. Da 86 Prozent aller Angestellten in 90 Ländern der Welt arbeiten – und selten übrigens im Büro –, greifen alte Trainingsmodelle längst nicht mehr. Der Beratungskonzern hat daher eine Online-Universität entwickelt, in der jeder jederzeit Zugriff auf alle Lernprogramme, gewissermaßen eine Bibliothek, hat. »Asynchrones Lernen« nennt sich das in der lebensprühenden Managersprache. Das System stellt sicher, daß die frisch vom College engagierten Jungberater zu effizienten »Anroids« werden, die die Methoden von Arthur Andersen Consulting beherrschen und so weltweit auf einer gleichbleibend hohen Qualitätsstufe einsetzbar sind.

Die Bedrohung der klassischen Bildungseinrichtungen

Die klassischen Universitäten müssen reagieren. Aber die geschilderten Probleme sind nicht so leicht aus der Welt zu schaffen. Gunter Tichy, der an der österreichischen Akademie für Wissenschaften das Institut für Technologiefolgen-Abschätzung leitet und viele Jahrzehnte als Ordinarius für Volkswirtschaft an der Universität Graz lehrte, faßt das Dilemma der klassischen Ausbildung in zwei Sätzen zusammen: »Die allgemeinbildenden Hochschulen hielten primär an einer auf wissenschaftliche Arbeit gerichteten Ausbildung fest, obwohl sie Massenbildungsstätte wurden. Das führte dazu, daß sie weder eine höchstqualifizierte Forschungsausbildung noch eine hochqualifizierte Berufsausbildung bieten können.« Viele Fachbereiche werden auch laut OECD zu den Modernisierungsverlierern gehören.

Denn die Veränderungsprozesse in der Wirtschaft sind schneller, als die akademische Wissenschaft sie nachvollziehen und vermitteln kann.

Zum Beispiel beim »Wissensmanagement«. Längst ist Interdisziplinarität nur ein altbackenes Schlagwort. »Knowledge sharing« bestimmt heute die flache Hierarchie der modernen Großunternehmen. Christiane Eckardt, die bei der Debis-Systemberatung diese Spezialität belegt: »Wissen zu teilen wird zu einem Faktor der Geschwindigkeit. Wissen mit anderen zu teilen, damit auch Macht abzugeben, wird sogar über kurz oder lang auch zu einem Bestandteil der Gehaltszuweisung.« Spitzenmanager der Beratungsfirma Booz & Hamilton drücken es so aus: »Mitarbeiter werden nicht mehr ausschließlich auf der Grundlage ihrer Haupttätigkeit, sondern zusätzlich auf der Basis ihres Beitrags zum gemeinsamen Wissensspeicher beurteilt.« Ähnliches hört man von Hewlett Packard Europe, Hoffmann La Roche, Dow Deutschland, BMW. Sehr deutlich tritt auch hier wieder die Wichtigkeit der Schlüsselqualifikationen in den Vordergrund. Eine Analyse, die der Autor mit Studierenden des Fachbereichs Erziehungswissenschaften an der Universität Hannover 1999 durchgeführt hat, zeigt, daß dieser Begriff sowohl in den professionellen Auseinandersetzungen mit der Zukunft der Berufschancen von Geisteswissenschaftlern im allgemeinen und Pädagogen im besonderen als auch in Stellenanzeigen für sämtliche Berufe an Gewicht gewinnt, ohne daß jedoch die in einem der vorangehenden Abschnitte genannte klare Definition immer getroffen würde.

Interessanterweise sind unter den Konstrukteuren dieser Zukunftssysteme nur wenige Pädagogen. Das ist um so erstaunlicher, als ja neben dem systemtechnischen auch der menschliche Faktor eine zunehmende Rolle spielen soll.

Und doch findet sich nur spärlich eine Aufgeschlossenheit für entsprechende Initiativen wie

- Bildungssoftware
- Shareware für das Lernen
- Systeme des Wissensmanagement
- Moderationen von Lernprozessen
- Wissensverwaltung
- Kommunikationsberatung.

Diese »Marktnischen« zu finden ist Arbeit – Arbeit an Informationen, an der Verdichtung der Informationen, an der Erklärung und an der Prognose. Doch dominiert auch in der Berufsberatung noch die Konvention. Man informiert Lehramtsstudenten darüber, daß sie auch in den Journalismus gehen könnten. Und legt die Idee nahe, daß ein junger Mann oder eine junge Frau, die Didaktik der deutschen Sprache oder Germanistik studiert, auch Politik oder Gemeinschaftskunde, weil er/sie mit der Sprache umzugehen verstünde, auch Journalist werden kann. Dabei schleicht sich ein dramatischer Irrtum ein: Es sind nämlich gerade die Studierenden, die sich mit der Didaktik der Physik oder der Chemie herumplagen, die am ehesten Journalistinnen und Journalisten werden könnten, weil auf diesen Gebieten Vermittler gesucht werden – aufgrund der steigenden Bedeutung des Wissenschaftsjournalismus. Um derartige Impulse zu vermitteln, braucht es allerdings Hochschullehrer, die sie kennen.

Und da sieht es eher kläglich aus.

Apokalyptische Endzeitvision nörgelnder Intellektueller?

Wie sieht es wirklich aus?

Genau so.

Und manchmal ganz anders.

Denn das System ist keineswegs verrottet.

Die Chance liegt in der Bereitschaft von Individuen, einzelnen Menschen, sich in den Freiheiten des Systems so zu bewegen, daß es seine in ihm selbst (gewissermaßen systemgenetisch) angelegte Fähigkeit zur selbstgesteuerten Modernisierung auch wahrnehmen kann.

Noch einmal: Das Gejammer über die Bildungsreform ist zu weiten Teilen nichts anderes als der kaschierte Unwillen, selbst etwas zu tun.

Bildungsreform von unten

Ganz anders da, wo sich im System individuelle Initiativen durchsetzen, wo beispielsweise kreative Studierende sich ihre Praxis selber machen, mit Hilfe ambitionierter Professoren (Einzelkämpfer, die entweder so etabliert oder so mutig sind, daß sie auf klassische Rituale pfeifen) oder ohne, aber nicht dadurch, daß sie notgedrungen einen Aushilfsjob als Taxifahrer oder Barkeeper zum Wirtschaftspraktikum hochstilisieren, sondern systematisch, mit Verantwortung: in professionellen Firmen, in einem Netzwerk verzahnter Kompetenzen, in den Feldern, in denen sie künftig ihre Chancen suchen, für andere Unternehmen, die morgen ihre Arbeitgeber sein können. Wobei jetzt hier nicht das Mißverständnis gehätschelt werden soll, ein Praktikum sei nur das, was der jeweilige Praktikumsbeauftragte der Fachbereiche dazu erklärt.

Das Studium ist ein Praktikum.

Das Leben selbst ist ein Praktikum. Es ist eine Art »Selbständigkeit«. Es ist das vorgreifende Projekt jedes einzelnen Menschen und seiner Verantwortung für die Zukunft. Es ist die Suche nach einem Platz, der eine persönlich befriedigende und gesellschaftlich verantwortliche Arbeit verspricht. Es ist der Beginn des lebenslangen Lernens.

Vor allem aber will man vorauseilend studieren, was man einst tun soll, um zu sehen, ob man eigentlich auf dem richtigen Weg ist.

Die Idee ist nun dreißig Jahre alt und hat einen Namen: Junior Enterprises. Es ist ein europäisches Netzwerk, gleichzeitig Programm, Trademark und Gütesiegel für eine Non-profit-Vereinigung, die probt, was ihre Mitglieder erreichen wollen: eine neue Form der vorauseilenden Professionalität.

Das erste Junior Enterprise wurde 1967 an der Wirtschaftsuniversität Paris gegründet. Heute sind es mehr als dreihundert in ganz Europa, die gut 200000 Studenten in einem Netzwerk vereinigen, die viele hundert Firmen als Klienten betreuen und untereinander in ständiger Verbindung stehen. Wichtig ist: Alle sind rein studentische Unternehmen, ehrenamtlich zwar, aber nicht umsonst. Sie verlangen leistungsgerechte Honorare. Dafür liefern sie Studien und organisieren Projekte aus dem Bereich der Fächer, in denen ihre Mitglieder immatrikuliert sind: hauptsächlich natürlich Wirtschaftswissenschaftler, dann aber auch Juristen und Techniker. Allmählich findet die Idee auch an geistes- und sozialwissenschaftlichen Fachbereichen einigen Zuspruch.

Es bleibt die Frage, warum in einer Gesellschaft, die sich selber ja als »lernende« bezeichnet, warum in einer Wirtschaftskultur, in der immer mehr auf das »lernende Unternehmen« gesetzt wird, warum in einem Strukturwandel, der mit dem Etikett der Informations- und Wissensgesellschaft gekennzeichnet wird, nicht Pädagogen und andere Geisteswissenschaften viel häufiger so etwas machen. Die Satzung des Bundesverbandes ist nicht zwingend wirtschaftlich ausgerichtet. Auf diese Laufbahnen, die auch ganz anders aussehen können, muß jedes Studium vorbereiten.

Das heißt: Die klassischen Universitäten haben den großen Vorteil, berufsorientierter als je zuvor zu sein, weil sie oft auf keine spezielle Position vorbereiten. Sie sind offen für die Zukunft – allerdings nur, wenn sie in der Lage sind, die wirtschaftlichen Zusammenhänge zu vermitteln und sie in den Kontext geistes- und naturwissenschaftlicher Betrachtungsweisen zu stellen. Das ist der große Vorteil gegenüber den in die Firmenhorizonte eingeschlossenen Corporate Universities.

Was man von den Studierenden fordern muß, ist Initiative, ist Nachfrage, ist die intellektuelle Provokation statt des Rückzugs und des Hinweises auf die Systemschwierigkeiten. Welch ein Widerspruch, wenn jedwedes intellektuelle Potential darauf verwendet wird, diese Systemschwierigkeiten höchst differenziert und wortreich zu beschreiben, zu analysieren, statt dieses Potential auf ihre Überwindung zu verwenden! Es ist dieselbe Distanz, die sie zu den Medien hegen. Es ist die Distanz, die es ermöglicht, daß die Definitionsmacht über die Kultur auf das Prominentenproletariat übergeht. Es sind diese Distanz und diese Weltfremdheit von Kommunikationswissenschaftlern und Pädagogen, die die Optionen der Unterhaltungskultur für die Schülerinnen und Schüler so interessant machen. Es ist schlicht verantwortungslos, weil sie ihre Pflicht nicht tun. Sie beklagen sich selbst als Opfer der Umstände. Vor allem der politischen Umstände. Und weil nun zunächst einmal die im September 1998 neugewählte Koalition enttäuscht hat, zieht man sich wieder zurück, es war ja auch eine gewaltige intellektuelle Kraftanstrengung, aber nun bleibt es ja vielleicht doch beim »Reformstau«, und man kann eben nichts machen.

Zweiundzwanzigstes Kapitel: Politik

Der lächelnde Kanzler

Das zumindest schien vorüber, daß wir einen Bundeskanzler haben, der sich rühmte, in sechzehn Jahren seiner Regentschaft dem *Spiegel* kein Interview gegeben zu haben. Daß wir einen Bundeskanzler hatten, der Intellektuelle als »Pinscher« und als bis zum »Idiotismus« entartet brandmarkte, daß wir einen weiteren Bundeskanzler hatten, der es sich anrechnete, die »Intellektuellen aus seinem Ministerkabinett verbannt« zu haben.

Das war Helmut Schmidt.

Nun gut, jeder darf sich irren.

Er hat tätige Reue geübt, ja mehr noch, er ist neben Roman Herzog und Marion Gräfin Dönhoff heute selbst einer der führenden Intellektuellen dieses Landes. Es ging weiter. Wenig später nämlich, nachdem die Medienpräsenz des Kanzlers Schröder die mancher Mitglieder des Prominenten-Sets weit übertraf und sich die Nation ernsthafte Gedanken machte, sagte er die noch ausstehenden Termine ab, zum Beispiel bei der Harald-Schmidt-Show und als Co-Moderator eines Fußballspiels. So weit, so belanglos. Doch in der Begründung kritisierte der Mann, der sich gern mit Geistesgrößen wie Jürgen Habermas und Oskar Negt schmückt, »die« Intellektuellen, womit er nahtlos an die Arroganz der erwähnten Kanzler vor ihm anknüpfte und genau jenen Populismus fortsetzte, den er in seinen Auftritten als »Politikvermarktung« bezeichnete. Die Töne sind altbekannt: »Ich glaube, daß die Intellektuellen, die sich darüber beschweren, einen Fehler machen, nämlich den des Hochmuts«, wetterte Schröder. Man könne nur dann erfolgreich Politik machen, wenn man sie auch vermittle, »und zwar nicht nur den Intellektuellen, sondern auch und gerade der Mehrheit der Bevölkerung«.

Intellektueller ist ein Schimpfwort, hier jedenfalls.

Aber warum bloß?

Eigentlich verbinden sich mit dem Begriff das geistige Spiel, die Unverbindlichkeit einer Lösung, die Relativität, der Esprit, der sich nicht zähmen lassen will, die Zukunftslust. Denn das ist in der verbitterten und verbissenen deutschen Diskussion um die Intellektuellen immer wieder untergegangen – daß es in alteuropäischer Tradition, vornehmlich französisch definiert, immer auch um die Frage des »Esprit« ging, um Eleganz, um Humor, auch um die Eleganz der Argumente, also um eine Haltung, aus der heraus sich auch in der härtesten Konfrontation noch eine gewisse Gelassenheit beziehen läßt, aus der auch Experimentierfreude entsteht.

Nun kommt aber im Herbst 1998 ein leibhaftiger Kanzlerkandidat, der lachen kann und mit diesem Lachen für Momente eine neue Qualität in die Politik bringt, und es zieht gleichzeitig mit diesem fröhlichen Niedersachsen auch noch ein Querkopf in die Politik, ein querköpfiger Unternehmer. Doch sehr schnell muß das Wahlvolk, nachdem es an der Urne kurz Kreuze malen durfte, feststellen, daß man da nur einen Popanz aufgezogen hatte, der nach dem Sieg der rot-grünen Koalition blitzartig wieder eingezogen und entsorgt wurde. Das wird selbst Schröder überrascht haben. Denn da waren noch einige andere, und die hatten überhaupt keinen Humor. Dabei geht es jetzt nicht so sehr um die Frage, ob Jost Stollmann ein guter Wirtschaftsminister gewesen wäre. Es geht vielmehr um die Frage des politischen Stils. Nach einem kurzen, aber heftig ausgefochtenen Tony-Blair-look-alike-Contest und einem Auftritt des fröhlichen Kanzlerkandidaten in *Gute Zeiten, schlechte Zeiten* wurde also als »Quereinsteiger« Stollmann präsentiert, der einen frischen Wind in die Wirtschaft blasen wollte, was aber weder der Politik noch der Wirtschaft, noch den Gewerkschaften gefiel. Denn es hätte eine Umwertung der klassischen Werte bedeutet – eben eine neue Sozialcharta. Dafür stand Stollmann zumindest theoretisch. Und da in Zeiten der durch »Trend«-Geschwafel verkleisterten Hirne nichts gilt, was nicht auch ein schmissig beschriftetes Etikett besitzt, erfand man dazu eine »neue Mitte«.

Das Kalkül war zwar genial im machiavellistischen Sinne, im Grunde genommen aber unverschämt. Denn die Konsequenz, mit der so kurz nach der Wahl gehandelt wurde, läßt nur eine Mutmaßung offen: daß alles langfristig geplant war und nichts als ein Gag. Oder es war ein Zeichen der Konzeptionslosigkeit, die von einem Wahlsieg überrascht wurde, den man dem Bürger, dem mündigen, gar nicht zugetraut hätte? Nachdem nun der Weg ins Kanzleramt gefunden und erfolgreich zu Ende beschritten und das wahrlich spießerhafte »System Kohl«, das System eines Küchenkabinetts der Jasager, beendet war, gab es erst mal überhaupt kein Konzept, und alles polterte wild durcheinander.

Und dann Jürgen Trittin, Bundesminister für Umwelt. Stets lächelnd, aber eben auch wieder nicht humorvoll. Wer ihn beobachten konnte, als Lionel Jospin mit dem neuen deutschen Kanzler in Potsdam zusammentraf, mußte irritiert sein. Da saß der Grüne, lächelnd, aber, wie Wolf Heckmann, beißend analytischer Kolumnist der *Hamburger Morgenpost*, schrieb, es war das überlegene Lächeln, eher das abfällige Grinsen des »Gutmenschen«, der, wenn auch alle anderen den Kompromiß suchen, sich im Besitz der alleinseligmachenden Wahrheit weiß und sie mit quasi-religiösem Eifer durchkämpft. Was sich wenig später zur ersten Warnkrise der Koalition auswuchs. Nichts ist gegen die Konsequenz einzuwenden, mit der Trittin Wahlaussagen umzusetzen sucht. Lafontaine, kompromißlos und besserwisserisch, warf dann sehr bald sein Amt hin und verschwand. Von Esprit des frankophilen Saarländers keine Spur.

So ist das Publikum jetzt erst einmal enttäuscht, weil »die« Politiker nicht so tun, wie sie gesagt haben (mit Ausnahme Trittins, wie gesagt, aber das wollte man dann wohl doch nicht). Daß Politik Arbeit bedeutet (für die Bürger wohlgemerkt, die Politiker schuften wirklich genug, ob *effektiv* genug, ist eine andere Frage), daß Politik also Arbeit bedeutet, die Entwicklung von Kompromissen durch die konsultative Kooperation der gesellschaftlich bedeutsamen Kräfte, das gerät in Vergessenheit, weil Arbeit allzuhäufig die lästige Begleiterscheinung hat, daß nicht sofort etwas herauskommt.

Demokratie?

Der Wechsel von Diskurs, Diskussion, Debatte, die Auseinandersetzung um die grundsätzlichen Werte und ihre Ausführungsbestimmungen im Alltag?

Lästig, lästig.

Bei Reformstau selber etwas tun, in der Universität, in der Schule, im Betrieb?

Da sind doch die Regeln vor.

Im Ökogärtchen der Partikularideologien und der Betroffenheiten, der munter sprießenden Opferkulturen, die sich wie Polymere nach jeder publizistischen Erhitzung verdoppeln, weil ja jede öffentlich deklarierte Opfergruppe neue Opfer schafft, da läßt sich es wohl sein. Da läßt sich Politik spielen. Da läßt sich der Verantwortungsradius präzis ausmessen. Und weil man eine kosmologische Ordnung braucht, die am besten alles mit einem einzigen Begriff erfaßt, mit einem einzigen Begriff, der die gesamte Welt erklärt, ist der »Umwelt«-Schutz nun zum größten gemeinsamen Nenner geworden, der sich gelegentlich mit dem Prinzip des Weiblichen verbindet, ergänzt durch die Emotion, die Intuition, den Lauf der Gestirne und archaische Geheimnisse und durch Männer, die an Ufern von Flüssen sitzen und weinen.

Politiker tun einiges.

Auch die, die man diffamiert.

Durch diese Diffamierungen entlastet man sich.

Aber auch hier gilt, was schon für die Bildungsreform gesagt wurde: Politik ist Sache jedes einzelnen.

Die Verantwortung jedes einzelnen

Die Handlungen jedes einzelnen Menschen bestimmen das, was in der Politik geschieht.

Belege?

Wer die Konservativen und ihre Zensurphantasien nicht mag, muß schon die Zivilcourage aufbringen, die rüden Auswüchse von Kinderpornographie und Mißhandlungen von Frauen in der persönlichen Umgebung zu brandmarken, statt wegzuschauen.

Wer grüne Reglementierer nicht in der Regierung haben will, soll öffentliche Verkehrsmittel benutzen, statt mit dem Auto in die Innenstadt zu fahren.

Wer beklagt, daß immer mehr Supermärkte »auf der grünen Wiese« aufmachen und den kleinen Geschäften die Luft abdrehen, soll in den kleinen Geschäften einkaufen.

Wer die »Berliner Republik« will, muß umziehen, auch intellektuell.

Aber die Verlagerung ist einfacher. Die Schuldzuweisung an Großkonzerne, an die Führung, an die »unmotivierten Mitarbeiter« und das Schulsystem. Der Ruf nach dem Staat ist leichter als die persönliche Initiative.

Die Verschiebung von Verantwortung erlaubt billige Kritik.

Das Gemeinwohl, die Umstrukturierung der Arbeitswelt, die »Schaffung« (ein Wort von üblem Bürokratismus) von Arbeitsplätzen stehen der persönlichen Lebensqualität entgegen. Es ist schwer zu entscheiden.

Wenn die Bewohner in Hamburgs schönem Vorort Blankenese auf der »guten« Seite der Elbe, wo die Millionenvillen stehen, sich durch den Fluglärm auf der anderen Seite der Elbe, wo Airbusse zusammengeschraubt werden, gestört fühlen, dann gibt es plötzlich eine grüne Bürgerinitiative (die sich zwar »Interessengemeinschaft« nennt, aber trotzdem nichts anderes ist als eine Bürgerinitiative im Nadelstreif). Auf der anderen Seite der Elbe formieren sich die Clans des Wachtelkönigs oder der Löffelente und versuchen mit allen »legitimen« Mitteln zu verhindern, daß der Ausbau zu Lasten eines Biotops vollzogen wird. Damit entwickeln sich interessante Koalitionen, die nur einen Nachteil haben – ihre partikularen Interessen.

Beide Fraktionen, die nun aber auch gar nichts miteinander zu tun haben, berufen sich auf den Schutz der Umwelt. Das ist keine tragfähige Basis für eine Bürgerdemokratie. Das ist schlichter Egoismus aus ideologischen Gründen auf der einen Seite, gepaart mit schlichtem Egoismus aus pekuniären Gründen auf der anderen, allerdings untrennbar verknüpft mit den fundamentalen Lebensinteressen aller Menschen und insofern vor jedem analytischen Angriff geschützt. So entsteht die neue Koalition der kurzzeitig vereinten Milieus, die in einer Zangenbewegung die Politik aushebeln. Die einen wollen Sumpfwiesen für den Wachtelkönig, die anderen keinen Flughafen in der Nähe, obwohl ihre Millionengeschäfte ohne die globale Mobilität gar nicht denkbar wären. Da prüft man eben mal die Windrichtung, und wenn sie, übers Jahr gesehen, den Fluglärm in die andere Richtung weht, verweht mit ihr auch das Interesse.

Was die Leute in Hamburgs weniger schönem Vorort Finkenwerder wollen, das interessiert weder die einen noch die anderen, auch wenn die von dieser Industrie leben. Hier gilt in übertragenem Sinne offensichtlich die alte amerikanische Wertehierarchie: Zuerst kommt meine Familie (Bezugsgruppe), dann kommt mein Stadtteil, dann meine Stadt, mein Land. Und sollte wider Erwarten dann noch Energie für irgendein Engagement vorhanden sein, kann man über das Gemeinwohl fürs Ganze reden.

Passend dazu kommt die alte Idee des Philosophen John Dewey wieder in die Buchhandlungen – die Macht der kleinen Gemeinwesen und bürgerliches Engagement, *Kommunitarismus* genannt: die Verpflichtung aufs überschaubare Gemeinwohl. Dagegen ist ja nichts zu sagen. Nur entwickelt sich hier unter dem Deckmantel der »sinnvollen« Beschäftigung von Menschen sofort der kleinbürgerliche »Wohlfühl«-Fundamentalismus: Rabaissement in umfriedeten Stadtteilen, Tauschringe, die mit eigener Währung arbeiten: Haareschneiden gegen Mondhoroskop, Kinder beaufsichtigen gegen eine Fuhre milbenvertilgender Marienkäfer, Tapezieren gegen Krankenbetreuung, alles nachbarschaftlich. Und wer nicht mitmacht, wer die Bürgerversammlung schwänzt, wer die Währungsreformen als das bezeichnet, was sie auch sind, nämlich grüngestrichene Schwarzarbeit, der wird geächtet.

Bürgerarbeit?

Die Lust an der Bürokratisierung des Alltags lauert schon in den Augenwinkeln der Kuschelecken-Politiker, es ist ein gefährliches Konzept, weil es bislang, auch bei Ulrich Beck, nur aus einer Aphorismensammlung besteht. Die Beliebigkeit erzeugt bürokratische Vakuen. Und die werden von den Betroffenheitsfanatikern gefüllt.

Ein Gegenkonzept?

Jeder ist verantwortlich – aber nur da, wo die Grenzen der sozialen Kontrolle noch wirken, nur da, wo die Grenzen des thematischen Engagements liegen.

Für alles gibt es daher bewegte Initiativen, für jedes Opfer gibt es Anwälte.

Für jede Minderheit lautstarkes Engagement.

Das ist richtig, kann aber trotzdem über die Frage nicht hinwegmogeln, daß es seltsamerweise keine *breite* gesellschaftliche Solidarität mit den Arbeitslosen gibt.

Politik, das hieße: Ideen. Ideen einer Integration aller gesellschaftlichen Kräfte in einem gemeinsamen Kraftfeld wurden zerbröselt zugunsten der Idee vom Opfer, das gegen die Übermacht seiner Feinde, die ihm Ressourcen vorenthalten, zu kämpfen hat. Das Resümee dieser Diagnose mündet im angstvollen Rückzug aus jeder öffentlichen Verantwortung sowohl durch den Staat als auch durch den Bürger. Daraus entstehen neue Konfrontationen. Denn diejenigen, die sich nun ihr Umfeld mit zweifelhaften Ideen der Nachbarschafts- und Bürgerhilfe wiederherstellen, werden die nicht zahlenden »Nutznießer« (also »Fremde« aus anderen Stadtteilen) als Eindringlinge und Schmarotzer betrachten. Insofern ist der Rückzug der staatlichen Vorsorgeleistungen ein weiterer Schritt auf dem Weg zum Kampf der Opfer. Denn wer etwas investiert, das von anderen, die nicht investieren, kostenlos genutzt wird, ist ein Opfer. Nur die Dummen zahlen drauf. Wer drin ist im Arbeitsprozeß, verlangt erst einmal sechseinhalb Prozent mehr Lohn, von Arbeitsplätzen für alle ist nicht mehr die Rede.

Gewerkschaftliche Solidarität?

Die Basis ist völlig uninteressiert.

Das haben die Arbeitskämpfe des Jahres 1999 gezeigt.

Die Formulierung von Interessen richtet sich demnach heute nicht mehr an den quasi-klassenkämpferischen Forderungen oder an integrativen Ideen aus, sondern entsteht in unterschiedlichen alltäglichen Nachbarschaften. Es zeigt sich allerdings an der wachsenden Bedeutung alternativer Lebensformen, daß die Abstrahlungseffekte bestimmter sozialer Milieus ihre soziodemographische Bedeutung weit übersteigen. Das zeigt sich auch an der Verbreitung der hedonistischen Werte, die sich vor allem in der einschlägigen Segmentierung des Medienmarktes in Produktsektoren niedergeschlagen hat. Im Kampf um Publizität haben diese beiden Milieus alles andere weit hinter sich gelassen. Sie beherrschen die öffentlichen Empfindungen. Die Sinus-Wissenschaftler Flaig, Meyer und Ueltzhöffer beziehen sich zur Interpretation der Veränderungen und der wechselseitigen Durchdringungen der Wertorientierungen der unterschiedlichen Milieus auf drei grundlegende Prozesse – wissenschaftssprachlich ausgedrückt:

- »*Modernisierung* im Sinne einer Öffnung des sozialen Raumes durch höhere Bildungsqualifikationen, wachsende Kommunikationsbereitschaft und – damit verbunden – erweiterte Entfaltungsspielräume, versinnbildlicht in der Herausbildung des neuen Arbeitnehmermilieus.
- *Regression* durch die Zunahme anomischer Prozesse (wachsende soziale Deklassierung, Orientierungslosigkeit, Sinn- und Werteverlust) und daraus resultierender autoritärer und aggressiver Neigungen: Das traditionslose Arbeitermilieu und das hedonistische Milieu dehnen sich aus. Hier findet man, ohne daß die Sinus-Studien darauf eingegangen wären, auch den Boden für die wilde Sublimation der Herausforderungen an den Verstand durch die willfährige Unterordnung unter die Gesetze des Gefühls, der Intuition und der asiatischen Lebensphilosophie als ›Gegenwelten‹.
- *Segregation*, d. h. Auseinanderdriften der Lebens- und Wertewelten, zunehmende Abschottung der sozialen Milieus gegeneinander und Radikalisierung milieuspezifischer Einstellungs- und Verhaltensmuster.«

So entstehen angstvoll abgegrenzte Biotope von Gleichen, die sich aber durch unterschiedliche Betroffenheiten definieren, Biotope, die ärger zwischen Heimischen und Fremden unterscheiden als jede Xenophobie – eine

Art »clash of subcultures«. Helmut Schmidt, 1993 in seinem Buch *Handeln für Deutschland*, forderte die politische Klasse auf, sich endlich wieder an »Vernunft und Wahrheit und Tapferkeit« zu halten und nicht an vermeintliche Patentrezepte und Mogelpackungen. »Deutsch sein heißt feig sein«, ergänzte Niklas Frank freimütig im *Stern*.

Andrzej Szczypiorski, polnischer Schriftsteller und Parlamentarier, diagnostizierte von Warschau aus Passivität und spießbürgerliche Abwesenheit vom öffentlichen Leben. Mit der Politik beschäftigten sich nur noch Berufsbürokraten.

Der Rest sei feige.

Wenn das stimmt, stimmt allerdings nicht, was Schmidt schrieb.

Dann nämlich ließe sich eine Diagnose, die im Buch über die öffentliche Moral des immer noch hochgeachteten Politikers und Publizisten Helmut Schmidt getroffen wurde, nicht akzeptieren. Schmidt sagte, daß zahllose Bürger dieses Landes fühlen, befürchten und wissen: So kann es nicht weitergehen.

Vielleicht ist beides richtig. Der Bedarf an Innovation, an Mut, an lächelnder Kreativität, wird gespürt. Aber niemand steht auf und haut auf den Tisch und sagt: Andiamo, gemma, auf geht's, los, ihr müden Säcke, gebt euch den herzogischen Ruck. Denn zuvor müßte man sich ja verständigen. Doch »über Gemeinschaftsinteressen wird bei uns zuwenig gesprochen«, hatte Herzog die Essenz des Werkes zusammengefaßt und damit jenes Problem pointiert, das sich im Alltag der Opfergemeinschaft schwergewichtig, lastend zu erkennen gibt.

Es ist nicht opportun.

So hat sich in breiten Teilen der Gesellschaft nur Resignation breitgemacht. Oder Hilflosigkeit. Gelernte, geliebte Hilflosigkeit. Denn anders kann man es nicht bezeichnen, wenn drei Viertel der Befragten einer Studie der *Welt am Sonntag* Sexsendungen im Fernsehen *verbieten* würden. Es ist die Hilflosigkeit, die nach dem Staat ruft, die Zensur fordert, in der dann auch die Freiheiten untergehen. Oder ist es die andere Seite des Spießertums, die vermeintlich die moralischen Rechte auf ihrer Seite wähnt?

Angst, allerorten Angst, gepaart mit Mißtrauen und traditionalistischem Denken.

Und die Politiker gehen mit gutem Beispiel voran.

Sie können gar nicht anders, denn ein Transrapid läßt sich politisch nicht mehr durchsetzen. Möglicherweise ist das Konzept ein Unsinn, aber es findet keine rationale Diskussion statt, sondern nur Deklaration von Betroffenheit.

Der Bau eines Flugzeuges scheitert gleich an drei seltenen Pflanzen und vier seltenen Tierarten, geschützt im übrigen durch Umweltkonventionen der EU.

Fortschritt ist ein Unwert an sich. Das, was war, ist wichtiger als das, was sein könnte, obwohl uns das, was war, die Situation beschert hat, in der wir sind: vier Millionen Arbeitslose.

Aber traditionalistisches Denken gibt denen Sicherheit, die sicher sind. Typischerweise ist die konservativste Gruppe in der Bundesrepublik, die Grünen, zur Hälfte rekrutiert aus Universitätslehrern, Schullehrern und Beamten. Die Wählerschaft dieser politischen Gruppierung besteht aus zwei Dritteln dieser Berufsgruppen, die nichts zu verlieren haben.

Ihre Ziele im Umweltschutz sind weitgehend akzeptiert.

Und doch dominiert die Apokalypse, die Angst.

Diese Angst ist das treibende Motiv grüner Politik, wie die Angst vor Ausländern der Treibstoff schwarzer Politik ist – hier die Angst vor Veränderung, dort die Angst vor dem Fremden. Die Konservierung des ökologischen Umfeldes auf der einen, die Konservierung des kulturellen Umfeldes auf der anderen Seite. Eine Allianz der Angst, auch wenn die politischen Galaxien Lichtjahre auseinanderliegen. Und ein junger Wissenschaftler, auch eine junge Wissenschaftlerin, Politikerinnen und Politiker, die sich diesem Denken aus der Verantwortung – ach was, nicht immer so schwer! –, aus *Lust an der Zukunftsgestaltung* anders verhalten, werden diszipliniert, denn auf den Karrierewegen gelten weiterhin die klassischen Rituale – ganz einfach, weil jeder sie einhält, nicht Denken, sondern die Position zur Position, die Stellungnahme zur Stellungnahme. Und in der Politik geht es sogar um den Geruch, mag sein nur metaphorisch, aber mittlerweile ist auch das nicht mehr klar. Kokett nannten sich welche in der CDU die »Jungen Wilden«. Es war die Wildheit einer Rentnergruppe, die noch einmal ein paar Schritte Foxtrott probiert und die Sitzbänke des Stadtparks von Bad Harzburg besetzt. Die Stollmann-Geschichte ist längst im staubigen Archiv. Was gilt, ist die klassische Politkarriere: mit 18 zur Partei, linientreuer Aufstieg in der Jungorganisation, dann ebenso linientreuer Mittelweg in der Mutterpartei. Abgeordnete, Staatssekretärin, Ministerin.

Es ist auch die Angst der Politiker vor den Lobbyisten. Selbst die winzigen Schritte, die sich als Steuerreform tarnten, riefen allerorten wüstes

Geschrei hervor. Jahreswagen, Bauern, Naturschützer, öffentliche Verkehrsmittel, Autoverbände, Autoindustrie, Gewerkschaften, Arbeitgeber, Studenten, Rentner – you name it – polterten herum. Und es wurde hier geflickt und dort ausgebessert, statt einer alten Weisheit der Politik zu vertrauen: Wenn eine kluge Maßnahme gegen die Mehrheit durchgesetzt ist, wird sich eine Mehrheit für sie finden. Findige Sozialwissenschaftler haben das die *normative Kraft des Faktischen* genannt. Doch hat auch die Grenzen. Wenn das einzige Mittel zur Konsolidierung der Kassen die Erhöhung der Benzinpreise ist, macht sich im Volk der Eindruck einer gewissen Phantasielosigkeit breit. So entsteht das Gemecker: Weil kein großer Schritt getan wird, der allen den Atem nimmt, ist es möglich, die kleinen überschaubaren Trippelschrittchen zu verfolgen. Und weil niemandem der Atem stockt vor Mut, hat jeder noch Luft genug, egoistisch herumzukrakeelen.

Das Geschrei konnte nur deshalb entstehen, weil eben nichts wirklich geändert wurde, weil der Ruck ausblieb, weil sich jeder sagte: Wenn dieses Geschiebe der Kompromisse bleibt, dann doch lieber ein Kompromiß zu meinen Gunsten. So setzte sofort die Angst wieder ein, übervorteilt zu werden, die Angst vor dem Opferstatus, die vorauseilend formuliert wurde, um Schlimmeres abzuwenden. »Aufbruch« stehe über dem Koalitionsprogramm, schrieb Jochen Buchsteiner in der *Zeit* einen Monat nach der Wahl. Doch »derzeit sieht es eher so aus, als starte die neue Regierung dort, wo die alte aufhörte: mit einem Machtkampf in der Spitze, mit Geschacher und Zynismus, mit einem ängstlichen Vorantasten, einer Politik des kleinsten Nenners, kurz: mit Kleinmut und Mittelmaß. Stollmann paßte da nicht rein. In Wahrheit hat es ihn nie gegeben.« Aber das Konzept hat es gegeben: Investition statt Ausgabe. Das ist nichts Neues. Und das gilt nicht nur für die europäischen Nationen. Der Soziologe Marco D'Eramo, dem wir eine der pointiertesten und gleichzeitig unterhaltsamsten Analysen der Vereinigten Staaten verdanken, räumt mit dem Vorurteil auf, daß das Land seine Menschen verarmen lasse. »Entgegen geläufigen Vorurteilen geben die US-amerikanischen Stellen auf bundes- wie einzelstaatlicher Ebene enorm viel Geld für Sozialhilfeprogramme aus, und Jahr für Jahr wird es mehr. 1990 wurden für Welfare mehr als 1000 Milliarden Dollar aufgewendet, das entspricht dem gesamten Bruttosozialprodukt Italiens und fast einem Fünftel des Bruttoinlandsprodukts der Vereinigten Staaten.« Das Problem ist das gleiche wie bei uns, und insofern ist auch die Schlußfolgerung D'Eramos übertragbar: Das Geld versickert ineffektiv. »Zwischen dem Posten Welfare im Haushalt der USA und einem echten Kampf gegen die Armut besteht der gleiche Unterschied wie zwischen einer Ausgabe und einer Investition: Die Ausgabe ist nur eine Belastung des Budgets, die Investition eine Planung im Hinblick auf eine langfristige Verbesserung.«

Und wenn dann endlich, nach acht Monaten eines oft peinlichen politischen Dilettantismus, ein neuer Finanzminister den großen Wurf wagt, Autorität beweist, »auf die Zukunft spart« oder zumindest es versucht, hebt sofort wieder auf der anderen Seite das peinliche Gezerre an. Nicht etwa die Zustimmung dazu, daß endlich etwas geschieht; nicht etwa die Diskussion, wie man dazu beitragen könne, die Ziele der Konsolidierung zu erreichen. Betroffenheit wird wieder allerorten demonstriert, denn Veränderung ist etwas, das Besitzstände bedroht und damit die vermeintliche Sicherheit im Status quo. Da schrecken Interessengruppen und Lobbyisten auch vor massiven Drohungen nicht zurück. Das wäre ja noch schöner: Veränderung. Wo uns doch die bedrohliche Metapher des Jahrtausendwechsels schon völlig fertig macht.

Dreiundzwanzigstes Kapitel: Zukunftslust

Fix und fertig

Diese Gesellschaft fühlt sich fertig.

Vollendet ohne befriedigendes Ergebnis.

Seltsame Diagnosen wie die vom »Ende der Geschichte« (wissenschaftliche Variante) und »Vom Ende des Weltenjahres« (populistische Variante) zeigen, daß eine Mentalität des *Ergebnisses* herrscht. Das heißt, daß allgemein die Idee verbreitet ist, man habe erreicht, was zu erreichen ist, und dies gälte es nun auf ewig zu schützen – beziehungsweise: Es gälte zu bekämpfen, was dieser Stabilität widerspricht, beziehungsweise, es gälte, das Ergebnis zu beklagen, weil es nicht den Erwartungen entspricht. Auf jeden Fall: fertig. Innovation ist schon erwünscht, ja. Aber sie darf keine Veränderungen bringen. Immer noch herrscht ein Restbestand an Nachkriegsmentalität, in der die Menschen vor allem dadurch geprägt waren, daß sie möglichst rasch das Standardpaket des kleinbürgerlichen Konsums erwerben wollten, um sich dann damit zu bescheiden, so unbescheiden dieses Standardpaket heute auch ist: Gourmetessen, große Weine, eine ausgefeilte Haushaltstechnologie, Designerware, zwei Jahresurlaube unter Palmen oder in den Rocky Mountains.

Das gilt es zu bewahren.

Dazu das Recht auf allseitigen und allzeitigen Sex.

Auf allseitige und allzeitige Zerstreuung.

Das Recht auf Ergebnisse ohne Anstrengung.

Ja, Viagra ist nur ein Synonym für die Dauererektion ohne innere Beteiligung, in allen Lebenslagen.

Und es gilt den Kontext dieses Standardpaketes zu bewahren, politisch, ökologisch, kulturell, im kleinen umfriedeten und umkämpften Terrain der eigenen Winkel, in der immerwährenden in sich selber kreisenden Galaxie der Bilder von diesem kleinbürgerlichen Standardpaket des Konsums, verkörpert in der Karriere der Drogistentochter aus Rheinhausen, die sich auf Mallorca niederläßt und *ausgesorgt* hat. Was ist ihre Leistung?

Sie *ist* einfach.

Sonst nichts.

Sie ist prominent an sich, das Modell der neuen Arbeit.

Maxi-Playback-Show.

Viele, das hat sich gezeigt, streben ihr nach, lassen die Schule, lassen das Lernen, lassen die Verantwortung, wollen nur *sein* und dadurch reüssieren. Das ist eine seltsame Pervertierung des Erich-Fromm-Titels *Haben oder Sein* – das Sein als geldwerter Vorteil ohne Gegenleistung. Die meinungslose, die profillose zweidimensionale Projektionsfläche für die Phantasien anderer. Mehr will man nicht sein, also fügt man sich geschmeidig ein in die vordergründigen Wünsche der Masse, ohne Impuls, ohne irgendeine Kante, die einen Kratzer verursachen könnte, ununterscheidbar von Hunderten, von Tausenden, die ebenso sind, allenfalls in unmerklicher Nuancierung stilisiert, wie auf der Skala der Typen, die ein freundlicher Doktor Frankenstein der Serienfertigung seiner Homunculi errechnet hat.

Unmerklich aber schwindet die Kraft zum wahren Aufbruch, zum wirklichen Gefühl, zur kreativen Innovation, zur Gestaltung der Zukunft, zur Persönlichkeit.

Die hedonistische Befriedigung erlaubt keinen Aufschub. Die weltwirtschaftlichen Strukturkrisen treffen also jeden hier und jetzt im Verzicht auf den sinnbestimmenden Konsum. Einschränkung ist Sinnverlust. Denn der Sinn entsteht aus dem Konsum und aus der Differenzierung des Konsums. Differenzierung des Konsums bedeutet, daß man das Brot in New York einkauft. Das heißt also, daß Menschen die Kraft verlieren, den Sinn ihres Lebens aus der Umwegrentabilität des gemeinschaftlichen Arbeitens am großen Ganzen zu definieren – an der Gesellschaft, an Europa, an der Weltgesellschaft, an der Zukunft. Dieser Aufschub wäre ja kein Verlust, sondern die Investition um einer späteren Gewinnerwartung willen. Daß die Globalisierung möglicherweise eine große Chance bedeutet, die allerdings erst in dreißig Jahren sichtbar wird, ist in einem derartigen Lebenskonzept nicht vorgesehen. So entsteht also Angst vor *unmittelbaren* Folgen, kleinen Einschränkungen, weil es als sinnlos erachtet wird, die Zukunft sozusagen anonym zu entwickeln. Was nützt es einem Künstler, wenn seine Werke erst nach seinen Lebzeiten berühmt werden?

Nein: Die Berühmtheit muß jetzt erfolgen.

Und der Lohn der Berühmtheit muß jetzt ausgezahlt werden.

Diese Kurzatmigkeit: ein typisches Merkmal des Spießertums. Lieber die Schule schwänzen, um Model zu werden, als diese windige Chance auszuschlagen. Lieber den schnellen Schnitt an der Börse als die langfristige Investition in ein Lebenswerk. Lieber dem Trend nachrennen und schnell mit einem Me-too-Produkt kassieren als etwas entwickeln. Lieber den Waschbrettbauch trainieren und den Orgasmusmuskel stählen als Kinder kriegen. Gleichzeitig kursiert das Schreckensbild einer »überalterten Gesellschaft«.

Im übrigen will auch niemand eine Masse von Alten im Stadtbild.

Alle wollen ausgewogene Verhältnisse.

Auch im Sozialen gibt es eine Ökologie.

Tänzeln zu viele Yuppies herum, beginnt man, die Yuppies zu hassen. Obwohl man (stilistisch zumindest) dazugehörte. Sind zu viele Mallorcatouristen (Touristen!) auf Mallorca, beginnt man, selbst natürlich nicht Tourist, sondern Reisender auf der Suche nach den letzten unberührten Flecken auf Mallorca, die Touristen zu hassen. Sind zu viele Alte unterwegs, beginnt man, die Alten zu hassen, auch wenn man plötzlich sieht, daß man selber dazugehört, denn die, die man haßt, heißen nicht mehr Alois und Hermine, Franz-Joseph und Elsbeth, die heißen plötzlich Nicole und Oliver, Saskia und Alexander.

Und man sieht sie im Spiegel.

Es gibt keine Zukunft ohne Wagnis

Zukunft ohne Vorbild, Zukunft ohne Leistung, Zukunft ohne das Wagnis geht nicht. Die Verzagtheit des Spießertums aber verhindert, daß neue Wege beschritten werden. Das hat Peter Littmann, Chef der Wünsche AG, in der Zeitschrift *Econy* deutlich gemacht: »Viele orientieren sich an dem, was schon da ist, und wollen es nur ein bißchen besser oder etwas schneller machen. Dann bekommen sie erst mal jede Menge Applaus, weil die Leute das ja schon kennen und gut finden. Aber ein bißchen verbessern ist noch keine Innovation. Innovation heißt, etwas ganz anderes zu machen. … Ideen gibt es immer noch genug – was fehlt, ist der Mut. Für Innovationen muß ich sehr viel Mut haben. Für das reine Verbessern muß ich nur vernünftig sein. Für das Neue muß ich den Mut haben, mit dem Kopf durch die Wand zu gehen. Dann kommen die Leute, die es gut mit einem meinen, klopfen einem auf die Schulter und sagen: Wenn ich an deiner Stelle wäre, würde ich das nicht tun. Und zählen auf, warum das nicht geht. Und: Hast du das nötig, hast du dir das auch genau überlegt – als ob man sich das nicht überlegt hätte in diesen ganzen schlaflosen Nächten. Da zeigt sich dann der Unterschied zwischen den guten und den sehr guten Leuten. Die sehr guten hören sich das alles an, gehen aber letztendlich doch ihren eigenen Weg außerhalb des Systems. *So* kommt Innovation zustande.«

Das Spießertum, im Alltag, in der Wirtschaft, in der Politik und in den Medien, wartet, bis diese Wege von anderen kartographiert sind, um sich dann aufzumachen und sich für den Mut feiern zu lassen. Das Spießertum ist mithin, und es soll zum wiederholten Male gesagt werden, eine in uns allen lauernde Bequemlichkeit, der Verantwortung auszuweichen, den Verstand zu verleugnen, die hedonistische Lust über die Arbeit an der Zukunft zu stellen, vor allem aber, in einer nachgestellten Pose zu verharren, die nichts ist als die Anpassung an Vordergründigkeiten, sprachlich, modisch, wissenschaftlich, journalistisch – in jeder Lebenslage und in allen Milieus. Die Männer und Frauen, die es gewagt haben, die die Zukunft gestalteten, die auf den schmalsten Pfaden des Denkbaren gewandert sind und sich über die Geröllhalden von Vorurteilen wagten, sie gaben und sie geben die Optionen vor.

Sie sind selbstbewußt wie Walter Jens, sie sind selbstbewußt wie die Fernsehmoderatorin Victoria Voncampe, die sich dem Mediengetümmel entzieht, obwohl sie oft auf dem Bildschirm (Nord 3) ist. Aber sie sind es, die neue Wege gehen.

Der Unterschied ist der Mut der Personen, die bereit sind, die Last eines Experiments auf sich zu nehmen, eine Innovation.

Die anderen rechnen derweil, was Kinder kosten, was Kinder bringen, dann werden sie als Rentenzahler durchgezählt, sind Statussymbole (wenn es mindestens drei sind), wieder andere degradieren sie, weil es so modisch ist, zu Trägern ihrer Gene, und so ist wieder das erreicht, was unsere Gesellschaft ausmacht: Freudlosigkeit, Kalkulation, betriebswirtschaftliches Denken (»return on investment«), kein Humor, wenig Lachen.

Der Unterschied besteht in der Bereitschaft, das Unausweichliche nicht nur zu akzeptieren, sondern lustvoll zu gestalten – die Zukunft. Und er besteht darin, zu akzeptieren, daß diese Zukunft, der einzige immer wieder in ganzer Fülle nachwachsende Rohstoff, gestaltet werden *muß* und nicht sich selber gestaltet, in seltsamen Trends, beeinflußt durch die Bahnen des Mondes und uralte Weissagungen von Apokalyptikern oder Bibelcodes und verlautbart durch Gurus, die Firmen zur Zukunftsvorhersage gründen. Die einzige Weissagung, die bislang in vollem Umfang eingetreten ist, ist die Immanuel Kants von der Fortdauer der selbstverschuldeten Unmündigkeit. Das heißt: Die einzige Weissagung, die bislang eingetroffen ist, wäre mit einem Handstreich zu falsifizieren.

In einem Sonderheft der Wirtschaftszeitschrift *Business Week* vom August 1998 wurden die Konturen der Wirtschaft des 21. Jahrhunderts gezeichnet, Risiken und Chancen dargelegt. Schon 1989 wurden von der weltweit agierenden Unternehmensberatung Korn/Ferry und der Business School der New Yorker Columbia University Manager in allen gegenwärtig einflußreichen Wirtschaftsblöcken nach den Gestaltungskriterien der Zukunft befragt. Seit 1997 tagen regelmäßig in der Bundesrepublik mindestens zwei große Arbeitskreise, die sich mit der Zukunft des Landes beschäftigen (fatalerweise beide in den Kraftfeldern der großen Parteien und ihrer Ideologien); der Verfasser dieser Gedanken war über mehr als fünf Jahre in Think tanks und Großforschungsprojekten der Republik Österreich tätig, unter anderem in der Initiative »Themen der Zeit« um den ehemaligen Bundeskanzler Franz Vranitzky von 1993 bis 1994 und im Programm »Delphi Austria«, in dem problemorientierte Zukunftsentwürfe entstanden.

Die innovative Gesellschaft

Betrachtet man die Ergebnisse dieser Initiativen und blendet gleichzeitig alle esoterischen und apokalyptischen Lustängste aus, dann zeichnet sich eine Herausforderung ab, die unter dem Begriff der »innovativen Gesellschaft« zusammengefaßt werden könnte. Nicht Wirtschaft, nicht Politik – Gesellschaft. Der Begriff ist Programm. Die Präambel dieses Programms enthält einen einzigen Satz: Wir sind zum Optimismus gezwungen, und jeder einzelne hat die Pflicht, mit allen anderen den konstruktiven Kompromiß zu suchen. Das Motto für dieses Programm: Ein Jahr lang werden wir alle Gedanken, irgend jemandes Opfer zu sein, aus dem Kopf verdrängen und die Argumente austauschen. Dann setzen wir uns hin und sortieren die Argumente und konzentrieren uns auf die Innovationen, in denen jeder aktiv sein kann.

Im Bildungssystem zum Beispiel: Im Verlauf dieses Buches hat sich gezeigt, daß es nicht das System ist, das verrottet ist, sondern daß es Menschen sind, die nur geringe Bereitschaft zur Veränderung zeigen und die sich hinter kapitalismuskritischen Parolen, mechanistischen neuen betriebswirtschaftlichen Modellen oder modischen Soziologismen (»Reduktion von Komplexität«) verschanzen, statt den individuellen Aufbruch zu wagen, der sich mit anderen individuellen Aufbrüchen gemeinsam in einer Reform des

Systems niederschlägt. So entsteht, was entstehen muß: Lähmung. Und die Jugendlichen lassen sich vom schnellen Reiz des Model- und Talkshow-Gewerbes verführen, geben die Schule auf und träumen von der Kamera. Das Bildungssystem ist zu großen Teilen einfach deshalb unattraktiv, weil zuwenig individuelle Phantasie investiert wird.

Das gilt im übrigen auch für Unternehmen. Die Fusionswellen der Großunternehmen werden über kurz oder lang zu wirtschaftlicher Stagnation führen. Sicher ist es verständlich, wenn globale Unternehmen (»global players«) wie Monsanto nach der Investition von Milliardensummen in gentechnische Modifikationen von Saatgut das Geld wieder »einspielen« wollen und versuchen, die Patente auf ihre Erfindungen auszudehnen – auf alles, was sich mit diesen Erfindungen machen läßt. Wenn das aber gelingt, ist der Gewinn nur sehr kurzfristig. Denn im seligen Endzustand der Weltherrschaft durch Globalisierung gibt es keine Angreifer mehr – und damit auch keinen Anlaß zur weiteren Innovation. Es gibt keinen Anlaß, die Mitarbeiter auszubilden außer zu wirkungsvollen Bestandteilen eines reibungslos funktionierenden Werks. Das globale Monopol bedeutet Stillstand und damit in letzter Konsequenz die Gefährdung der Position des Thyrannosaurus, der auf die unbeabsichtigten Nebenwirkungen seiner eigenen Vorgaben nicht mehr reagieren kann. Solange Angriffe auf die Monopole denkbar sind, wird Neues entstehen, wird Gegenläufiges entstehen, wird auch sozialverträgliche Modernisierung entstehen. Aber das kann nur geschehen, wenn die Mitarbeiter ernst genommen und ihre intellektuellen Kapazitäten in die Wertberechnung des Unternehmens einbezogen werden.

Das ist keineswegs Spinnerei. Es ist die Basis einer attraktiven, jungen, frischen Wirtschaftstheorie aus den USA, namentlich verkörpert im jugendlichen Wissenschaftsstar Paul Romer. »Es gibt keine Grenzen des Wachstums, weil es keine Grenzen menschlicher Ideen gibt«, meint Romer.

Und stößt auf Regulierungen.

Abbau von Überstunden.

Das mag ja alles richtig sein, wenn man klassische Industrien betrachtet.

Wie aber soll in einem geradezu vehement beschworenen Wandel zur Wissensgesellschaft denn eine Offensive gegen Überstunden auch nur einen Arbeitsplatz bewirken? Sollen die »knowledge worker« um 16.30 Uhr aufhören zu denken?

Im Gegenteil, eine derartige Regulierung wird die neuen, jungen Firmen mit Zukunftstechnologien im Software- und Biotechnologie-Bereich von der Landkarte der deutschen Wirtschaft radieren. Da nämlich sitzen die Singles beiderlei Geschlechts, als deren Opfer sich die Familien sehen, und schuften siebzig bis achtzig Stunden pro Woche. Natürlich schuften sie im Hinblick auf Gewinnerwartungen. Aber diese Gewinnerwartungen provozieren Windschatteneffekte, die ihrerseits Windschatten erzeugen, in denen kleinere Unternehmen gedeihen können. Man sieht es in der Umgebung von München. Da siedeln sich die neuen industrienahen High-Tech-Dienstleistungsunternehmen an, Biotechnologie, Software, auch Landwirtschaftstechnologie. Wo die sind, schließen sich die Dienstleister der nächsten Stufe an: Design, Finanzierung. Was zu einer Ausweitung der Dienstleistung dritten Grades führt: Infrastruktur, Bildung, Schulen, Gesundheitswesen. Was wiederum die vierte Stufe der Dienstleistungswirtschaft schafft: Gastronomien und Kultur, Sport und Freizeit. Und die fünfte: persönliche Dienstleistungen wie Kinderbeaufsichtigung, Pizza- und Sushi-Service, Putzkolonnen und so weiter.

Die alte Arbeitsteilung ist vorbei. Auch das Alter hat immer weniger Einfluß auf Art und Qualität der Arbeit. Insofern sind die Altersteilzeit und die Frühpensionierung ein Schmarr'n. Viele Positionen, die heute aus Altersgründen geräumt werden, fallen ohnehin weg. Und die Positionen der Wissens- und Informationsindustrie haben mit dem Alter sicher nichts zu tun – jedenfalls nicht mehr lange. Doch die Ideen des Austausches, daß Junge auf alte Arbeitsplätze kommen, bleibt unerschütterlicher Bestandteil der klassischen Interessenvertretungen und wird dieser Gesellschaft in zehn bis fünfzehn Jahren erhebliche neue Schwierigkeiten bereiten. Die Regulierungen, die man jetzt zu zementieren sucht, sind auf Arbeitsplätze zugeschnitten, die es immer weniger geben wird. Teilzeitarbeitsplätze, Lebensabschnittsarbeitsplätze, das ist es, was gebraucht wird, gleich welchen Alters ihre Inhaber sind. Der Ruhestand ist ein Relikt von gestern, als die von physischer Arbeit ermüdeten Knochen für die letzten Jahre des Lebens auf der Parkbank ausgeruht werden sollten.

Alte.

Alte sind inflexibel, also weg damit. Drei Viertel der deutschen Personalmanager denken so. Das hat eine Studie zutage gefördert, die im Frühjahr 1999, also im frühen Mittelalter, durchgeführt wurde. Und daß diese Vorurteile allgemein verbreitet sind, zeigt sich in der Selbstrekrutierung auf dem Arbeitsmarkt: In den Stellenangeboten liegt das mittlere Alter (wenn es überhaupt angegeben wird) bei 42,5 Jahren. In den Stellengesuchen liegt es acht Jahre darunter.

Und die Frauen?

Sollen an den Herd.

Das schafft Arbeitsplätze.

Sie verstehen von moderner Bürotechnik und weltweiter Vernetzung eh nichts. Der Beweis: 84 Prozent der deutschen Internet-User sind Männer.

Ist die neue Technik wieder einmal für Frauen zu schwierig?

Zu emotionslos, rational und kühl?

Zu technizistisch?

Leider falsch.

Denn Frauen betrachten die neue Technik durchwegs rationaler und damit skeptischer als die Männer. Sie ist ihnen einfach noch nicht reif genug. Natürlich gibt es auch zu diesem Phänomen Forschungen – Frauenforschungen, Gender studies. In den USA, wo mittlerweile das Verhältnis zwischen den Geschlechtern unter den Internet-Nutzern ausgeglichener ist (da stellen die Frauen 41 Prozent), sind Forscher drauf gestoßen, als sie die Streifzüge durchs Internet beobachteten. Und dabei kommt dies heraus: Beide Geschlechter nähern sich neuen Techniken so, wie sie überhaupt mit dem Leben umgehen. Es gibt keine wirklich veränderten Verhaltensweisen. Und so wird auch das Netz so benutzt, wie man Informationsmedien immer schon benutzte:

- *Sie* fahndet im Netz gezielt nach Informationen.
- *Er* streunt auf der Suche nach dem Abenteuer hinter der nächsten und dann wieder der übernächsten Ecke nächtelang auf den abartigsten Datenpfaden herum.

Darüber schütteln die Frauen den Kopf. Ihre Skepsis ist indes nicht technikfeindlich. Sie halten nur die Anwendung der Technik in weiten Teilen für kindisch. »Die Mehrbelastung von Frauen erfordert eine genaue Zeiteinteilung, die kaum Freiräume für den spielerischen Umgang mit der Technik läßt. Auch das immer noch geringere Einkommen dieser Bevölkerungsgruppe trägt dazu bei, daß sie technische Geräte kritischer, rationaler beurteilt«, sagt eine Bildungsberaterin.

Das Ergebnis lautet also nicht, daß *weibliche* Technik gewünscht wird. Die Welt der technischen Produkte ist nicht weiblich. Sie ist aber auch immer weniger männlich. Sie ist mehr und mehr funktional und ändert damit die Welt – das heißt: Es wird eine Reihe hochinteressanter Marktimpulse formuliert, in denen die unterschiedlichsten Bedürfnisse berücksichtigt werden.

So war es bei Autos.

So war es bei technischen Geräten des Alltags.

So wird es auch bei Computern sein.

Die ersten Exemplare der technisch aufsehenerregenden Elektronenhirne entstammten einer ungemein männlichen, geheimnisvollen, dunklen, allenfalls durch die Zauberformeln der kabbalistischen Programmiersprache beherrschbaren Spezies. Mittlerweile sind selbst Männer froh, daß sie durch die Bedürfnisse der Anwenderinnen die Geister wieder loswurden, die von den Entwicklern gerufen worden waren.

Die skeptisch-rationale Einstellung der Frauen zur Technik kennzeichnet eine generelle Haltung zur Welt und erstreckt sich selbst auf die weiblichste aller weiblichen Domänen – die Mode. Auch sie war bislang, von wenigen Ausnahmen abgesehen, männlich dominiert – und teuer. Nun aber erobern zumindest in den USA neben Calvin Klein, Ralph Lauren und Geoffrey Beene junge Designerinnen New Yorks Modemeile, die Seventh Avenue: Linda Allard, Donna Karan, Adrienne Vittadini, Andrea Jovine, Cynthia Rowley und Nicole Miller. »Wo die männlichen Designer für Phantasiegeschöpfe produzieren, entwerfen die Frauen Kleider für Frauen«, schrieb die Wirtschaftsjournalistin Gretchen Morgenson in *Forbes*. Es geht um Alltagsmode.

Die scheint für Frauen wichtiger als die fürs Schlafzimmer.

Die den Männern wieder wichtiger ist.

Und doch immer häufiger von Frauen gekauft wird. Während Männer dazu übergehen, auch auf die eigene Unterwäsche zu achten. Das ist Androgynie. Das sind Marktimpulse. Und diese Marktimpulse zeigen, wie sich die neue Konstellation der zusammenwachsenden Milieus unverkrampft entwickelt.

Das gilt für den Markt, das gilt auch für das einzelne Unternehmen.

Ohne die intellektuelle Kraft einzelner Menschen wird wirtschaftlich überhaupt nichts.

Doch diese intellektuelle Kraft ist keine Größe, die man zähmen kann.

Darauf muß sich Bildung einstellen.

Darauf muß sich die Politik einstellen.

Darauf muß sich jeder einzelne einstellen.

Mit einer Fröhlichkeit, die das Leben erleichtert.

Lachend.

Vierundzwanzigstes Kapitel: Lachen

Drei Bücher über das Lachen

Durch einen ebenso zielstrebigen wie undurchsichtigen Zufall gelenkt, zieht man auf der Suche nach Lektüre für ein verlängertes Herbstwochenende zwei Bücher aus dem Regal, die beide eine Rose im Titel tragen, von der Inquisition handeln und eine Waffe gegen die verbogenen Wahrheiten der Macht entdecken: das Lachen. Es sind der weltbekannte und mit gutem Recht millionenfach verkaufte *Name der Rose* des italienischen Universalgelehrten und Medienstars Umberto Eco und das weitgehend unbekannte Werk *Träume von Rosen und Feuer* des ebenfalls weitgehend unbekannten schwedischen Schriftstellers Eyvind Johnson. Daß er weitgehend unbekannt blieb, ist erstaunlich, weil er 1974 den Nobelpreis für Literatur erhielt. *Träume von Rosen und Feuer* ist ein beklemmender Roman, der in der Zeit der französischen Inquisition um 1650 spielt und auf eine geradezu atemberaubende Weise deutlich macht, wie sich spießige Anpassung und Angst, sexuelle Verdrängung und unbewältigter Haß in einem Klima der Esoterik verdichten und zu einem selbstzerstörerischen System werden, Apotheose der Freudschen Verdrängungstheorie und finstersten Erkenntnisse der Psychoanalyse. *Träume von Rosen und Feuer* ist ein historischer Roman. Wie in Arthur Millers *Hexenjagd* lassen sich in ihm die Spuren eines Spießertums aufdecken, das im Alltag unserer Gesellschaft zumindest weitgehend kontrolliert wird – des politischen Aberglaubens, der sich mit Folter und Mord der Andersdenkenden entledigt. Aber es braucht heute nur zwei Flugstunden, um wieder in ein solches Szenario einzutauchen. Verbissenheit, kleinbürgerliche Verzagtheit, die unbeteiligte, distanzierte und damit gnadenlose Pflichterfüllung eines Beamten, der im Buch als Chronist erscheint, die minutiösen und bedrückenden Beschreibungen des Exorzismus, eingebettet in klerikale Machtkämpfe, die eigentlich politische sind, das ist Johnsons Buch, das sicher die Qualitäten des weithin bekannteren *Namen der Rose* besitzt. Die Stelle, an der das Lachen dieses Gespinst von Aberglauben der Masse und politischen Interessen der Herrschenden urplötzlich zu sprengen droht, ist die Beschreibung einer öffentlichen Teufelsaustreibung.

Aus heiterem Himmel taucht eine Katze auf. Die Mächtigen sehen in dem Tier die Inkarnation des Teufels. Doch ruft ein Mädchen: »Aber das ist ja unsere Miezekatze!«, und der Akt der Inquisition scheint ins Lächerliche abzurutschen. »Hier hätte es schließen können«, schreibt Johnson, bzw. sagt der Protokollant der Vorfälle, der äußerst hellsichtige, aber feige Daniel Drouin. »Gerade an diesem Punkt gab's eine Möglichkeit, die man die menschliche nennen kann oder warum nicht auch die feline, die katzliche – die letzte Note, das Schlußzeichen.

Die Möglichkeit des Lächelns. ... Die unendliche Möglichkeit des Lächelns. Mit dem geheimen Mittel, das sowohl Katzen als auch Menschen zur Verfügung steht, mit der geheimen Waffe, die eine späte abendländische oder eine frühe morgenländische Menschheit sich als Möglichkeit zur Bewältigung gewisser Situationen immer bewahrt hat – nämlich dem Fanatismus, dem zu Dogmen erhobenen Aberglauben ein Lächeln entgegenzusetzen ...«

Die Möglichkeit des Lächelns – das ist ein Motiv, das Johnson sich vom französischen Philosophen Emile Auguste Chartier ausgeliehen haben könnte (oder vielleicht auch tatsächlich ausgeliehen hat). Chartier, der als Alain bekannt geworden ist und von 1868 bis 1951 lebte, hat in seinen *Éléments de philosophie* in kleinen, prägnanten Kapiteln alle Befindlichkeiten des Lebens durchdekliniert, Körperliches, die Sinne, den Verstand, die Gefühle, auch soziologische Grundmuster des Lebens: Weisheit, Recht, Gewalt, alles wohlgeordnet in sieben »Büchern«, eine Dechiffrierung des Alltags, darunter das »Lachen«.

Aber letztlich ist es dann doch nicht das Lachen, das den Philosophen in erster Linie reizt, sondern das Lächeln. Das Lächeln, schrieb Alain, »ist die Perfektion des Lachens. Denn im Lachen schwingt immer doch eine Aufgeregtheit, eine Unruhe mit, wenngleich ein wenig beruhigt; im Lächeln hingegen entspannt sich alles, ohne Unruhe und ohne Abwehr.« Im Lächeln ist immer etwas Kindliches, meint Alain. Und es ist bei Johnson auch das Kind, das mit seiner Meldung in die Ernsthaftigkeit des Bösen hineinplatzt und ruft: »Das ist ja unsere Miezekatze«, und mit diesem kindlichen Begriff nicht nur stört, sondern die kindische Ernsthaftigkeit des verbissenen Klerus zum Witz degradiert. Aber die Chance wird vertan, so wie bei Umberto Eco das nie gefundene Dritte Buch des Aristoteles – über das Lachen – unter dem Haßgelächter des blinden Mönches im Feuer verglüht, das die ganze Bibliothek, das ganze Gebäude erfaßt.

Im *Namen der Rose* gibt es keine Katze.

Dafür gibt es wieder eine bei Lévi-Strauss am Ende der *Traurigen Tropen*, sogar in Verbindung mit dem Lächeln, wenngleich etwas mystisch, wenn Lévi-Strauss den Menschen davor warnt, alle klaffenden Risse in der Mauer der Notwendigkeit zuzuspachteln »und damit sein Werk in demselben Augenblick zu vollenden, da er sein Gefängnis zuschließt«, statt sich der Gnade anheimzugeben, »in den kurzen Augenblicken, in denen es die menschliche Gattung erträgt, ihr bienenfleißiges Treiben zu unterbrechen, das Wesen dessen zu erfassen, was sie war und noch immer ist, diesseits des Denkens und jenseits der Gesellschaft; zum Beispiel bei der Betrachtung eines Minerals, das schöner ist als alle unsere Werke, im Duft einer Lilie, der weiser ist als unsere Bücher; oder in dem Blick – schwer von Geduld, Heiterkeit und gegenseitigem Verzeihen –, den ein unwillkürliches Einverständnis zuweilen auszutauschen gestattet mit einer Katze.« Sich selbst überlassen bleiben, ohne den Verstand auszuschalten. Den Verstand gebrauchen, ohne den Humor zu verlieren. Gelächter, Lachen, Grinsen, Feixen, Kichern – es gibt viele Ausdrucksformen der beunruhigten Reaktion, der schmetternden Katharsis. Das Lächeln indes ist die Reaktion des Einverständnisses, des Verständnisses. Vorausgesetzt, es gibt Humor. Vorausgesetzt, es gibt einen Humor, der sich seine lächelnde Distanz zum Irrsinn der Selbstverblendung bewahrt und für einen Moment das Reich der Notwendigkeit, der Quoten, der Wachstumsraten, der Zoten und der Effizienz verläßt. Statt es umgekehrt zu tun: den Humor zum Gegenstand der Kalkulationen und Analysen zu erheben, ihn berechnet auf die Reaktionen hin zu stilisieren, statt ihm alle Kraft zu nehmen, so daß am Ende, wie Jürgen Habermas, einer der ernsthaftesten Denker der neuen Aufklärung, schrieb: als die Reaktion auf die undurchdringlichen Zwänge des Systems »nur noch das befreiende Gelächter« bleibt, mit dem sich Menschen äußern.

Die Gelassenheit des Lächelns, im Eingeständnis der Relativität der eigenen Position. Nicht dieses überhebliche Lächeln, das sich aus der besserwisserischen Selbstgefälligkeit ergibt, die kein Argument sprengen kann. Das gemeinsame Lächeln. Mit dieser Gelassenheit könnte es sein Bewenden haben.

Hat es aber nicht.

Denn der Humor und das Lachen sind eine viel zu ernsthafte Sache, um darüber nur zu lächeln. Es war nicht anders zu erwarten: Wenn es um Humor geht, wenn es ums Lachen geht, muß eine Begründung her. Der buchhalterische Geist kann nichts sich selber überlassen, kann nicht akzeptieren, daß die alte Weisheit einfach gilt: Lachen ist gesund, und das Lächeln ist wie im Falle der Teufelsaustreibung und der Suche nach einem Buch und dem Blick auf die fein geschwungenen Linien einer Blüte eine Schneise durch die übertriebene Ernsthaftigkeit und der Versuch, dem Denken ein wenig Heiterkeit zu verleihen. Nein: Erst eine der unzähligen wissenschaftlichen Untersuchungen muß her, damit auch alles ganz klar ist. Und diese wissenschaftlichen Untersuchungen müssen irgendeinen Profit versprechen, am besten einen, der sich genau berechnen läßt.

Das hat Tradition, seit sich die Psychoanalyse den Urgründen des Lachens zuwandte und nicht lockerlassen wollte. Das Lachen ist ihr stets ein Rätsel gewesen, das gelöst werden mußte. Sie wollte es erklären, was verständlich ist, aber sie wollte es, was unverständlich ist, nicht praktizieren. Und so erhob sie es zum analytischen Objekt, ohne ihm etwas Humor abzuringen. Es ist wohl so, wie Werner Heisenberg einmal schrieb: Das Unmögliche an der Erklärung des Lebens sei, daß man es, um es vollständig zu erklären, umbringen müsse. Und so ist es mit dem Humor, dem Lachen. Freud war sicher nicht der erste, aber der bekannteste Analytiker des Lachens. Freud muß eine Menge Witze gekannt haben, Versprecher (Pleiten, Pech und Pannen), Verlesen, Verschreiben, Fehlleistungen, die man die Freudschen nennt und über die oft herzlich gelacht wird. Er hat darüber unter dem düsteren Titel der *Psychopathologie des Alltagslebens* geschrieben. Und er hat ein Buch geschrieben, ein eher schwerblütiges Buch, das überschrieben ist: *Der Witz und seine Beziehung zum Unbewußten.* Es enthält einen analytischen, einen synthetischen und einen theoretischen Teil. Es ist Wissenschaft, und daher naturgemäß ernst.

Hat man Freud je lachen sehen? Hat man ihn jemals schmunzeln sehen, und sei es auch nur in einem Augenblick der heiteren Erkenntnis, daß es zwar eine Wissenschaft gibt, die, wie es das Inhaltsverzeichnis des Buches ausweist, analytisch, synthetisch und theoretisch vorgeht, ja vorgehen muß; daß es notwendig ist, das Motiv der verdrängten Sexualität so stark in den Vordergrund zu rücken, daß es einem exzessiven Belastungstest auf seine Bedeutung als erklärendes Muster für menschliche

Handlungen ausgesetzt wird. Aber es gibt (und es gab im Wien der Sezession, der Mutzenbacher, der Strauß-Familie) ja noch eine andere Wirklichkeit, und es gab sie nicht nur in den Schattenreichen der Luxusprostitution, der Walzerseligkeit und der Revolte gegen das Establishment. Es gab sie allerorten. Zum Beispiel in der Architektur. Hat Freud, verblendet durch Analyse und Theorie und nicht in der Lage, lächelnd in der Synthese einige Relativierungen zuzulassen, sie nicht gesehen? Beginnt, mit anderen Worten, das Psychologisieren schon mit dem Ausschließlichkeitsanspruch, der sich bis heute fortsetzt, keinen Rest mehr lassen will und die Erklärung in alle Risse einspachtelt?

Was mit diesen kryptischen Worten gemeint ist, wird sehr schnell deutlich, wenn man in Wien einen kleinen Spaziergang unternimmt, flanierend und mit freiem Kopf den Weg vom Freudschen Elternhaus im Zweiten Gemeindebezirk zur Arbeitsstelle im Landeskrankenhaus in der Schwarzspanierstraße nachgeht, den der junge Arzt noch täglich ging, bevor er seine Wohnung und seine Ordination in der Berggasse 19 bezog.

Dieser Weg ist gesäumt von Sex.

Von schwellender Erotik.

Und er war es schon Ende des 19. Jahrhunderts. Verbrämt mit klassischem Anspruch, o ja. Aber immerhin: nackte Frauen, muskelbepackte Männer. Karyatiden. Atlanten.

Es ist eigenartig, aber nie hat Sigmund Freud über die steinernen Pinups geschrieben, die sich schon zu seiner Zeit in schwülstiger Laszivität an den Fenstersimsen der Wiener Bürgerhäuser breitmachten und der sexuell bornierten bürgerlichen Gesellschaft mit einem nur angedeuteten, stoischen, Mona-Lisa-artigen Lächeln ihre schwellenden Brüste entgegenhielten.

Das ist nun alles schon gut ein Jahrhundert her. Und im Laufe dieses Jahrhunderts lagerte sich Staub auf Schultern und Brüsten und in den Winkeln der unbeweglichen und geheimnisvollen Gesichtszüge ab. Tauben nisten auf den unbeweglichen Häuptern. Und die düsteren Samtvorhänge der großen Wohnungen, in deren Tiefen unbefriedigte Sehnsüchte Sigmund Freud zu schrecklichen Entdeckungen animierten, sind heruntergerissen. Die Möbel stammen aus Mailand und Paris. Licht aus Halogenstrahlern ersetzt die pastösen Halbschatten. Die großen Bürgerwohnungen sind zu Repräsentationsräumen einer modernen Schicht von Medienleuten und Werbern geworden. Weiterhin ist es en vogue, in der Innenstadt zu wohnen. Die Nacktheit der Karyatiden vor den Fenstern ist nicht mehr als eine Fußnote zur Geschichte von gestern, ein prämoderner Vorgriff auf eine späte Emanzipation, die sich nun an jedem Zeitungsstand auf den Titelseiten der Tiefdruckblätter orgiastisch feiert.

Und der Sex ist zum allumfassenden Handlungsleitbild geworden. Der rüde, vorbehaltlose, kommerzielle, werbetechnisch plazierte Sex, reduziert auf Kopulationsstellungen und primäre Geschlechtsmerkmale, dringt in sämtliche Fugen des Alltags ein, die distanzierte, feine Erotik, die Sinnenbelebung durch ein Spiel wird von Monstrositäten in Zeitschriften, Fernsehen, Plakaten, Filmen, Videoschuppen mit Solokabinen überlagert. Wie das haltlose Gelächter das Lächeln zum Verschwinden bringt, bringt diese Art von Sex die Erotik um. Sex ist zur Ersatzhandlung für alles geworden.

Mehrere Grotesken und ein anmutiger Scherz

Freud war vermutlich nicht der erste, wie gesagt. Philosophen waren vor ihm, waren auch mit ihm, Alains Passagen über das Lachen und das Lächeln sind um 1909 geschrieben. Sicher aber ist Freud nicht der letzte. Und die analytische, aber ihrer öffentlichen Erscheinungsweise völlig humorlose Leidenschaft, die er seiner Nachwelt vermachte, hält an. So trafen sich denn Mitte 1998 vierhundert Vertreter einer Wissenschaft, die sich Gelotologie nennt, abgeleitet vom altgriechischen Wort *gelos*, das Gelächter heißt, verstärkt durch Psychologen und Psychotherapeuten, und machten sich todernst ans Werk, in Basel. Wissenschaftlich gesehen, war es hochinteressant, was da zutage trat und referiert wurde, zum Beispiel von einem deutschen Experten mit dem Namen Michael Titze: »Obwohl es uns materiell unvergleichlich viel besser geht als in den fünfziger Jahren, sind wir eine unzufriedene und depressive Gesellschaft geworden.« Die rechnerische Beweisführung ist schlagend: In den 50er Jahren lachten die Menschen durchschnittlich 18 Minuten am Tag. Jetzt sind es nur noch sechs. Die Psychiater steuerten ein Ergebnis bei, über das sie eigentlich frohgemut lächeln müßten: Depressionen seien heute zehnmal so verbreitet wie in den fünfziger Jahren.

Das sei der Konsumkapitalismus, der ständige Druck des sozialen Vergleiches, die »unübersichtliche Überflußgesellschaft«, die vor allem Jugendliche soviel Schwierigkeiten bereite. Und dann komme noch dazu, daß es auch im Fernsehen weniger zu lachen gebe als früher. Niemand wagte allerdings die Prognose, daß der Niedergang des Humors im Fernsehen mittlerweile derart düstere Niveaus erreicht habe, daß nun auch der letzte Tropf über die grimassierenden Komikerdarsteller nicht mehr lachen könne. Wer bitte soll denn auch noch lachen über Scherze wie diesen, die das alte Clinton-Lewinsky-Stammtischwitz-Niveau in neue Niveauniederungen absenkte: »Schröder hat es richtig gemacht, der hat seine Praktikantin gleich geheiratet. SPD heißt ja auch ‚Schröder poppt Doris'. Was macht der Kanzler? Er regiert, er regiert, erigiert.« Grundgütiger Himmel, mag man ausrufen. Aber die Show, in der das vorkam, abgesondert von einem »Kabarettisten« namens Appelt, der ohne große Mühe dieses Niveau noch weiter unterschritt, war die »Sissi Perlinger Show«, eine hochgejubelte neue Facette im Humor einer öffentlich-rechtlichen Anstalt. Perlinger selbst gab Plattes zu weiblichen Brüsten zu Protokoll.

Das Publikum klatschte sich auf die Schenkel.

Lachen?

Vermutlich nicht mehr als ein medizinisches Ventil.

Das wissen wir jetzt auch.

Denn im Zuge der unausgesetzten Eigendiagnose aller auch nur erdenklichen Befindlichkeiten traten flugs auch die Mediziner auf, um der Selbstinspektion einer hypochondrischen Gesellschaft neue Merkblätter für die tägliche Nabelschau zu liefern: Lachen bremse die Produktion jener Streßhormone, die mittlerweile jedes Kind zu benennen vermag, das irgendwann einmal eine Unlust an Hausaufgaben verspürte: Adrenalin und Cortisol. Dafür schnalzt die Produktion des Wachstumshormons Somatotropin in die Höhe. Der Stoffwechsel ist ausgeglichener. Außerdem werden die T-Helfer-Zellen gestärkt, humorose Bakterien und Viren werden auf diese Weise blockiert. Es folgen die Endorphine, die Glückshormone, die Atmung ist tiefer (außer, wenn man sich vor Lachen verschluckt), der Gasaustausch in den Bronchien ist viermal so hoch wie beim Nichtlachen. Die Bewegungen des Zwerchfells werden stimuliert, was wiederum die inneren Organe irgendwie positiv beeinflußt. Die zwanzig Gesichtsmuskeln sind in Bewegung. Und so wird Lachen mittlerweile therapeutisch trainiert. Dieses und einiges mehr über die motorischen Konsequenzen, die Muskeln, die beansprucht werden, die Ausschüttung von allerlei inneren Elixieren, Glückshormonen ist bekannt, wird nun täglich in den Zeitungen und keineswegs nur in den medizinischen Fachblättern ausgebreitet. Die Buchhalter ihres eigenen Alltags notieren nun also, ob sie und wie oft sie wie intensiv gelacht haben, damit der Haushalt auch im Inneren ausgeglichen ist.

Außerdem ist Lachen politisch.

Frauenpolitisch.

Auch auf dieses Leitmotiv des alltäglichen Separatismus wird das Lachen zurückgeführt, auf daß es seine verbindende Kraft verliere und sich die Biotope der Unterschiedlichkeit in ihren Opferrollen abgrenzen können. Und so wissen wir aus der feministischen Forschung nun dies: Frauen führen und fühlen nicht nur anders, Frauen denken und handeln nicht nur anders, Frauen lachen auch anders. Die Lachforschung hat nämlich herausgefunden, was wir schon immer ahnten, aber nie so genau wissen wollten. Männliches Gegröle (meist als rituelle Reaktion auf frauenfeindliche Zoten im Nebel verräucherter Stammtische, an denen es nur drei Themen gibt, von denen das zweite Fußball und das dritte Autos ist) wird mit 280 Hertz ausgestoßen, die weiblichen Stimmbänder vibrieren indes glockenhell mit 500 Hertz. Das männliche Lachen ist somit auch eine Art Penetration weiblicher Kultur. Damit die plumpen Rhythmen des Männerlachens das lebendige Gezwitscher nicht ständig stören, amüsieren sich fröhliche Frauen einmal im Jahr allein: beim »Frauenfrohlocken« im (Hamburger) Goldbek-Haus.

»Am Sonnabend war es wieder soweit. Mehr als hundert Frauen glucksten, kieksten und jauchzten aus vollem Zwerchfell zur vorbereiteten Frohlock-Performance. Kein Wunder – die große Lachnummer konnte zuvor an vier Projekttagen geübt werden. ... Mit dem Thema Lachen wolle man die Frau aus ihrer Opferrolle herausführen. ‚Lachen bedeutet Power und Energie', erklärt Hedwig Bumiller vom Goldbek-Haus.« So war es zu lesen in einer sehr ernstzunehmenden Tageszeitung, dem *Hamburger Abendblatt.* Abgesehen davon, daß das alles bekannt ist, daß die schweinischen Obszönitäten, die in manchen Männerrunden als Humor oder Witz mißverstanden werden, jedem halbwegs selbstbewußten Mann die Schamröte der Peinlichkeit ins Gesicht treiben, wird hier in der Popularisierung der Lachforschung dem Humor, dem Lächeln, jeglicher Sinn ausgetrieben.

Denn darum geht es gar nicht.

Oder doch: Ließe sich jenseits des »Frohlockens« der Separatistinnen und des Stammtischgegröles vielleicht auf dem gemeinsamen Lächeln eine Basis finden? Eine, die nicht in der bloßen Vertauschung der Rollen besteht: Denn ob nun Zoten am Stammtisch oder in der *Sissi Perlinger Show* abgelassen werden, es bleiben Zoten.

So müssen wir uns also in einer Gesellschaft, in der das Lachen sich selber zu einer Aktion pervertiert, die das Gefühl unter das Kuratel des politischen Bewußtseins stellt, gleichzeitig die Vernunft mit der »emotionalen Intelligenz« austreibt, auf den unfreiwilligen Humor verlegen und hoffen, daß bald auch die über sich selber lachen, die nun verbiestert bewußt lachen. Aber noch ist es nicht soweit. Noch zählt das Prinzip. Und bedauerlicherweise zählt es in den fortschrittlichsten Themenbereichen am meisten.

Humor im Frauenbuchladen.

Suche nach einem Weihnachtsgeschenk 1998. Es sollte sein eine Videoproduktion: *Paris war eine Frau.* Es gibt ein so betiteltes Buch in der Edition Ebersbach, herausgegeben von Andrea Weiss, die wohl auch diesen Film gemacht hat. Das Buch selber ist eine willkommene und gelungene Ergänzung zu Michael Schultes *Paris war unsere Geliebte* aus dem Piperverlag, das erstmalig 1986 erschien, die Geschichte zwar nicht ausschließlich männlich darstellt, aber eben auch nicht ausschließlich weiblich, was ja eher als eine Art Sünde wider den feministischen Geist gesehen wird. Am Rande vermerkt sei nur, daß es ein drittes Buch gibt, das sich wieder der Trittbrettfahrerei verdächtig macht, auf deutsch in der rororo-Taschenbuchreihe erschienen: *Rendezvous im literarischen Paris. Eine kulinarische Reise durch das Paris der zwanziger Jahre*, gedacht wohl als weiterer Windfallprofit aus der endlosen Serie von Kochbüchern. Einen irgendwie gearteten Erkenntnisgewinn bringt dieses Buch nicht.

Die Bestellung des Videos allerdings auch nicht.

Die üblichen Videoabteilungen der großen Buchhandlungen hatten es nicht vorrätig, die Bestellung dauerte sechs Wochen. Wie üblich war es aber drei Tage vor Weihnachten. So verfiel der Autor in männlicher Raffinesse auf die glänzende Idee, für das Geschenk für die Partnerin, an sich schon eine glänzende Idee, in einer Frauenbuchhandlung namens Frauenbuchladen anzurufen. Das Video sei vorhanden, ja. Dann wollte er es also kaufen. Das gehe nicht. Warum nicht, wenn es doch da sei? Man verkaufe nur an Frauen. Um den Erfolg der Recherche nicht zu stören, verzichtete der Autor auf die Bemerkung, daß man aber schon mit Männern spreche, fallen und bestellte das Video, unter dem Namen einer Frau, die er dann überredete, für ihn in den Frauenbuchladen zu marschieren, das Geschenk für eine Frau dort abzuholen, während er draußen auf dem Trottoir wartete, finstere Gedanken denkend. Es ist nicht einfach für einen Mann, einer Frau politisch korrekte Geschenke zu machen. Und es war nur ein kleiner, spießiger Triumph, draußen das Video sichtbar für die Verkäuferinnen zu übernehmen und in Siegerpose davonzutragen.

Leben ist Kampf.

Es war auf jeden Fall ein wunderbarer Anlaß zum Gelächter, zum triumphierenden Gelächter.

Nun ist, um eine weiter oben angesprochene Bemerkung noch einmal zu durchdenken, bei dieser Geschichte eines nicht zu verstehen: Warum eigentlich lachen wir weniger als in den 50er Jahren? Warum müssen Institutionen, Festivals, Treffen, wissenschaftliche Untersuchungen, Anlässe und medizinische Begründungen her, um lachen zu können? Die Frage spitzt sich deshalb zu, weil doch im allgegenwärtigen Fernsehen Comedy-Shows ohne Zahl ausgestrahlt werden, weil doch selbst in der Wirtschaft Humor sich durchzusetzen scheint – die weltweite Entzückung über Dilbert ist doch ein beredtes Zeichen? Warum verbreitet sich also nicht das Lachen im Alltag? Vermutlich, weil Dilbert eine geradezu klassische psychoanalytische Reaktion, die Eruption des aufgestauten Lachens ist. Und es ist eine typische Reaktion – die Reaktion der Angst, die sich aber nicht befreit, die sich nur darstellt. Aber das ist nicht die wesentliche Einsicht, die dieser kleine Tropf vermittelt: Dilbert ist Globalisierung des Humors und damit sein Tod. Damit wir uns nicht mißverstehen: Dilbert (das heißt die Erfindung dieser Figur und ihre Banalität) ist witzig. Gar nicht witzig ist der Grund für den weltweiten Erfolg: das Fehlen jeglichen eigenen Humors. Dilbert ist der Import von Fremdhumor. Er ist ein Mittel gegen die Sprachlosigkeit, gegen den trüben Unternehmensalltag, der nun schon seine Humorberater braucht.

Es ist die Angst davor, die Angst zu verlieren. Denn die Angst selber ist etwas Sicheres. Mit der Angst wissen wir umzugehen. Die Angst hilft, denn sie beschreibt den schlimmsten Zustand. Denn mehr als schiefgehen kann die Sache nicht. Lachen ist indes optimistisch, selbst wenn es sich um Galgenhumor handelt. Die Angst ist sicherer. Mit ihr weiß man, wo man steht. Nämlich am Abgrund. Da braucht es keinen Schritt mehr. Man *darf* keinen Schritt mehr tun, und jeder Anstoß wäre lebensgefährlich. Und so ist auch im Unternehmen der meiste Humor simpel, billig, trivial, brutal. Und so dreht sich auch im Unternehmen der meiste Humor um Angst: Chef und Mitarbeiter, Chef und Sekretärin, neuerdings Praktikantinnen, die Schmähkopien gegen die Arbeit, die finsteren Latrinensprüche auf Herren- und (wie der Autor sich hat bestätigen lassen) auf Damentoiletten. Denen fehlt jede Eleganz, jede Seele, ihnen fehlt dieser spitze, kleine Sprachwitz, es sind, auch wenn sie ausnahmsweise einmal nicht das andere Geschlecht zum Thema haben – Zoten.

Mit Ausnahmen: Auf den Türen der Damentoilette einer Werbeagentur, die, wie es bei Toiletten oft so ist, zehn Zentimeter über dem Boden enden, war ein ordentlich gedrucktes kleines Schildchen angebracht: »Beware of Limbo dancers!«

Nachwort

Und einige interessante Bücher zum Nach- und Weiterlesen

Beginnen wir mit den Büchern: Es sind nicht alle aufgeführt, die im Text erwähnt sind. Und nicht alle, die hier aufgeführt sind, werden im Text erwähnt. Nicht Vollständigkeit, sondern Treffsicherheit bestimmt diese kurze Auswahl der Bücher, von denen einige sicher nur noch antiquarisch zu bekommen und manche anderen in neueren Auflagen erschienen sind als hier dokumentiert. Aber die Jahreszahlen des Erscheinens (in deutscher Sprache und damit der deutschen Öffentlichkeit zugänglich) zeigen auch, wie lange das Thema der Verspießerung unserer Kultur durch die fortwährende Unterforderung schon angelegt ist – und das ist ja das Thema, das sich als lautestes aus den vierundzwanzig Kapiteln hervortut. Diese Auswahl zeigt auch, wie lange schon der Prozeß der kleinen Fluchten vor der Verantwortung, die Ängstlichkeit vor der Veränderung und die Unruhe gegenüber denen, die etwas mehr Vernunft anmahnen, besteht.

Erst aus dieser langfristigen Beobachtung heraus wird verständlich, warum das alles auf einmal so schnell geht: Es geht nämlich gar nicht auf einmal alles so schnell. Es ging erst unmerklich und langsam. Es war alles schon da. Es ist eines der Vermächtnisse der turbulenten Jahrzehnte, die wir in Zentral- und vor allem in Westeuropa in friedlichen Konsumzeiten durchleben durften. Da stehen zur Auswahl die wachstumsgeilen fünfziger Jahre, als die Republik in pubertären Phantasien schwelgte und die erste Kohorte der geburtenstarken Jahrgänge mitschwelgte – als pubertierende Jugendliche mit wüsten Weibsbildern im Kopf und mit ebenso wüsten Vorstellungen von den Karrieren, die man dereinst machen würde.

Bis dann diese fünfziger Jahre in den rebellischen Spätsechzigern endeten, als dieselben Jugendlichen Haus und Hof verließen, um zu studieren. Zeitgerecht war ein paar Jahre zuvor die Pille erfunden worden, damit es mit der freien Sexualität auch hinhaute. So entstand der Mythos der Revolution, ein publizistischer Mythos, der wie später auch die Revolution des Spießertums, vor allem eben und erstmalig durch seine Öffentlichkeit wirksam wurde. Und ein wenig Spießertum war ja in dieser Revolution schon angelegt – in ihrer Forderung nach gehorsamer Gefolgschaft bis in die Sprachregelungen hinein. Und so ging es weiter mit den Vermächtnissen, die weitere Jahrzehnte prägten – die »Tendenzwende« zur Sachlichkeit der Siebziger, in denen sich in Ruhe Karriere machen ließ, die Achtziger, die als Paraphrase auf die fünfziger Jahre einen neuen Dandy produzierten – den Yuppie, der nun, altgeworden, in den Neunzigern nach dem Sinn des Lebens fahndet, während neue Generationen so werden wollen, wie er war, schlank, smart, erfolgreich. Von Intelligenz ist die Rede nur unter dem Gesichtspunkt des Nutzwertes. Und auf den richten sich nun auch die Medien ein, Nutzwert tönt es aus allen Redaktionen. Eine umfangreiche, etwas längere Abhandlung zu Hintergrundproblemen? Wer liest denn das noch? Service muß sein. Ein Artikel, der nicht anfängt mit den Worten »Wie Sie …« und dann in sieben, zwölf, dreißig oder vierundvierzig Punkten die Illusion des Controlling im Privaten und Beruflichen erzeugt, wird doch gar nicht mehr gelesen.

Aber weiß man das eigentlich wirklich? Oder degradieren sich die Medien (besser gesagt: viele Medien) nicht einfach zu *Agenturen der Unterforderung*, weil sie glauben, man könne sich deshalb besser verkaufen? Noch einmal fünf Jahre, und wir werden sehen, ob das kommerzielle Kalkül tatsächlich aufgeht. Oder ob im Feuerwerk der sich gegenseitig an Kurz-Tips und Aphorismen überbietenden Druckerzeugnisse nicht plötzlich doch der Unmut wieder keimt, das Bedürfnis nach Ruhe entsteht, das Bedürfnis nach Hintergründigkeit, nach Provinzialität in ihrer besten Form.

Denn dies ist das zweite große Thema, das sich unübersehbar andeutet: Die Konterrevolution gegen diese Unterforderung ist der Mut einzelner Menschen, etwas anders zu machen, als der gedruckte Zeitgeist es einfordert. Es könnte die überraschende Erfahrung werden, daß es sehr leicht ist, den eigenen Einfluß geltend zu machen, mit der eigenen Fröhlichkeit die Zukunftslust anzufachen. Denn trotz aller apokalyptischen Visionen, ist es wichtiger denn je, individuelle Impulse zu setzen, wie Karl Homann, Professor für Wirtschaftsethik in der Zeitschrift *Econy* anmahnte: »So wenig Spielregeln und Schiedsrichter die Fairneß des Fußballers überflüssig machen, ebensowenig wird individuelle Moral auf dem Markt überflüssig. Sie wird sogar wichtiger: In einer hochkomplexen Weltwirtschaft sind die Handlungen immer weniger durch strikte Regeln mit zentraler Durchsetzungsinstanz steuerbar. Die sogenannten ›weichen Faktoren‹, die immer auch eine moralische Komponente enthalten (Fairneß, Integrität, Unternehmenskultur) geraten daher heute – wieder – stärker in Blickfeld.«

Wieder.

Denn die Ideen sind uralt.

Und sie sind logisch.

Denn wo das System versagt, werden einzelne Leistungen als Impulse für das System überlebenswichtig.

Auch das wurde im Laufe der Argumentation mehrfach deutlich.

Es sind die Ideen des *Gastmahls*, bei dem andere Regeln herrschen als beim *Power Lunch*. Und andere Ergebnisse gezeitigt werden. Ergebnisse, die von Menschen gemacht werden und für Menschen. Ergebnisse, die etwas außerhalb ihrer selbst lassen können – das Ungeregelte, das Relative. Solche Ergebnisse sind nicht denkbar, wenn nur Systeme miteinander kommunizieren, Schlagzahlkontrollen im Arbeitsablauf eines Außendienstmitarbeiters, von außen hereingeholte Ideologien der Pädagogik im wirtschaftsfeindlichen Unterricht, modische Hektik in der Gestaltung von Fernsehserien, Nutzwert und Unterhaltung an der Börse. Und der immer weiter und immer drängendere Gang an die Öffentlichkeit. Die Beispiele lassen sich fortwährend ergänzen, man gerät in einen wahren Paroxysnus, in den Fiebertraum der Publicity, egal auf welche Weise irgend jemand mit der Berühmtheit in Berührung kam: *Doctor Dot – Mein hautnahes Leben mit den Popstars*, eben erschienen, das Buch einer Masseurin, die es zu Starruhm bringen will, weil sie Leute massiert hat, die es zu Starruhm gebracht haben. Klatsch und Tratsch am Rande des Erotischen, in Pin up-Pose präsentiert. *Celebrity*, wie in Woody Allens Film, der Neal Gablers Buch in amerikanische Bilder brachte.

Diese Sammlung der kulturellen Kuriositäten läßt sich endlos fortsetzen. Und dieses Nachwort ist nur ein Vierteljahr nach der Fertigstellung des Buchtextes geschrieben, und alle Beispiele könnten verdoppelt, verdrei-, ja verhundertfacht werden. Die Halde der Beispiele ist schon wieder bedrohlich angewachsen. Und Peter Mayle hat die Provence verlassen. Zu viele Leute wollten sehen, wie er dort lebt. Doch eigentlich, und das ist tröstlich, ging er mit seinem literarischen Exhibitionismus den Einheimischen auf den Nerv. Klaus Harpprecht zum Beispiel, der seit Jahrzehnten (und wesentlich eleganter) über Südfrankreich schreibt, hat die Identität seines Wohnortes kaschiert. Er nennt es Porte Madeleine, so wie Laurence Wyölie sein Rousillon schonend Peyrane nannte.

Was wäre noch erwähnenswert und Trivialitäten? Susan Stahnke, die in den Akten der Boulevardpresse den Vermerk »Zur Wiedervorlage« trägt, hat geheiratet und darüber in der *Bunten* einen kleinen Aufsatz geschrieben. Es war immerhin ein Ereignis, das nicht nur der *Bunten* eine Titelgeschichte wert war. Lafontaine hielt es nicht lange im Ruhestand aus. Er nutzte seine neue Freiheit von der Politik, der Politik wohlfeile Ratschläge auf den Gebieten zu erteilen, für die er kurz als Verantwortlicher zuständig war. Nun schreibt er ein Buch, kolportierte 600 000 Mark Vorschuß sind bei den Verhandlungen herausgesprungen. Der Reigen der Prominenz dreht sich weiter, alle erfaßt ein leichter Schwindel, ganz angenehm. Auch wenn die Quoten der Frau Feldbusch sinken, ändert sich nichts. Andere kommen. Und gehen wieder und machen wieder anderen Platz. Die Personen sind austauschbar. Wichtig ist das Drehbuch. Gute Zeiten, schlechte Zeiten. Manchmal auch in der Wirklichkeit: Wochenlang beschäftigte sich *Bild* mit der »*GZSZ*-Autobahn«. Denn in einem unerhörten Glücksfall vereinigten sich Parawissenschaft und Pseudoprominenz, Tragik und Unerklärliches, Voyeurismus und Aberglaube. Zwei *GZSZ*-Stars waren auf einer Autobahn in Norddeutschland verunglückt. Das allein legitimiert schon eine Seite–1-Meldung, denn die Fangemeinde muß informiert bleiben. Doch dann entdeckte man weitere Unfälle (sogar Unfälle mit anderen Serienstars) auf ebendieser Autobahn an ebendieser Stelle, wo man dann fündig wurde und Erdstrahlen entdeckte. Das Leben ist schön für den investigativen Journalismus, manchmal jedenfalls.

In Bremen wurde die große Koalition wiedergewählt.

Henning Scherf freute sich, lächelte frohgelaunt neben einem etwas säuerlich dreinblickenden Detlef Albers, der das linke Lager repräsentiert. Als Ulrich Wickert, diesmal in seiner Rolle als Moderator der *Tagesthemen*, den Bremer Senats-Chef dann am späteren Abend interviewte und ihn fragte, was in den letzten vier Jahren der eher glücklichen Ehe der beiden Großparteien denn das schönste Ergebnis gewesen sei, antwortete Scherf zunächst ausweichend, wie es sich für einen Politiker gehört: Es sei vieles zustandegekommen, das gut sei, da könne man kaum auswählen. Er wählte dann aber doch etwas aus und zwar ein politisches Ergebnis, das in vielerlei Hinsicht bemerkenswert ist, aber von niemanden wirklich bemerkt worden ist: Eines der besten

Ergebnisse der rot-schwarzen Koalition sei die künftig in Bremen angesiedelte *Privatuniversität.* Denn darin, so Scherf, zeige sich das Vertrauen in die Zukunftsfähigkeit des Landes, das großen Innovationen entgegensehe.

Die Antwort ist nirgends wirklich kommentiert worden.

Das ist erstaunlich, denn in ihr verdichtet sich ein fundamentaler Wandel der Mentalität. Ein ehemals linker Sozialdemokrat feiert die Privatuniversität, die mit amerikanischer Beteiligung eine Elitenausbildung anstrebt, Studiengebühren verlangt und unverhohlen Kriterien der wirtschaftlichen Verwertbarkeit in ihr Selbstverständnis aufnimmt. Dreißig Jahre früher, und es wären Tomaten und faule Eier und Übleres geflogen. Und nun: Stille hinter den Mauern der Akademien, die Stille, die schon eine Zeitlang herrscht, denn die Kooperation des Landes Bremen mit der texanischen Rice-University ist ja nur eine von vielen vergleichbaren »Neugründungen«, die mitunter direkt neben den klassischen Almae matres auf der angrenzenden Wiese hochgezogen werden, wie in Hamburg oder Hannover und an vielen anderen Orten.

Diese Stille ist das interessanteste Nebengeräusch der Bildungspolitik.

Denn sie zeigt, welche Resignation an den klassischen Universitäten herrscht. Eine Resignation, die auch eine Art unausgesprochenes Schuldeingeständnis verbirgt: Hätte man früher den kritisch-konstruktiven Dialog gewagt, um »Theorie und Praxis« in gemeinsamer Anstrengung um eine sozialgesteuerte Modernisierung in Bildung, Wirtschaft und Gesellschaft durchzusetzen, wären Investitionen dieser Art mit Sicherheit in die öffentlichen Anstalten geflossen.

Derweil traten massenhaft Jungstars aus der Schule aus, so wie man aus der Kirche austritt, weil sie als Schlagersänger, Models oder Serienstars oder Fernsehmoderatorinnen und -moderatoren, Trend-Scouts für große Agenturen oder Filmschauspieler in Billigspektakeln die Aura der Berühmtheit spürten, die im Recycling-Spektakel der publizistischen Turbolader einen sehr schnellen, sehr merklichen Rückenschub erhielten. Denn immer noch liest man die Berichte über Teenager, die den neuen Karrieremustern folgen.

Der Kosovokrieg war nach 79 Tagen vorüber, nicht durch einen Kometeneinschlag, sondern durch Beharrlichkeit der Diplomatie. Politischer Alltag kehrte ein, und der Kanzler mußte wieder Innenpolitik machen. Eilte darob erst einmal zu Tony Blair, um bei dessen Stichwortgeber Giddins einige Thesen abzuschreiben, in denen von der Modernisierung des Sozialstaats die Rede war. Zwei Dinge sind daran erstaunlich: Erstens, daß ein deutscher Bundeskanzler bei Kollegen Anleihen nehmen muß, statt kraftvoll einen eigenen Weg zu entwerfen. Und zweitens, daß natürlich sofort wieder ein vielstimmiger Chor einsetzte und alles in Grund und Boden stampfte, was vermeintlich klassische Positionen der Partei auch nur berührte.

Angst vor Veränderung.

Währenddessen wagte endlich einer, zumindest auszuholen zum großen Wurf: Hans Eichel, der Wahlverlierer von Hessen. Ob das nun alles sehr phantasievoll ist, mag dahingestellt bleiben. Auch dies: Daß in dem Jahr der enthusiastisch gewählten neuen Politik die administrative Undurchsichtigtkeit der Steuergesetzgebung dramatisch wuchs, wo Einfachheit versprochen worden war.

Mehr Staat.

Trotz des Schröder-Papiers, das von Anthony Giddins »inspiriert« ist, dem liberalen und freigeistigen Vordenker des neuen Ahnen aller modischen Sozialdemokraten, Tony Blair. Noch einmal: Wo kein Entwurf gewagt wird, der allen den Atem nimmt, hat jeder genug Luft herumzunörgeln. Dabei war diese Regierung erwählt, um den großen Wurf zu wagen. Und Hans Eichel wagte ihn endlich. Aber die ersten acht Monate hatten, wie gesagt, den Nörglern aus allen Lagern genügend Luft gelassen, ihre kakophonischen Gesänge anzustimmen und populistische Nebenschauplätze zu inszenieren. Was wurde nicht alles zur Reform der Universitäten vorgeschlagen: Stiftungen sollten sie werden; Eliteschulen: ein Evaluationsmodell jagte das andere; Profi-Centers sollten sie werden. Großspurige Ideen mit kleinen Wirkungen, die immer wieder eines verleugneten: Wir brauchen weniger die Reform des Systems als die Reform der Mentalität. Aber die Reform des Systems zu verlangen hört sich revolutionär an, obwohl sich dahinter ein Trick verbirgt: Es werden immer die Reformen desjenigen Systems verlangt, in dem andere stehen.

Auch wenn die Beispiele der vierundzwanzig Kapitel immer wieder aktualisiert werden müßten, wenn hier und da das Personal ausgetauscht werden müßte, es bleibt alles beim Alten. Und so bleibt es eben auch bei der grundsätzlichen und einfachen Diagnose dieses Buches, daß die Reform des Landes nicht aus seinen klassischen Systemen kommen kann, sondern nur aus der individuellen Konterrevolution gegen das Spießertum, die in der lustvollen Opposition jedes einzelnen Menschen gegen Esoterik, Angst und Prominentenwahn entsteht. Das heißt, daß wir alle, jeder einzelne und jede einzelne von uns, den Impulsen nicht nachgeben sollten, die persönliche Bequemlichkeit, wie immer sie auch legitimiert sein mag, über die Verantwortung für das Gemeinwohl zu stellen. Alte Einsicht, ja ja. Und eine altbackene Formulierung, auch richtig.

Aber muß sie deswegen falsch sein?

Früher, als man noch zu drastischen Formulierungen auf deutsch neigte und nicht zu modischen Anglizismen wie »Empowerment«, nannte man das »den inneren Schweinehund besiegen«. Wir können es auch modischer benennen und trotzdem deutsch: eine neue *Gründermentalität* – aber eine, die sich nicht nur auf Betriebe bezieht, sondern auch auf Kultur, Gesellschaft und Politik. Impulse gibt es, nicht so laute wie die der Revolution des Spießertums, das in uns allen lauert. In Büchern zum Beispiel, die zum großen Teil sogar unterhaltsam sind. Und damit sind wir wieder beim Beginn dieses Schlusses: Bücher. Bücher von gestern, Bücher von heute. Bücher für morgen. Vorauseilende Phantasien im Sinne der Alltagsutopien, die die folgenden Autoren uns vermacht oder die sie lustvoll angedeutet haben (ein paar wissenschaftliche sind daruntergemogelt). Es ist wichtig, auf die Jahreszahlen zu achten – es ist tatsächlich alles schon dagewesen:

Hans Albers: *Traktat über kritische Vernunft.* Tübingen: J. C. B. Mohr 1969

Pierre Bourdieu: *Die feinen Unterschiede.* Kritik der gesellschaftlichen Urteilskraft. Suhrkamp Verlag. 1982

Pascal Bruckner: Ich leide, also bin ich. *Die Krankheit der Moderne. Berlin: Aufbau TB, 1997.*

Raymond Chandler: *Die simple Kunst des Mordens.* Zürich: Diogenes Verlag. 1975

Fritz Croner: *Soziologie der Angestellten.* Kiepenheuer & Witsch. 1962

Marco D'Eramo: *Das Schwein und der Wolkenkratzer. Chicago: Eine Geschichte unserer Zukunft.* Verlag Antje Kunstmann. 1996

Hans Magnus Enzensberger: *Mittelmaß und Wahn. Gesammelte Zerstreuungen.* Frankfurt/Main: Suhrkamp Verlag. 1988

Bertold Bodo Flaig, Thomas Meyer & Jörg Ueltzhöffer: *Alltagsästhetik und politische Kultur. Zur ästhetischen Dimension politischer Bildung und politischer Kommunikation.* Bonn: Verlag J. H. W. Dietz Nachf. 1993

Neal Gabler: *Das Leben, ein Film. Die Eroberung der Wirklichkeit durch das Entertainment.* Berlin Verlag 1999

Robert Gernhardt: *Die Toscana-Therapie.* Haffmans Verlag. 1988

Hermann Glaser: *Spießerideologie. Von der Zerstörung des deutschen Geistes im 19. Und 20. Jahrundert und dem Aufstieg des Nationalsozialismus.* Verlag Wissenschaft 1974

Erich Fromm: *Haben oder Sein. Die seelischen Grundlagen einer neuen Gesellschaft.* Stuttgart: Deutsche Verlags-Anstalt. 1976

Carlo Fruttero & Franco Lucentini: *Ein Hoch auf die Dummheit. Porträts, Pamphlete, Parodien.* Piper Verlag. 1992

Eckhard Henscheid: Denkmal-Rückseite. Abermals: Für unsere neudeutschen Närrinnen. In: *Hoch lebe Erzbischof Paul Casimir Marcinkus.* Ausgewählte Satiren und Glossen. Haffmans Verlag. 1990

Walter Jens: *Republikanische Reden.* Suhrkamp Verlag. 1979

Roland Kaehlbrand: *Deutsch für Eliten. Ein Sprachführer.* Deutsche Verlagsanstalt. 1999

Immanuel Kant: *Träume eines Geistersehers und andere politische Schriften.* Werke 1. Köln: Könemann Verlagsgesellschaft. 1995

Heinrich von Kleist: *Erzählungen. Kleine Schriften und journalistische Arbeiten.* Werke 3. Köln: Könemann Verlagsgesellschaft. 1996

Karl Mannheim: *Ideologie und Utopie.* Frankfurt: Verlag Schulte-Bulmke. 1978

C. Wright Mills: *Menschen im Büro. Ein Beitrag zur Soziologie der Angestellten.* Bund Verlag. 1955

Vance Packard: *Die geheimen Verführer. Der Griff nach dem Unbewußten in jedermann.* Econ Verlag. 1958

Birger P. Priddat und Arnis Vilks (Hg.): *Wirtschaftswissenschaft und Wirtschaftswirklichkeit.* 1998

Richard Rogler: *Freiheit west. Der Medientreff.* Kiepenheuer & Witsch. 1999

David Riesman: *Die einsame Masse. Eine Untersuchung der Wandlung des amerikanischen Charakters.* Reinbek bei Hamburg: Rowohlt Verlag. 1958

Jürgen Roth & Klaus Bittermann (Hg.): *Sorge dich nicht, lese! Siebenunddreißig Glossen gegen den Bestseller.* Berlin: Edition Tiamat. 1997

Jürgen Roth: *Kultur? Betrieb! Esays und Polemiken zu Literatur und Geistesleben.* Münster: Verlag Westfälisches Dampfboot. 1999

Albert Vigoleis Thelen: *Die Insel des Zweiten Gesichts.* Eugen Diederichs Verlag. 1959
Laurence Wylie: *Dorf in der Vaucluse.* Fischer Verlag. 1969